実践
ファイナンス論

Finance
Theory and Practice

Tsuji Yukitami
辻 幸民

慶應義塾大学出版会

まえがき

　ファイナンス論あるいは企業金融論 (コーポレートファイナンス) における学術研究の成果が，現実経済の意思決定ツールとして広く利用されるようになってから，20 年ぐらいの時間が経過したであろうか。これらツールは今日，金融の仕事に携わるすべての人々にとって必須の実務知識になっているのであろう。その最も基本的な概念は「現在価値」と「資本コスト」で，元々純粋に学術研究の対象であった抽象概念が，少々の無理を承知のうえで現実世界に転用され，そこから様々な意思決定ツールが実地に提供されているような感がある。

　ファイナンス論あるいは企業金融論の内容を解説した入門書は，既に内外ともに数多く出版されている。これら入門書のおかげで，元々は抽象的で難解な概念であった「現在価値」や「資本コスト」が，専門家以外の人々の間にも現実の実用的なツールとして周知されるようにはなった。現在刊行されている入門書の存在意義を否定するつもりは毛頭ないが，ただどうであろうか。既存の入門書はほぼ例外なく，抽象的な理論概念の大まかな解説に終始している印象を私個人は抱いている。私個人は内外の有名な入門書を読んでみて，やっぱり相変らずチンプンカンプンなのである。個々のトピックスの概要はともかくとして，例えば，いくつかのトピックスが相互にどう関連しているのかとか，またそれを現実に適用しようとするとき，どう使うのが適切なやり方で，その功罪は何かとか，等々。

　金融の実務家がファイナンス論を学習するには，数ある入門書のいくつかを適当に拾い読みするのがその第一歩であろう。入門的な学習を終え，ファ

イナンス論に登場する様々な概念についてひと通りの知識を得た後，さらに理解を深め，習熟度を向上させたいと思うのは当然である。ただその学習をするための次の一手には率直なところ途方に暮れているというのが現状ではなかろうか。疑問を抱えたまま必要に迫られて各自独自の試行錯誤を重ね，多数の人々に共有されるある種の「慣れ」が実務慣行となり，やがては業界全体で実用されるツールとして確立されるようになったというのが偽らざる実情であるように思う。

　本書は決して入門書ではない。内容は相当に異なる。本書の目的は，金融の実務家が入門レベルの勉強を終えた後，現実の意思決定ツールへの理解度・習熟度を向上させるため，取り組むべきトピックスをいくつか提供することである。もう少しいうと，本書の様々なトピックスを通じて，諸概念を学術研究レベルの観点から，多少なりとも体系的に説明し，学習者が抱く入門書読後の疑問点を氷解させることの一助としたい。さらに抽象的な理論概念に，現実データを適用する際の意義と問題点とを，実際のデータを使いあるいは一部エクセルを借用することで解説したい。本書の読者として具体的に想定しているのは，公認会計士・税理士あるいは証券アナリストやファイナンシャルプランナー等の資格取得を目指し，本格的な勉強に取り組んでいる人々であるが，のみならずこれら資格の取得者や金融の仕事に携わる実務家が今後，日常業務を遂行するため各自のスキル向上をはかろうとする場合にも，本書が有益な機会を提供するような教材としたい。

　本書執筆の元になった諸研究では，慶應義塾大学学事振興資金から助成いただいた。また本書の出版には慶應義塾大学商学会の出版補助金を受けている。ここに記して謝意を表したい。

2023 年 9 月
著者

目次

第1章

ファイナンス論の意義

1.1　はじめに

　筆者のいうファイナンス論とは，financial economics が念頭にある。文字どおりの日本語訳は金融経済学あるいは財務経済学ということになるが，日本語としてあまり定着しているようには思えないし，そもそも本書の中身を経済学と自称するのもおこがましいように感じたので，単に「ファイナンス論」と冠している。元々のファイナンスという言葉はお金の融通を意味するが，それではファイナンス論で学ぶいろいろなトピックスは，「お金の融通」の中でどのようにして役に立っているのであろうか。いい換えるならファイナンス論の存在意義とは何か。結論を一言でいうなら，ファイナンス論で学ぶいろいろなトピックスは，金融取引の円滑化に貢献することで，現実経済の資源配分の効率性や経済成長の促進に重要な役割を果たし得るものと考えられる。

　金融取引とは，お金の融通に付随して発生する取引に他ならないが，金融取引を円滑化するための社会的な機能・仕組みは古い時代から「金融システム」といわれる。そこで，ファイナンス論の意義を手っ取り早く知りたいなら，まず金融システムの議論の導入部分をひも解くのが近道である。金融システムの議論は，金融取引とは何かという点から話が始まる。金融取引とは支払約束という証文の売買のことである。ファイナンス論の意義を理解する

のに必要な範囲内で，金融システムの議論の導入部分から話を始めよう。

1.2　赤字主体と黒字主体

　経済には様々な主体が存在するが，大別すれば次の 2 種類に分類できる。
一つは支出が収入を上回る資金不足の主体であり，もう一つは収入が支出を
上回る資金余剰の主体である。一般に支出が収入を上回る状態のことを赤
字といい，逆に収入が支出を上回る状態のことを黒字といったりするので，
資金不足の主体のことを赤字主体，資金余剰の主体のことを黒字主体と称
する。

　それでは収入と支出の大小を比べることにどのような経済的な意味がある
のであろうか。この点をより明確にするために，支出の方を多少詳しく見て
みよう。支出はその動機・理由に応じて，経費と消費，投資という 3 つの要
素に分割することができる。ここでいう経費とは，収入を得るのにかかる必
要不可避なコストのことである。また消費とは，財・サービスを費消するこ
とによる満足 (効用) を今現在得るためになされる支出のことをいう。最後
に投資とは，財・サービスの費消による満足 (効用) を将来時点で得ることを
目的に，今現在支出することをいう。支出というものを以上の 3 つに分けて
考えるなら，次に述べるように，収入と支出の間の大小関係が持つ経済的意
味をより明確化させることができる。

　一般に，収入から経費を控除したものを所得といい，さらに所得から消費
を行った残りを貯蓄という。以上のように定義された用語を用いると，支出
が収入を上回る状態とは，簡単な式の展開をすると

$$収入 < 支出 \equiv 経費 + 消費 + 投資$$
$$収入 - 経費 \equiv 所得 < 消費 + 投資$$
$$所得 - 消費 \equiv 貯蓄 < 投資$$

であるから，投資が貯蓄を上回っているような状態であることが分る。なお
上式の $\equiv$ とは等号 (=) と同じようなものであるが，定義によって等しいとい
うことを強調したいときに用いられる記号である。逆に収入が支出を上回る

状態とは，上の式展開で不等号の向きを反対にすればよいから，貯蓄が投資を上回っている状態であることも分る。以上のことから，赤字主体とは投資が貯蓄を上回る主体のことで，黒字主体とは貯蓄が投資を上回る主体のことであるといえる。

なぜ赤字主体は投資が貯蓄を上回ってしまうのか。投資とは将来に満足を得るために今支出することと前で定義した。なぜ投資がなされるかというと，それは今費消して満足を得るより，将来まで費消を待って満足を得ることを遅らせる方が，より大きな量を費消できて満足を大きくすることができると予想するからである。もっとストレートにいうと，投資には将来に収益・リターンを稼ぐことが見込めるからである。ところが投資することで収益を獲得できるという行為は，どんな主体であっても可能であろうか。投資が本当に収益を生み出すためには，投資のチャンス (機会) の存在とそれを活かす能力とが必要不可欠である。つまり投資を行おうとする主体は，投資機会に恵まれている必要があるし，のみならずそれを実現具体化していくための能力が求められる。このような投資のチャンスと能力が十分に備わった主体であれば，たくさんの投資を行うであろうし，そうでない主体であれば投資の量は小さくならざるを得ない。

このことから，赤字主体は，投資チャンスに恵まれており，積極的に投資を実現できる能力を持っているからこそ投資の量が大きくなって，貯蓄を超過するぐらい投資を実行する。他方，黒字主体は投資のチャンスに恵まれないか，チャンスがあったとしてもそれを活かす能力がないため，積極的な投資を実行できずに投資の量は小さくなって，貯蓄が投資を上回ることになる。このような経済行動を見せる赤字主体や黒字主体とは，具体的には誰のことをいっているのか。赤字主体とは通常，企業のことが想定されている。確かに企業は収益の最大化を求めて多くの投資を実行している。これに対して，黒字主体とは家計のことを指す。家計の大半は収入の範囲内に支出を抑えることが半ば原則化しているし，住宅などを除いて投資できる範囲は企業に比べれば限られている。[*1]

[*1] 本文で述べた議論が本則なのであるが，日本経済の現状は必ずしもそのとおりにはなっ

1.3　金融取引

　赤字主体とは支出が収入を超える主体と定義したが，この定義には一つの暗黙の前提が存在する。そもそも収入を超えるような支出をするには，収入で足りない分の資金の融通を受けていなければならない。資金融通を受けることを一般に資金調達というが，他所から調達された資金があってはじめて，収入を超える支出をすることが可能になる。暗黙の前提とは，赤字主体が収入で足りない分を資金調達できるということである。仮に資金調達が不可能であるなら，収入を超えて支出することはできないし，貯蓄を超過するような投資を実行することも不可能である。

　それでは資金調達はどのようにして行われるか。ある主体が資金調達できるということは，その主体に資金を提供しようという別の主体が存在するということである。資金提供者がその資金を贈与するというのであれば，これは経済行為とはならない。経済行為は必ず給付と反対給付とがセットになっていなければならないからである。例えば財の売買という経済行為においては，財を入手した人はその対価を支払わなければならない。これは，「財」と

てないので，若干の補足をして注意しておく。本文では「赤字主体は企業のこと」と述べた。赤字主体の原因は (貯蓄を超える) 投資であり，将来収益を獲得すべく投資を行うのは企業であるから，企業こそが赤字主体と称するに相応しい主体といえる。確かに個々の企業で見れば，赤字主体の企業は多数存在する。しかし近年 (いや，そうなったのは 90 年代半ばからだが)，日本経済全体について多数企業の集合を表す「企業部門」で見るならば，企業部門は赤字主体ではなく恒常的な黒字主体なのである。つまり赤字主体の企業の投資超過を十分に上回って余りあるぐらいの巨大な貯蓄超過が，他の多くの企業に存在していて，その結果，集計すると企業部門は黒字主体となってしまうのである。いい換えると，経済全体で見れば，企業はその貯蓄を超えるような十分な量の投資を実行できてないということに他ならない。このことが日本経済の長期停滞をもたらした根本原因であることは間違いなかろう。ちなみに日本経済全体で，最大かつ恒常的な赤字主体は政府部門である。これは政府の巨大な財政赤字と表裏の関係にある。財政赤字の大きさが本当に危機的かどうかをここでは問わない。がしかし，政府は民間企業と違って，将来収益の獲得を目的に投資して支出をしているわけでないことは明らかであろう (政府の支出には，政府ならではの，もっと異なる視点からの社会的役割がある)。すなわち，政府支出をどれだけ大きくしてみても，それは将来収益の獲得やその結果としての将来的なマクロ経済成長に繋がらないのは至極当然のことなのである。この章の最後に補論として，現実の赤字主体と黒字主体がどうなっているのかを見てみる。

いう給付を受けた側がその見返り・代償として「カネ」という反対給付を提供するということである。資金調達の場合はどうであろうか。ある主体に提供される「資金」が給付であるなら，「資金」を受取った主体は何を反対給付として提供すればよいのか。それは将来に資金を返済するという「約束」ということになる。将来にいくらの金額を支払うということを約束する紙片 (証文) を作成し，これを相手に手渡すことでもって，今資金を受取ることに対する見返りとするのである。経済行為としての資金調達とは，今受取る資金と，将来に支払を約束する「支払約束」とを交換しているのである。この支払約束は一般には証券と称される。

資金調達しようとする主体は，自分で支払約束を作成・発行することで資金の融通を受けることが可能になる。これは資金調達者が自分の支払約束を売却してあたかもその代金を得ているのと同じである。他方，資金提供者の側は，資金調達者の支払約束と交換で資金を出しているのであるから，これは支払約束を購入しているのと同じである。であるなら，資金の融通は，支払約束が売買されることを通じて達成されると考えることができよう。このような支払約束の売買のことを金融取引という。

さて支払約束とは，将来の支払を約束した証文であると述べたが，これは発行者の単なる約束であるから，将来になってその約束が常に守られるとは限らない。支払約束の購入者は，将来になって発行者が約束どおりに支払をするかどうか不確かであるという意味で，リスクを被っているということができる。支払約束を購入せずに，代わりにその資金を財・サービスの費消に充てれば確実に今，満足 (効用) を得ることができる。支払約束を購入しても，それはただの紙片であるから，今現在は何も満足をもたらさない。支払約束の購入が満足をもたらすのは，約束が守られるとしても将来のことである。つまり支払約束の購入は，満足の獲得を現在から将来に遅らせることを意味する。以上のことから、支払約束を購入するということは，満足を将来まで待たなければならないということ，そして満足が本当に得られるかどうかリスクがあるということ，これら 2 つの不便益を被らなければならない。

資金調達に際して発行される支払約束には，購入者が被るこれら 2 つの不便益を償って余りあるような報酬が付与されてなければ，誰もこれを購入し

ようとはしないであろう。従って支払約束で約束される将来の支払額には，これら不便益の大きさに応じた報酬の金額が含まれることになる。不便益が大きければこの報酬も大きなものとなろう。支払約束の購入者はこの報酬が魅力となって資金を提供しようとし，また発行者の方は，今資金を得る代償としてこの報酬をすすんで負担しようとする。こうして単なる約束が書かれた紙片に過ぎない支払約束が実際に売買され得るようになり，資金の融通が実現する。赤字主体は収入で足りない分の支出をするのに，このような支払約束を発行・売買することで資金調達を行っているのである。

1.4 支払約束の種類

支払約束とは約束なのであるから，発行者と購入者が合意するなら，どのような支払の形でも約束され得る。ここでいう支払の形とは，いつの時点でいくら支払うかという，支払のパターンのことをいう。どのようなパターンでも可能とはいえ，現実に存在する支払約束の支払の形は 2 つのタイプに大別できよう。一つは債権・債務といわれるタイプで，以下では負債型の支払約束と称する。もう一つは残余請求権のタイプで，以下ではこれを株式型の支払約束と称する。ここではこれら 2 つの型が概ねどのような支払の約束をしているのか説明したい。

一般にいう債権・債務とは，具体的には手形や債券など券面の存在するものから預金や貸出・借入といった取引などを含むのが負債型の支払約束で，非常に多く利用されている型である。資金調達者は資金提供者に，今受取った資金に相当する金額を必ず返済しなければならない。返済する金額の総額を元本といったりする。ただし，元本 (返済総額) が調達者の受取った資金の金額にいかなる場合も等しいとは限らない。これらが等しくない場合も多々ある。返済の方法は様々で，元本をある期日までに一括して支払う場合もあるし，分割して返済する場合もある。返済等の支払義務を完了する期日を満期という。そして支払約束に付与される報酬のことを利子・利息，割引料という。負債型の支払約束では，元本・満期・利子といった項目が予め具体的に明記される。

　負債という言葉であるが，これを権利・義務という観点で表現した言葉が
債権・債務である。支払約束を購入する側が債権であり，発行する側が債務
である。債権は支払約束で約束された項目を享受する権利であり，債務はこ
れら項目を実行しなければならない義務である。もし約束の項目が実行され
なければどうなるか。約束が破られた場合のことまでをも個々の支払約束が
明記しているわけではないであろうが，通常は法や社会慣習に従って処理が
なされる。この処理の具体的な説明は，本書の範囲および筆者の能力を超え
ているので省略するが，要は支払約束の発行者は負債の約束を実行しない
と，直接・間接に様々なペナルティーを受ける可能性がある。なお負債の約
束が実行されなかったときのことを貸倒れという。

　これに対し株式型の支払約束は，負債型のそれと大きく異なる。一言でい
えば株式は，その発行者が将来に獲得するであろう収益を分配することを約
束した支払約束である。ここでいう収益とは最終的な収益，もっというと，
将来に稼いだ収入の中から支払うべきものをすべて支払った上で，なお存在
する残り・余りという意味である。このことから株式は残余請求権とも称さ
れる。つまり株式の購入者は，その発行者が将来獲得する収益を受取る権利
を持つ。株式の発行者の方は，今は収入より支出の方が大きく不足資金を調
達することになるが，これを実行することで，将来は収入の方が支出よりも
大きくなって収益が見込めるから，この見込み収益を約束した支払約束を発
行する。これが株式である。

　発行者の稼ぐ最終的収益は株式の購入者に帰属する。これは，発行者の生
み出した残余をどう処分するかを決める権限が株式購入者の側にあることを
意味する。残余を自由に処分・処置できる権利とは一般に所有権のことと考
えられている。このことから，株式の購入者は発行者に対し所有者としての
立場にある。所有者としての立場とは，所有するものを支配できるというこ
とである。現実の企業について見てみよう。企業の発行する株式を購入する
人を株主という。株主は株式を発行した企業の所有者であって企業の支配者
である。故に株主は企業の意思決定に関する最高決定者ということになる。

　最後に株式型の支払約束としての支払パターンをもう少し具体的に，負債
型との違いが明らかになるよう述べておこう。株式は将来の収益の分配を約

束する。これを配当金と称する。あくまでも「将来収益の分配」であって，肝心の将来収益は今現在は見込みに過ぎないので，実際に将来になって収益が見込みどおりあがらなければ，配当を行う必要はない。何も支払う必要はないのである。これは約束された金額を必ず支払わなければならない負債と決定的に異なる。また株主は所有者であるから，株式には元本の返済とか満期という概念は存在しない。これは抽象的な話になってしまうため，ここでは紹介のみに留めるが，所有権に明確な (有限な) 満期が存在すると所有権を根拠に資金調達することは不可能となる。つまり支払約束として機能する株式の満期は無限大なのである。満期無限大ということは事実上，株式には元本返済・満期が存在しないことを意味する。最後に株主は企業 (株式発行者) の最高意思決定者であるから，企業の意思決定に関与する。これが株主総会である。負債では単にカネをやり取りするだけであって，貸倒れが発生しない限り，債権者が債務者の意思決定に直接的に関与することはない。

1.5 「待ち」と「リスク」

赤字主体の調達した資金は誰から提供された資金であるか。これは究極的には黒字主体の余剰資金である。もちろん個々の主体レベルで見るならば，赤字主体の資金調達が必ずしも黒字主体の余剰資金でもって常に充当されているとは限らない。別の赤字主体が資金提供することもあり得るからである。逆に黒字主体の余剰資金が常に赤字主体に提供されているとも限らない。別の黒字主体が資金調達することもあり得るからである。このように個々の主体レベルで見れば，資金の融通は必ずしも，黒字主体から赤字主体への資金の流れのみではないが，しかし個々の主体を集計したマクロレベルで見るならば，赤字主体全員に関する資金不足額を充当するような資金提供が可能であるのは黒字主体しかいない。この意味でマクロレベルでは，黒字主体の余剰資金は常に赤字主体の不足資金に融通されていることになる。

マクロレベルという経済全体にとっては，実物的な投資のチャンスを余すことなくできる限り利用するのが，実物経済の成長促進や資源配分の効率化といった観点から望ましいのはいうまでもない。赤字主体は恵まれた投資の

チャンスと能力を持っているが故にたくさんの投資を実行する。従って赤字主体に十分に投資を実行させるためには，黒字主体の資金が赤字主体に上手く結びつけられなければならない。いい換えると，黒字主体から赤字主体への円滑な資金の融通があってはじめて，実物経済の効率化が可能になるといってよい。

　もしこの資金融通が上手く機能しないならどうなってしまうであろうか。収入を超える支出，貯蓄を超える投資の実行は困難になってしまうであろう。その結果，経済に存在する投資チャンスの多くは見過ごされることになり，これら投資が実行されていたなら実現したであろう収益は実現できないで終わる。これは経済成長を阻んで実物経済の停滞をもたらす。このように資金融通は，投資チャンスと能力を持った主体に，余すところなく投資を実行させることを通じて，実物経済の構築に大きな役割を担っている。そしてこの資金融通を円滑に実現するための社会的なメカニズムが金融システムである。具体的には，証券市場と金融機関という2つの形態から構成されるのが金融システムである。

　それでは次に，資金融通を円滑化するために，どうして金融システムという社会的メカニズムをわざわざ構築する必要があるのであろうか。実は金融取引には，これを阻害する様々な要因が内在しているため，阻害要因を何らかの形で緩和解消してやらなければ，金融取引は決して円滑に実行されない。金融システムとは，金融取引の阻害要因を取り除くための社会的なメカニズムであるということができる。

　金融取引に内在する阻害要因とは何であろうか。金融取引とは支払約束の売買であると述べたが，その発行者と購入者との間には，支払約束の性質に関して選好 (好み) の大きな差異がある。支払約束とは，将来の支払を約束する証文であるから，その性質とは次の2つの要因によって規定することができよう。一つはいつの将来に支払うか，支払までにどれぐらい待たせるかという要因で，もう一つは約束がどれぐらい確からしいかという要因である。説明の便宜上，前者を待ち waiting，後者をリスクと称しておこう。いい換えると，支払約束の待ちとリスクに関して，発行者の選好と購入者の選好との間にはギャップが存在し，このギャップが緩和解消されなければ，両者の

間で取引が成立するのは困難であろう。

　では待ちについてはどうか。支払約束の発行者は将来のいつかの時点でカネを支払う立場である。この将来ができる限り遠い将来，つまり待ちは長い方が望ましい。逆に購入者の方は，今資金を提供して将来にカネを受取るわけであるから，この将来ができる限り近い (待ちは短い) 方が望ましい。すなわち，発行者の方は長い期間の待ちを選好し，購入者の方は短い期間の待ちを選好する。

　リスクの方はどうか。支払約束の購入者は，約束がきちんと実行されて，将来にカネを受取れなければ困ってしまうであろう。対して発行者の方は，将来にカネを支払う立場であるから，仮に (ペナルティなしで) この支払が避けられるならば，避けられるに越したことはないと感じるであろう。この選好は約束を実行しない方向に作用するので，発行者の方のリスクに関する選好は大きなリスクを好むということができる。対して購入者の方の選好は小さなリスクを好むといえる。

　以上のように，支払約束の性質を待ちとリスクという要因で規定するなら，これらに関する選好は発行者と購入者との間で正反対である。この結果，発行者が好んで発行する支払約束は，購入者が購入できるような性質のものではないかもしれないし，逆に購入者が好んで購入するような性質の支払約束を，発行者は発行したくないかもしれない。であるなら，支払約束の発行あるいは売買という取引は成立せず，資金の融通は実現できないことになる。金融取引の阻害要因の一つは，このような待ちとリスクに関する発行者と購入者の間の選好ギャップである。[*2]

[*2] 金融取引を阻害する要因にはもう一つ，情報の不完全性がある。世の中にはいろいろな発行者が存在し，支払約束の約束を履行すべく，高い支払能力を持ち備えかつ約束を守ろうと誠実に努力する主体からそうでない主体まで様々である。このような発行者の支払能力と支払努力を発行者の品質と称すると，支払約束の性質，中でもリスクの方は結局，発行者の品質に依存して決まると考えられる。様々な品質の発行者が混在しているのであれば，今購入者が購入しようとする支払約束がどのようなリスクを持っているのか判別するのは容易なことではない。支払約束の発行者の方は，支払約束のリスクを決めるのが自分の品質であり，自分の品質は自分が一番よく知っているはずであるから，支払約束のリスクをよく知っているはずである。ところが購入者の方は，発行者はまったくの他人であるから，発行者の品質，さらにはその支払約束のリスクは，よく分から

1.6 ファイナンス論の中身

　金融システムの議論としてはこの後，証券市場と金融機関がそれぞれどのようにして金融取引の阻害要因を緩和解消するのかについての話が展開されるが，本書との関連性は薄くなっていくので，金融システムの話はここで一度横に置くとしよう。次に本書の構成を紹介することを兼ねて，ファイナンス論の内容をごく簡単に俯瞰し，あらためて今述べた金融システムの議論を関連させることで，その重要性を明確化しておこう。

　学問分野としてのファイナンス論は，主に2つの分野から構成される。一つは企業金融論 (コーポレートファイナンス) と称されるトピックスと，もう一つはアセットプライシング asset pricing である。両者は密接に関連していて，簡単に割り切れるようなものではないが，あくまでも説明の便宜である。企業金融論とは，企業の資金調達行動の分析である。歴史的には，投資とその資金調達の意思決定，および企業の資本構成の問題がその理論展開の中心的役割を担った。アセットプライシングとはその名のとおり，資産の価値評価の研究である。

　以上指摘した3つのテーマ (投資の意思決定・資本構成・資産の価値評価) について，今展開した金融システムの議論からその重要性を指摘しよう。企業が支払約束を発行するのは，投資を実行するため不足資金を調達するためである。そこで企業がどのような資金調達を行うかという問題と企業がどのように投資の意思決定を行うかという問題とは元来密接不可分な議論のはずである。次に，支払約束のタイプには負債型と株式型の2種類があり，企業が発行する負債と株式の相対的な量を企業の資本構成という。貸借対照表の右側は負債と純資産から成り，これを時価評価したものが負債価値と株式価値と称される概念である。負債価値と株式価値の相対的な大きさ (比率) が

　いうのが本当のところであろう。このように支払約束の発行者と購入者との間には，発行者の品質あるいは支払約束のリスクという情報についてギャップが存在する。これを情報の不完全性と称する。金融取引を円滑化するには，この情報の不完全性も何らかの方法で緩和解消する手立てが必要になる。

資本構成の具体的な尺度であり，これはその企業がどれぐらいの大きさの負債に依存しているかを指し示す。企業の資本構成とは企業の負債依存度と考えることもできよう。

　企業とはゴーイングコンサーンという永遠の存在で，企業活動はその継続性を前提になされる旨の指摘がよくなされる。企業活動の継続性とは，企業が将来にわたり維持発展されるということであり，そのために必須なのが投資である。ゴーイングコンサーンという点からも，企業の投資の意思決定が重要なのは明らかであろう。さらに企業の維持発展を続けるために，企業活動の継続性を阻害する原因はできる限り回避したい。継続性を阻害する原因が倒産である。企業が倒産すると，企業活動の継続性は多かれ少なかれ一度中断せざるを得ない。企業の倒産を引き起こすのが負債の貸倒れであるから，資本構成の問題，企業の負債依存度はゴーイングコンサーンという点からも非常に重要となろう。

　ところで，金融システムでいう証券市場とは発行市場と流通市場とから構成される。発行市場とは赤字主体が支払約束を資金提供者に発行売却する場であるが，それとは別に流通市場という，既発行の支払約束が転売買される場が併存する。赤字主体の資金調達に直接関係するのは発行市場の方であって，流通市場の取引は，第三者による転売買であるから，支払約束を発行する赤字主体とは何の関係もない。資源配分やマクロ経済成長とかに関係するのは発行市場の方で，流通市場は無関係であるかのように思えるかもしれないが，その認識は誤りである。実際の取引量は発行市場より流通市場の方がはるかに大きいであろう。のみならずより重要な点は，流通市場で成立する価格が発行市場の価格をも事実上決めていることにある。

　赤字主体は自分の発行する支払約束をできる限り高い価格で売りたい。支払約束 1 枚の発行で入手できる資金量が大きくなるからである。それでは，発行市場と流通市場が併存するとき，赤字主体は流通市場の価格を超える価格でもって，発行市場で支払約束を発行できるのか。それは無理である。なぜなら買手がいないからである。発行市場と流通市場のどちらで購入しようとも支払約束の中身は同じである。同じであるなら，流通市場で入手するよりもわざわざ高い価格でもって発行市場で買う購入者はいない。購入者がい

ないので発行者は発行できない。そこで赤字主体は発行市場で支払約束を発行するときも，流通市場の価格でもって売却せざるを得ない。事実上，発行市場の価格は流通市場が決めていると考えて支障ない。

　証券市場の市場というのは，不特定多数の主体による自由競争売買という意味を含む。自由競争売買とは，買いたい人どうし，売りたい人どうし，あるいは両方がそれぞれに競い合う結果，その価格でもって売りの総量と買いの総量とがつりあうところとなり，その結果，売りたい人が売りたいだけ売り，買いたい人が買いたいだけ買えるという状況が出現する。自由競争売買の結果成立する需給均衡の価格は，ある種の望ましい状況の実現と考えられる。証券市場の流通市場は，買手のみならず売手の方も完全な不特定多数であるから，流通市場で成立する価格は，第三者による客観的な多数意見の反映という性質を備え，このため「公正価値 fair value」と称されることも多い。

　流通市場の価格が発行市場の価格を決めるということは，流通市場でいかに妥当な価格を形成するかが，発行市場における資源配分の効率性に資することになる。流通市場は一見すると赤字主体とは無関係な人々の売買であるが，このように流通市場は発行市場に重大な影響を与える。ファイナンス論のトピックスであるアセットプライシングは，主に流通市場の証券価格を対象にしていると考えられているが，アセットプライシングの教える資産の価値評価は，流通市場の価格付けを通じて，発行市場の資源配分にも影響する。これは当然のこと，企業の投資の意思決定や資本構成にも重要である。

　以上の話で，ファイナンス論の主要なトピックスが現実の金融の中で重要な役割を担っていることが明らかになったと思う。本書の構成は次のとおりである。資産の価値評価は，支払約束の価格をどう評価するかという問題である。支払約束の性質は待ちとリスクという要因で規定されるから，支払約束の価格はこれら 2 つの要因と密接に関連している。支払約束の価格を考える際，支払約束の報酬部分をどのようにして表すかという議論がまず前段の話である。これを第 2 章「利子率と利回り」で取り上げる。利子率と利回り，似たような概念であるが，これらが何を意味する数字なのか，状況によりあるいはその使い手により，微妙に異なっていたりする。第 2 章では筆者

の考え方を述べて，利子率と利回りの基礎概念を整理する。

　第 3 章と第 4 章，第 5 章の 3 つの章はアセットプライシングに関連するトピックスで，支払約束の価格を考える際の後段の話に相当する。第 3 章「現在価値の計算」では，具体的な実用例に貸借取引の均等返済と債券価格を取り上げる。エクセル関数を使った入門的な概念から，実用に供するレベルの少々細かな知識を提供する。そしてこの章の最後に，資産の現在価値に関する一般的な考え方をまとめておく。第 4 章「ポートフォリオ理論の実用性」では，ポートフォリオ理論の一般的な紹介とそれを実際に計算する手法を検討したい。そしてポートフォリオ理論を実用するときに直面するであろう問題点を指摘したい。第 5 章は「CAPM と株式資本コスト」である。株式資本コストの値を具体的に算出したければ，CAPM という経済モデルに依拠せざるを得ない。CAPM の基本的な考え方を紹介し，この式から株式資本コストを実際に計算するための手法を述べたい。

　第 6 章と第 7 章は企業金融論である。第 6 章「企業金融論の基礎概念」で，修正 MM 命題を中心にして企業価値と平均資本コストについて取り上げる。企業が資本構成を変更するときに，新しい変更後の資本コストをどのように見積るべきか，計算手法を述べる。第 7 章「投資の意思決定と負債」では，投資の意思決定方法をひと通り説明した後に，企業価値最大化の意味を考えたい。負債が存在するとき，企業価値と株主の富とは同じではない。企業が企業価値を最大化しようとするのは，株主の富を最大化することが目的なのではなく，企業買収を回避するための手段なのである。

1.7　補論：各部門の資金過不足について

　経済を構成する主体が赤字主体なのか黒字主体なのかを資金過不足構造という。もちろん赤字主体は資金不足，黒字主体は資金余剰であって，両者併せて資金過不足と称する。イントロの議論を終えるに際し，前で述べた家計や企業といった各主体の資金過不足について，近年の推移を簡単に見ておこう。図 1.1 は，主体を集計して「家計」「企業」「政府」「海外」という 4 つの部門にまとめた，各々の資金不足 (赤字) あるいは資金余剰 (黒字) の大きさ

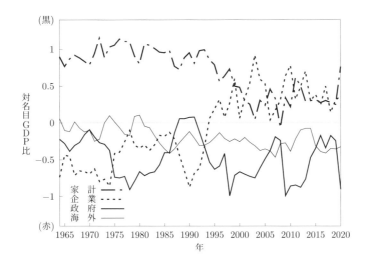

図 1.1 資金過不足の推移

(資料出所)『資金循環統計』(日本銀行)「金融取引表 (全体表)」より筆者が作成。
縦軸は各部門の資金過不足を同年の名目 GDP で除した値 (対名目 GDP 比) である。また各部門とは以下のとおりである。

図 1.1 の部門	68SNA ベース	08SNA ベース
家計	個人	家計および 対家計民間非営利団体
企業	法人企業	非金融法人企業
政府	中央政府および 公団・地方公共団体	一般政府
海外	海外	海外

である。各部門の「資金過不足」額を名目 GDP 比で換算した値である。縦軸のゼロよりも下側のマイナスは赤字主体を，ゼロよりも上側のプラスは黒字主体を意味している。なお筆者の利用可能なデータベースでは，1997 年までの数字が 68SNA ベースに，また 1998 年以降の数字が 08SNA ベースに準拠していて，これらの間で厳密な連続性を保持するのはなかなか難しいように思うが，ここの目的はごく概要的な動向を見るだけであるから，1964 年から 2020 年までの 50 年以上の動向を 1 本の線で表現している。

　この図にあるように，家計部門はほぼ一貫して黒字主体となっている。ただし 2000 年代はそれ以前と比べ，高齢化による貯蓄取崩しの影響で黒字の大きさは明らかに低下傾向にある。企業部門は 1990 年代前半までは赤字主体であったが，90 年代半ばから黒字主体に転じ，それ以降現在に至るまで黒字主体を続けている。一貫した赤字主体は政府と海外の両部門であり，政府部門の方はバブル期のごく短期間を除いてずっと赤字主体となっている。また海外部門の赤字とは，日本の国際収支で経常収支等が黒字であることの裏返しであることに注意する必要がある。[*3]

[*3] 「資金循環統計」における資金過不足は，各部門の金融資産・負債残高表の毎年の変化額から計算される。ストック概念の金融資産・負債残高表から，フロー概念である貯蓄と投資および資金過不足の大きさがどのように関連しているのか，本書の後の内容とあまり関係ないので説明は省略したい。これに関する詳細かつ分りやすい文献として，深尾 (2010) 第 1 章が大変に有益である。ただ残念ながら用語等記載の古くなった箇所が散見されるので，日本銀行調査統計局著『資金循環統計の解説』(HP よりダウンロード) で補足されるとよかろう。

第2章

利子率と利回り

2.1　基本的な考え方

　資金の融通において，資金提供者から資金調達者に対して資金が提供されると，その資金を今の時点で使用できるのは資金調達者の方であるから，資金調達者はその資金の使用に対する代償として，資金提供者に対し何らかの報酬を支払う。この報酬の大きさを表す数字が利率で表記されている場合，その数字を利子率や利回りという。「利子率」という場合と「利回り」という場合，両者は同じ意味の言葉と考えることもできるし，異なる意味の単語と捉えることもできる。両者には微妙な差異があることも確かであって，これらの使い分けは慣習に従って慣れるしかないのも実情であろう。利子率と利回り，人によって単語の使い方が若干異なることも少なくないので，まず筆者の立場というか，筆者によるその使い分け方を説明するところから話を始めよう。

　資金融通における支払約束のタイプには2種類ある。ここでは負債型および株式型と呼名をつけておく。負債型の支払約束，つまり債権・債務の場合，資金使用に対し付与される報酬の金額は利子あるいは利息と称される。本書では利子と利息は同じ意味の言葉として扱う。そして利子を生み出す源の元本1円当りで見た場合の利子の大きさを利子率と称する。利子あるいは利子率という言葉は専ら負債型の支払約束に登場し，株式型の支払約束の報

酬に利子という言葉が使われることはない。株式の報酬は配当金と称されるのが普通で，これを利子と称する習慣はない。他方で利回りという言葉は，負債型でも株式型でも同様に利用されている。利回りとはコスト1円当りの収益という意味である。本書では，利回りと収益率は同じ意味に用いる。また本書では収益と利益は同じ言葉とみなす。*¹ 以上の話からすると，負債型の支払約束には利子率と利回り，2つ呼称が存在していることになる。負債型の場合に話を限定するなら，利子率も利回りも大雑把には同じ意味を表していると考えて実用上それほど支障はないかもしれない。

　しかし，もっと細かい点について2つの問題を考慮したらどうであろう。まずは上記の報酬が対象とする時間である。これは1年間という時間が基本になっている。負債型でも株式型でも，報酬が1年間に数回提供されることが少なくない。そこで1年間に報酬が複数回提供される場合，1年間に提供された報酬を単純に合計した数値が利子率や利回りの計算に利用される報酬となる。次の問題は，元本の金額とコストとは同じかという点である。前の段落で，利子率は「元本1円当りの…」，利回りは「コスト1円当りの…」と定義した。それではここに記された元本とコストとは同じものか。実は異なるとするのが妥当なケースも多い。これが話をややこしくする原因にもなっている。そこで話を明確にするのに，負債型の支払約束をさらに2種類にタイプ分けする。ここでは一つを貸借型と称し，もう一つを債券型と称することにしよう。

　貸借型とは今，100万円を借りるとすると，満期時までに利子の他に100万円を返済するタイプの負債である。このとき元本は100万円で，100万円を提供する資金提供者から見れば，利子という報酬を生み出す債権の取得コストも100万円である。よって，貸借型では元本とコストとが同額で，利子率が3%とすると，元本100万円に対して1年で3万円の利子が支払われる。他方で債券型とは，元本が100万円とすると，満期時までに利子の他に100万円を返済するのは同じだが，今の時点で獲得できる資金の大きさが

---

*¹ 筆者の定義する収益あるいは利益は，収入から経費を控除した儲けのことを意味している。ところが金融以外の分野，例えば会計の分野では，収益とは儲けではなく，単なる収入のこと指している場合もある。損益計算書の「営業外収益」がその典型例であろう。

100 万円とは限らないという点で差がある。例えば 98 万円しか調達できないとすると，資金提供者は今の資金を 98 万円提供して，満期時までに 100 万円の返済を受取る。このように債券型の負債の場合，元本 100 万円に対して取得コストは 98 万円という具合に，元本とコストとが同額とは限らない。債券型の場合は，表面利率という利子率も規定され，(元本金額) × (表面利率) によって 1 年間に支払う利子の大きさが決まる。[*2]

　債券型の負債の説明をもう少し続けよう。債券の場合，元本金額のことを額面と称することも多い。額面 100 万円の債券は，満期一括返済とすると，満期時に元本の 100 万円が返済される。表面利率が 3% であるなら，毎年の利子は 3 万円である。話を簡単化するため，満期はちょうど 1 年後としよう。この債券が今，98 万円で売買されたとしよう。つまり債券を売った人が債券を買った人から 98 万円という資金を入手する。債券を買った人 (資金提供者) は，98 万円を提供し，1 年後にこの債券の満期返済で 100 万円を受取るから，差額 2 万円を儲けることになる。これをキャピタルゲイン (値上り益) という。つまりこの債券を買った人は，1 年後までに 3 万円の利子と 2 万円の値上り益を得ることになる。しかも取得コストは 98 万円である。この取引の利回り (収益率) はどうなっているか。表面利率は利子率と称しても違和感ないが，この債券の利回りは確かに利子率と異なる性格を持つ値であろう。ちなみに利回りをコスト 1 円当り収益として計算すると，その値は

$$\frac{3 + 100 - 98}{98} = 0.05102$$

というように 3% という利子率 (表面利率) に比べ，利回りは 5% 超となる。従って，特に債券を念頭に置いているときは，利子率と利回りとは峻別しておくべき概念である。[*3]

[*2] 表面利率はクーポンレートとも称される。

[*3] さらに話をややこしくする事情があって，上記のように計算される利回りが実は金融情勢全般の「利子率」を構成するところとなり，話は一段と錯綜する。この金融情勢全般の利子率のことを本書では以下，一般的金利水準と称している。負債型の支払約束というのは，同様・類似な債券が多数存在していて，その一つ一つについて利回りが算出されるのであるが，複数の債券を似たもの同士で適当にグループ化し，そのグループに属する債券の利回りの平均値が金融情勢全般の「利子率」，つまり一般的金利水準というこ

　さてイントロダクションの最後に，株式に関する利回りを述べよう。株式を保有することから得られる収益は，株式を売却したときの売却代金から，株式を購入したときの購入代金を差し引いて求められる値上り益あるいは値下り損，そして購入から売却に至る間に獲得する配当金，あわせて2種類の儲けから成る。例えば，ある銘柄の株式1000株を1株800円の価格で購入し，ちょうど2年後に1株1300円の価格ですべて売却したとする。購入代金は80万円，売却代金は130万円であり，これらの差額50万円が値上り益である。またこの株式は半年毎に1株10円の配当金を生み出すなら，1000株の所有で半年毎に1万円の配当金を得ることができ，2年間の保有で4回分の配当金，計4万円を受取る。従ってこの株式保有からの収益は54万円ということになる。この54万円は2年間にわたる投資であったから，1年当りに換算した投資収益は27万円で，当初の購入コストが80万円であったから，コスト1円当りの収益率を求めると，0.3375(=27/80)がその利回りということになる。

　以上が利子率と利回りに関する基礎知識であるが，この章では以下もう一歩踏み込んだ検討を行いたい。次の2.2節では，若干変則的な例を取り上げることで利子率計算の理解を深めたい。2.3節では債券に関するイントロを述べた後で，2.4節で複利という概念を詳しく説明する。2.5節以降は株式利回りを取り上げる。2.5節で株価の断層を例にした株式取引全般の概説をし，2.6節と2.7節では様々な株式利回りを比較検討して概念整理を行う。

2.2　利子率の計算例

　前で述べたように，利子率とは，1年間に獲得する利子の大きさを元本1円当りで表示した数字である。100万円という元本が1年間に3万円という利子を生み出すなら，利子率は3%である。実際には，利子率の値につい

とになる。この点は第3章で詳述する。なお金利という単語は，利子率を意味することもあれば，利子の金額を意味することもある。筆者の印象としては，債券が念頭にある場合，もはや迂闊に「利子率」という言葉を使わない方がよいように思う。「表面利率」あるいは「利回り」という具合に使い分けをすれば，混乱の心配はないであろう。

てこのように自明なケースばかりとは限らない。ここで若干変則的な例を取り上げることで，利子率の計算についての理解を深めよう。その格好の材料が以下で説明するような，百貨店主催による友の会システムではないだろうか。

　百貨店では顧客から会員を募って友の会を構成する。友の会に入会すると，例えば毎月 1 万円が徴収され，1 年経過後に 13 万円が支給される。すなわち，1 年間の徴収額 12 万円から結果的に 13 万円を受取るから，差額の 1 万円が利子ということになろう。この 1 万円の利子による利子率はいくらと考えるのが妥当か。単純に考えるなら，元本 12 万円が 1 万円の利子を生んだものとみなして，$\frac{1}{12}$ =0.0833 であるから，利子率は 8.33% ということでよいのであろうか。実はこの利子率の計算は間違っている。そこで正しい計算方法を説明するのに，多少冗長かもしれないが，まず友の会のシステム，つまりわれわれのお金の支払と受取について少々細かく見ておく必要がある。あくまでも説明のための便宜というか，架空の話なのであるが，ここで想定している友の会のシステムとは次のようなお金の受払いを想定している。

　毎月の初日 1 日に 1 万円を支払うとしよう。今，1 月をスタートとして，1 月から 12 月までの毎月 1 日に 1 万円を納めるものとする。12 月 1 日に 1 万円を納めると，それまでの合計で 12 万円を支払ったことになる。そして翌年の 1 月 1 日になると，開始からちょうど 1 年が経過したので，われわれは 13 万円を受取ることができる。このとき利子率はいくらとして計算すればよいか。12 万円の元手から 13 万円を獲得するのであるから，その差額 1 万円が利子であることは間違いない。問題は，利子の金額 1 万円をいくらの元本金額で割れば，正しい利子率の計算になるのか。結論からいうと，1 年間の平均元本額でもって利子の 1 万円を割ると，その値が正しい利子率となる。しかし，ここで何の断りもなく「平均元本額」といわれても，何か唐突な印象は拭えないだろう。利子額の分子に対し，分母の方はたまたま「1 年間の元本額の平均」とみなせるということなのである。それでは，利子率を計算する分数の分母がなぜ 1 年間の元本額の平均になるのかを説明する必要があろう。

　何度もいうが利子率というのは，元本 1 円が 1 年間に生み出す利子の大き
さである。この利子率を今，x としよう。x とは，0 以上 1 未満の小数をイ
メージしていただきたい。すると，1 月 1 日に納めた 1 万円の生み出す翌年
1 月 1 日の利子は $10000x$ 円である。次に 2 月 1 日に納めた 1 万円は翌年 1
月 1 日にいくらの利子を生むか。まだ 1 年経過してないので，1 年未満の期
間については日割り計算するのが一般的なルールになっている。日割り計算
の比率は，12 か月 (1 年) に対する 11 か月であるから，$\frac{11}{12}$ としよう。従って
2 月 1 日に納めた 1 万円が翌年 1 月 1 日に生み出す利子は $\frac{11}{12} \times 10000x$ であ
る。これでは「月割り」計算で，「日割り」計算になってないが，その点の
誤差はご容赦願いたい。[*4] 同様に考えれば，3 月 1 日に納めた 1 万円が翌年
1 月 1 日に生み出す利子は $\frac{10}{12} \times 10000x$ であり，4 月 1 日に納めた 1 万円が
翌年 1 月 1 日に生み出す利子は $\frac{9}{12} \times 10000x$，$\cdots$，12 月 1 日に納めた 1 万
円が翌年 1 月 1 日に生み出す利子は $\frac{1}{12} \times 10000x$ ということである。これら
12 個の利子を合計すると，

$$\left(\frac{12}{12} + \frac{11}{12} + \cdots + \frac{1}{12} \right) \times 10000x$$

であり，この値が翌年 1 月 1 日に受取る利子金額の 1 万円に他ならない。
従って利子率 x を求めると，

$$x = \frac{10000}{\left(\frac{12}{12} + \frac{11}{12} + \cdots + \frac{1}{12} \right) \times 10000} = \frac{10000}{65000} = 0.153846$$

というように，15.38% というのがこの場合の利子率である。利子額 1 万円
に対する元本額は 6 万 5 千円となる。いうまでもなく，$\frac{12}{12} + \cdots + \frac{1}{12} = 6.5$
という分数の計算からそのような元本額になるのであるが，この 6 万 5 千円

[*4] 1 か月を構成する日数が月により異なるので，本文のような月割り計算では，実際の日割
り計算と差異がある。しかし実際の実務でははるかに細かい点にも配慮することが必要
である。それは「期間」の日数を求めるのに，支払った日や受取った日を「期間」の中
に含めるか含めないかを予め取り決めておく必要があるからである。含める・含めない
は取引慣行に従ってケースバイケースで，確立された一般的ルールはないような印象が
ある。

の計算式 (分母の式) をよくご覧いただきたい。これは 1 年間の平均元本額を計算していることにもなるのであるが，お分りだろうか。

それではストレートに，元本額に関する 1 年間を通じた文字どおりの平均を計算してみよう。毎月 1 日に 1 万円を支払った後の元本額は，1 月 1 日に 1 万円，2 月 1 日に 2 万円，3 月 1 日に 3 万円，···，12 月 1 日に 12 万円なのであるから，これらの平均を求めると，

$$\frac{1\,万円 + 2\,万円 + \cdots + 12\,万円}{12} = 6.5\,万円$$

である。この分子を書き換えると次のようにできる。

$$\frac{1 \times 1\,万円 + 2 \times 1\,万円 + \cdots + 12 \times 1\,万円}{12}$$
$$= \left(\frac{1}{12} + \cdots + \frac{12}{12} \right) \times 10000 = 6.5\,万円$$

この書き換えの式から，前の利子率を計算した分数の分母が実は平均元本額を意味していることが分るであろう。

ということで，百貨店友の会の上記システムの利子率は，15.38% であるとするのが正しい計算である。とはいえ，銀行預金の 1 年定期の利子率が 0.1% 未満である昨今の金融情勢からすると，もの凄い高利回りといえる。ただ私はここで百貨店の宣伝をしたいわけではない。あくまでも利子率の計算材料として取り上げているだけであるから，なぜ百貨店友の会がこのような高利回りなのか，急いで付言しなければならない点がある。この付言は，ファイナンス論を勉強する目的として，極めて重要な論点を提供することにもなる。

なぜこのような高利回りなのか。それは受取る 13 万円が (現金に比べ) あまりに不便だからである。毎月支払う 1 万円は正真正銘の現金であるが，1 年後にわれわれが受取る 13 万円は正確にいえば現金ではない。その百貨店でのみ利用可能な 13 万円分の買い物券 (今なら買い物ポイント) である。百貨店友の会が高利回りな理由はこの点に尽きる。現金と買い物券との利便性の差異は明らかである。現金はいつどこででも利用可能であるが，買い物券はその百貨店の外では何の価値もないただの紙切れである。極論すれば，わ

れわれは現金を，他所では何の価値もない紙切れとわざわざ交換していると
いえないこともない。このような不便に対する代償が高利回りと考えられ
る。現金と比べ著しい不便を被る見返りとして，高利回りを享受しているの
である。

　同じことであるが，人は，何かの不便益を受入れるなら，その不便益の代
償として何かを付加的に受取れないなら，その不便益を決して受入れないと
いうことである。この「付加的に受取る」ものをプレミアムという。不便益
があるなら，それに対するプレミアムを求めるのが，経済的に合理的な人と
いうことである。この考え方はファイナンス理論の基盤を成す一貫した考え
方である。

2.3　債券の利回り

　ここでは固定利付債券の説明をすることで，あらためて債券の利回りを取
り上げよう。前で例示した債券型の負債とは固定利付債券のことであり，大
変に重要な概念であるからここでは繰り返しを厭わずにあらためて述べるこ
とにする。

　固定利付債券は，額面と満期，表面利率が発行時に予め決められ，これら
3 つの情報は一度決められると原則として満期時まで不変であると考えてよ
い。これら 3 つの情報を与件として市場で売買がなされ，そのときそのとき
の需給に応じた債券価格が決定される。満期とは，負債としての支払義務が
完了する時点のことである。額面とは負債の元本を表していて，満期までに
返済されるべき金額が額面の値である。債券の場合は額面の満期一括返済
(償還) が普通である。もう少し正確にいうなら，満期一括返済とは若干単純
化し過ぎていて，実際には繰上げ償還といって，満期前の任意時点でも元本
返済が可能になっている。発行額の一部が繰上げ償還されることもしばしば
であろうが，この点については分析の単純化のため無視されることも多い。
債券が支払う利子の大きさは，額面に表面利率を乗じて求められる。この値
が 1 年間に支払う利子額であるが，現存するほとんどの債券は半年に一度の
頻度で利子を支払う。つまり一度に支払う利子額は (額面) × (表面利率) で

計算される値の半分である。まず前半の半年間に対し支払われ，残りの半分が後半の半年経過時に支払われる。

　さて，説明のための数値例として，額面が 100，満期が 2 年，表面利率が 3% としよう。(額面) × (表面利率) で計算される 3 という金額が 1 年間に支払われる利子である。半年毎の利子支払とすると，1.5 という利子が半年毎に支払われる。3% という表面利率は発行時の一般的金利水準を参考に決定される。前でも述べたが，一度 3% と決められると，3% のまま満期まで不変である。しかし世の中の一般的金利水準は刻一刻と変化していくから，債券の表面利率は，発行時から時間の経過で世の中の一般的金利水準から徐々に乖離することになる。もし発行時の金融情勢よりも金融が引締められ，一般的金利水準が上昇すればどうなるか。一般的金利水準が上昇するということは，似たような債券を購入すれば，3% よりももっと大きな利子率が提供されるという意味である。表面利率 3% の債券が提供する利子は，金融情勢に関係なく 3 のままであるから，この債券を 100 で購入しては他の債券よりも不利となるであろう。そこでこの債券を 100 で購入する人はいなくなって，この債券の価格は 100 よりも下がることになる。これを債券価格が額面を下回る状態という意味でアンダーパーという。

　逆にもし発行時の金融情勢よりも金融が緩和され，一般的金利水準が下落するならどうか。今度は，似たような債券を購入するなら，3% よりも小さな利子率しか提供されないから，表面利率 3% の債券を 100 という価格で購入できれば，それは利回り 3% となって，似たような債券よりも有利である。従ってその債券の買いが増えて，表面利率 3% の債券価格は 100 を上回るであろう。債券価格が額面を上回る状態をオーバーパーという。以上のことから，額面・満期・表面利率という 3 つの情報を与件として，そのときそのときの金融情勢から，その債券の価格が市場で決まり，債券価格は十中八九，額面から乖離しているであろう。額面以外の値に市場価格が決まるのであるから，当然のこと，債券の買手が支払い，売手が獲得する代金は額面とは異なる。

　債券の買手から見た説明をするが，額面とは異なる値の価格で債券を購入し，それ以降にその債券の規定する利子を受取り，債券を満期まで保有して

満期に額面の元本返済 (償還) を受けた場合，その利回り，つまりコスト 1 円当りの収益はどう表されるか。これが最終利回りという概念である。ここで単利と複利という 2 種類の考え方を説明する必要がある。満期前に生み出された利子は，再投資されると満期までに利子を再生産する。この「利子が利子を生む」ことを考慮したのが複利という概念であり，考慮しないのが単利である。「利子が利子を生む」という点は重要な論点で，もっと詳しく説明する必要があるから，後で詳しく説明する。ここの説明は単なる言葉の紹介である。

　例えば債券価格が 97 である場合，この債券を 97 という価格で購入し，満期まで保有する場合の最終利回りはどのように計算されるか。単利の場合は前で述べた利回りの定義と本質的には同じである。ただしこの例では，年 2 回の利子が支払われること，そして満期まで 2 年あること，これらを反映させて計算は次のようにする。

$$\frac{1.5 \times 2 + \frac{100-97}{2}}{97} = 0.04639$$

半年毎に 1.5 の利子が年 2 回支払われるから，年間の利子は 3 である。また今 97 で購入し 2 年後に額面 100 の償還を受けるから，2 年間で 3 という値上り益を得るが，これを 1 年当りに換算するため，値上り益を 2 で割っている。次に複利を想定したときの最終利回りはいくらか。これは次のように計算する。

$$97 = \frac{1.5}{1 + \frac{y}{2}} + \frac{1.5}{\left(1 + \frac{y}{2}\right)^2} + \frac{1.5}{\left(1 + \frac{y}{2}\right)^3} + \frac{101.5}{\left(1 + \frac{y}{2}\right)^4}$$

この式を満たす y の値が複利最終利回りである。複利になるとなぜこういう形の式を計算しなければならないのか，その考え方は複利という概念をキチンと説明する必要があり，次節で詳しく説明するが，今はこういうものだと受入れていただきたい。この式を解いて y は 0.04587 という値になる。

2.4 複利とは

　ここで複利について説明しよう。複利とは「利子が利子を生む」ことをいい，この逆に「利子が利子を生まない」ことを単利という。簡単な例を見た方が早い。今 100 というお金があるとする。この 100 が元本である。そして利子率が 5% としよう。利子率は通常 1 年間に対する利子を元本 1 円当りで表示したものである。

　まずは最も簡単なケースとして 1 年に 1 回の利子が支払われるとする。これを年複利といったりする。1 年後の利子は 100 の 5%，5 であるから，1 年後のお金は元の 100 と利子 5 を合せた 105 になっている。さらに 1 年後の，今から 2 年後には 105 の 5%，5.25 が新たに利子として生じる。この利子を合せた 110.25(= 100 + 5 + 5.25) が 2 年後のお金である。これを表記するなら，$100 \times 1.05^2 = 100 \times 1.1025 = 110.25$ ということになる。この値は，元のお金 100 に対する利子 5 が 2 年間 (2 回分) 発生し，のみならず 1 年後に発生する利子 5 が，次の 1 年間でさらに 5 の 5%，0.25 の利子を生んでいるという点を認識して欲しい。これが「利子が利子を生む」という複利の意味である。もっと形式的に記すと，今の元本を M，利子率を ρ とすると，2 年後には以下のようになる。

$$M(1+\rho)^2 = M(1 + 2\rho + \rho^2) = M(1+\rho) \times (1+\rho)$$

この $M(1+\rho)^2$ を 2 年後の「将来価値」といったりするが，意味は明解であろう。元の元本を M，それが 2 回利子を生む分を $2\rho M$，1 回目の利子がさらに利子を生む分を $\rho^2 M$ で表し，これらを合計して $M(1+2\rho+\rho^2) = M(1+\rho)^2$ になると考えてもよいし，もっと単純に，今の M の 1 年後の元利合計が $M(1+\rho)$，さらにもう 1 年後 (今から 2 年後) の元利合計が $M(1+\rho) \times (1+\rho) = M(1+\rho)^2$ であると考えてもよい。

　一般的に述べておくと，今のお金 M の T 年後のお金は $M(1+\rho)^T$ として記し，これが T 年後の将来価値である。それでは次に，T 年後のお金が M 円であるなら，その M 円を現在のお金に換算するならどのように表すべき

か。現在のお金が $\frac{M}{(1+\rho)^T}$ であるなら，その T 年後の将来価値はちょうど M 円となる。従って，T 年後の M 円を現在のお金に換算した金額は $\frac{M}{(1+\rho)^T}$ と表される。これが現在価値である。$\frac{M}{(1+\rho)^T}$ という現在価値の表記法は複利を前提としているのである。このことから一つ注意しておくと，単利とは利子が利子を生まないことであった。今の 100 というお金は 5% の単利では，2 年後に 110 である。一般的に表すと単利の場合，今の M 円の T 年後の将来価値は $M + \rho M \times T = M(1 + \rho T)$ となる。同じ論理に従うなら，T 年後の M 円の現在価値は，単利で表記するなら，$\frac{M}{1+\rho T}$ となるのであるが，現在価値を単利で表す習慣はほとんど皆無である。現在価値の表記は，複利を前提として，ほぼ例外なく $\frac{M}{(1+\rho)^T}$ と記す。

　さて以上の話は，1 年に 1 回の利子を生む場合である。利子を生み出す期間は 1 年とは限らない。現実的には多くの金融商品，例えば債券とか一部の定期性預金などで半年に 1 回利子を生み出す。また証券会社の MRF(自動的に預け入れされる預金のようなもの) や銀行借入では毎月利子が生じる。それでは 1 年間に複数回利子が生じる場合，これが複利だったとして，その現在価値や将来価値はどのように表記されるか。将来価値で説明しよう。

　「(年率)5% の半年複利」という提示がなされたとする。これの意味である。利子率というのはあくまでも 1 年間に付される利子を元本 1 円当りで表記したものである。5% というのは，100 という元本に対し 1 年間に 5 という利子が付される。今の場合，利子発生が半年後であるから，その半分の 2.5 が半年で得る利子である。その結果，今の 100 は半年後 102.5 になる。つまり利子率にすると，5% の半分，2.5% が半年という期間に適用される利子率である。この 102.5 がさらに半年経つと (今から 1 年後に) どうなるか。複利なのであるから，この 2.5 という金額にも新たな利子が発生する。半年という時間に適用される利子率は 2.5% だから，利子が利子を生んだ分は 0.0625(=2.5 × 0.025) ということになる。元本 100 に対する利子は，後半の半年にも前半の半年と同様 2.5 という利子を生むから，1 年後には結局，全部で $100 + 2.5 \times 2 + 0.0625 = 105.0625$ というお金になっている。「5% の年複利」なら，1 年 1 回の利子なので，1 年後に得るお金は 105 だが，「5% の半年複利」となると，1 年後のお金は 105.0625 で，受取は 0.0625 だけ増え

る。これは半年後の利子が半年間で利子を生んだ分である。

　「5% の半年複利」の 1 年後受取額 (将来価値) とは，次のような計算をしていることになる。

$$100 \times \left(1 + \frac{0.05}{2}\right)^2 = 100 \times 1.025^2 = 105.0625$$

それでは次に「5% の半年複利」の 2 年後受取額 (将来価値) はどうなるか。これについては説明するより，結果の式を記した方が簡単だろう。

$$100 \times \left(1 + \frac{0.05}{2}\right)^4 = 100 \times 1.025^4 = 110.3813$$

2 年間という時間に半年複利の計算期間は 4 回ある。これがべき乗の数字 4 乗に表れる。半年後の利子 2.5 はその後 1 年後と 1.5 年後，2 年後の都合 3 回利子を生み，1 年後に生まれた利子はその後 1.5 年後と 2 年後に 2 回利子を生み，1.5 年後の利子はその後 2 年後に 1 回利子を生み ··· なんてことを考えていたらワケ分らなくなるだけである。ちなみに年複利 (1 年 1 回の利子) の場合の 2 年後受取額 (将来価値) は 110.25 であったから，差額 0.1313 がこれらゴチャゴチャの「利子が利子を生んだ分」という程度の認識で実際は十分である。

　ところで，利子率が「1 年間に付される利子」という点は世の中の暗黙の了解になっていて，利子率の数字が「1 年間」を対象にした値であることを強調して，「年率 5%」という具合に表示することもあるが，「年率」を付けずに単に「5%」と表記することも多い。ただ半年複利のような 1 年間に複数回の利子を想定すると，「年率 5%」といっても，それだけでは 1 年後にいくらのお金になるのかは計算しないと分らない。そこで重要なのが実効年利率という概念である。「(年率)5% の半年複利」という場合の実効年利率は，上で計算したように 5.0625% であり，このことを「年率 5% の半年複利 (実効年利率 5.0625%)」という具合に表記することもある。実効年利率はエクセルの EFFECT 関数で簡単に計算できる。また 5% の方を表示 (名目) 年利率ということもある。

　さて，今後の応用を考えてもう少し整理しておこう．今，利子発生期間が
1 年間に m 回あるとする．年複利なら $m = 1$，半年複利なら $m = 2$，四半期
複利なら $m = 4$，月複利なら $m = 12$，週複利なら $m = 52$ である．(年率の)
利子率が ρ だとすると，今のお金 M の T 年後の受取額 (将来価値) は，

$$M \left(1 + \frac{\rho}{m} \right)^{mT}$$

である．1 年間に利子が m 回発生するということは，1 回当りの時間的長さ
は 1 年間の $\frac{1}{m}$ 時間ということである．1 年間の利子率が ρ であるなら，そ
の時間に適用される利子率は $\frac{\rho}{m}$ である．また 1 年間に利子が m 回発生する
ということは，T 年間に $m \times T$ 回の利子が生まれることになるから，$(1 + \frac{\rho}{m})$
を mT 乗することになる．

　以上のように将来価値を定式化したので，現在価値はその逆数 (分数) を考
えればよい．年 m 回複利で T 年後のお金が M だとすると，その現在価値は

$$\frac{M}{\left(1 + \frac{\rho}{m} \right)^{mT}}$$

として表現すればよい．年複利 (1 年 1 回の利子) のとき，べき数が年数 T
だったのに対し，年 m 回の利子がある場合，べき数が mT となる点に注意さ
れたい．割引率も m で除した $\frac{\rho}{m}$ となる．

　それでは最後に，前節で登場した複利最終利回りの式について述べよう．
まず一般的な形で複利最終利回りを定義しておこう，今，1 年に m 回の利子
支払のある，満期まで残存 T 年の，表面利率 c，額面 M の固定利付債につ
いて，その市場価格が P であるとき，その複利最終利回り y は次式を満たす
ような値となる．

$$P = \frac{\frac{cM}{m}}{1 + \frac{y}{m}} + \frac{\frac{cM}{m}}{\left(1 + \frac{y}{m} \right)^2} + \frac{\frac{cM}{m}}{\left(1 + \frac{y}{m} \right)^3} + \cdots + \frac{\frac{cM}{m} + M}{\left(1 + \frac{y}{m} \right)^{mT}}$$

1 年に m 回定期的に支払われる利子は，1 年間合計では cM 円であるから，
1 回の受取額は $\frac{cM}{m}$ で表される．これが満期まで将来定期的に受取る金額で

ある。例えば，今からちょうど t 年後に受取る $\frac{cM}{m}$ 円は，現在価値で表現すると

$$\frac{\frac{cM}{m}}{\left(1 + \frac{y}{m}\right)^{mt}}$$

である。将来時点のキャッシュフローは，定期的に1回当り $\frac{cM}{m}$ 円の利子を mT 回にわたって受取り，さらに満期時 (回数では mT 回目) に額面 M を受取る。これら将来時点のキャッシュフローを現在価値に換算して合計したものが，P の式右辺である。

　なおいうまでもないだろうが，ここの式で $m = 2$, $T = 2$, $c = 0.03$, $M = 100$ としたものが前節の数値例で登場した複利最終利回りを求める式である。今，債券の市場価格を P で表して，式をもう一度書いておく。

$$P = \frac{1.5}{1 + \frac{y}{2}} + \frac{1.5}{\left(1 + \frac{y}{2}\right)^2} + \frac{1.5}{\left(1 + \frac{y}{2}\right)^3} + \frac{101.5}{\left(1 + \frac{y}{2}\right)^4}$$

複利最終利回りの意味を端的に表すため，この式の両辺に $\left(1 + \frac{y}{2}\right)^4$ を乗じて得られるのが次の式である。

$$\left(1 + \frac{y}{2}\right)^4 P = 1.5 \times \left(1 + \frac{y}{2}\right)^3 + 1.5 \times \left(1 + \frac{y}{2}\right)^2 + 1.5 \times \left(1 + \frac{y}{2}\right) + 101.5$$

この式の右辺をご覧いただきたい。これが何を表しているか明らかであろう。各項すべて今から2年後の将来価値を表しているが，右辺第1項は，半年後に生じる利子 1.5 のさらに 1.5 年後の将来価値を，右辺第2項は，1年後に生じる利子 1.5 のさらに 1 年後将来価値を表現している。… 前で述べたように，この将来価値の表現は，利子が利子を生む分を考慮してこのように表現されるのであるが，それではいくらの利回りでもって将来の利子が利子を生んでいるのか。それは複利最終利回り y の値でもって利子が利子を生んでいるものと考える。このことから複利最終利回りとは，将来の利子が利子を生む際の利回りを，同じ複利最終利回りの値でもって利子が再生産可能であることを前提にした利回りの数字であるといえる。これが複利最終利回りの意味である。

2.5　株式の利回り：株価の断層

　株式の利回りは前でも述べたように，コスト 1 円当りの 1 年間当りに稼ぐ
収益のことである。この定義に忠実に従うと，株式を 1 株売買することで得
る株式利回りは次のように計算される。

$$\text{株式利回り} = \frac{1}{\text{保有期間 (年表示)}}$$
$$\times \frac{\text{売却時株価} - \text{購入時株価} + \text{期間中の 1 株当り配当金合計}}{\text{購入時株価}}$$

右辺 2 番目の分数の分子が 1 株の株式売買で得る収益で，株価の値上り益
(あるいは値下り損) の他に，購入から売却までの保有期間中に得る配当金総
額を「期間中の 1 株当り配当金合計」として加える。さらにこの収益を 1 年
当りに換算するため，年表示 (1 年を 1 と表示) された保有期間の逆数 (右辺
最初の分数) を掛けている点に注意されたい。なお，売却ではなく継続保有
している場合は上記の「売却」を「現在」に置き換えれば，購入から現在ま
での株式利回りということになる。以上の形で計算される株式利回りを，後
の議論で区別するためにここでは「売買利回り」と称することにする。[*5]

　株式の利回りを計算するのに，株式の購入時の株価と売却時あるいは現時
点の株価との差を求める必要があるが，株式を保有している期間の途中で株
価の断層が生じるなら，購入時の株価と売却時 (あるいは現在) の株価を単
純に比較できない。その場合，そのままでは株式利回りを計算できない。そ
れでは株価の断層とは何か。ここでは株式の利回りを計算するのに，株価の
断層がある場合，その克服方法を説明したい。

　株式の保有期間が数年以上に及ぶような場合は「株価の断層」に出会す可
能性が高い。株価が，ある日突然，前日の倍の値になったり，あるいは半値

[*5] この利回りは，利子が利子を生む点を無視しているので単利の利回りである。複利の利
回りを株式についても計算することは可能だが，株式利回りに複利を計算する習慣は学
界でも実務でも存在しないように思う。恐らくは後で説明するような問題点があるため
に，株式利回りは専ら単利が中心になっているのではないかと考えている。株式の複利
利回りについての検討は辻 (2023b) を参照願いたい。

になったりするので，正に「断層」というに相応しい。株価に断層が現れる原因は，今日では主に株式分割と株式併合の2つである。株式分割や株式併合に出会したら，これを適切に処置しないと，保有期間の間に稼いだ収益の正確な値を計算できない。どうやったら適切な処置をしたことになるのか。これを理解するには，そもそも株式分割や株式併合でなぜ株価の断層が発生するのか，その理由を知る必要がある。もちろん，この理由は突き詰めればとても緻密な話になるのであるが，単に株価の断層が発生する理由を知りたいだけなら，次のような大雑把な話で十分であろう。

　企業が将来100億円の収益を稼ぐとしよう。今この企業に負債はないものとする。「将来に100億円を稼げる」という見込みが企業の現在の価値となり，その値が80億円だとしよう。株式とはこの将来収益100億円に対する請求権であって，その現在価値が80億円ということである。今の80億円という価値はまるまる全額が株主のものである。もし仮に株式が1株だけ発行されているなら，(1株当りの)株価は80億円である。いい換えれば，ある人(投資家)が80億円を支払って株式を購入し(出資して)，恐らくは唯一の株主となり，企業が期末に本当に100億円の収益をあげるなら，この100億円はその株主に帰属する。

　ここで株式が2株あったらどうなるか。企業全体では期末に100億円の収益を見込み，これを源に今80億円の価値があるという点に変化はない。ただ，同じ権利を持つ株式が2株発行されているという点だけが前と異なる。今度は株式2株でもって，期末100億円の収益に対する請求権となり，株式2株を併せた今の価値はやはり80億円であろう。この2株の株式は同じ権利を持つので，1株当りで見れば上記の半分の値となる。つまり，株式1株は期末50億円の収益に対する請求権で，その現在の価値は40億円である。

　それでは全く同じ企業が，株式を1万株発行していたならどうか。2株発行の場合と同じことである。株式1株は，期末収益100万円 (= 100億円/1万株) に対する請求権で，その価値は80万円 (80億円/1万株) ということになる。これでだいぶん現実の株式に近付いてきた。ところで，株式のことを英語で share というが，これは複数株の株式が存在することを前提に，複数

の株式でもって一つの企業を併せ持つという意味である。正に日本語でいう
ところの「シェア」を意味している。なお企業の発行する複数株の数を発行
済株式数という。また上記の「期末収益」とは大雑把には期末配当金と考え
て構わない。

　さて問題の株式分割・株式併合である。株式分割とは，例えば 1 株を 2 株
に分割することをいう。この場合，発行済株式数は倍になる。企業全体で見
た，期末の収益見込みは変化しないのに，発行済株式数だけが倍になるとど
うなるか。1 株当りの株価は半分になる。株式分割が有効になる日を境にし
て突然株価が半額になる。正に株価の断層であろう。この反対のケースが株
式併合である。例えば 10 株を 1 株に併合する場合，発行済株式数は 10 分
の 1 になって，1 株当りの株価は 10 倍になるのである。

　株式分割・株式併合を個々の株主の立場で見るとどうなるのか。所有する
持ち株数が，株式分割・株式併合により自動的に変化する。1000 株を保有
していた株主は，企業が 1 株を 2 株に株式分割すると，倍の 2000 株を保有
することになる。株価は株式分割と同時に半分になるので，株式分割の前と
後で，株主の富 (＝株価×持ち株数) は不変である。逆に，企業が 10 株を 1
株に株式併合する場合，元々 1000 株を所有していた株主は，その 10 分の
1 の 100 株の持ち株となる。株価は株式併合の前後で 10 倍になっているの
で，株主の富はやはり不変である。

　本当に株式を保有する場合，今日では，購入した株式は自動的に証券会社
へ保護預かりとなるので，株式分割・株式併合が発生しても，証券会社の管
理の下，株主としての持ち株数が自動的に調整される。従って，証券会社に
より個々の株主に提供される取引残高報告書を見ている限りにおいては，株
式分割・株式併合あるいは株価の断層の問題にそれほど神経質になる必要は
ないのかもしれない。しかし，証券会社やその他，新聞やネットなどあらゆ
る媒体で表示される株価はすべて，あくまでもそのときそのときの 1 株当り
の価格であるから，株式分割や株式併合が発生すると，株価だけを見ていて
は，富が突然半分になったり，10 倍になったりするような感覚になる。企
業が将来稼ぐ収益という点でも，株主の富という点でも，実体は何の変化も
ないのに，株価だけが表示上変化してしまうのである。株式投資の収益を計

算する際，一番重要なデータは株価の値であるから，株式分割・株式併合に伴う株価の断層を考慮して修正を施すことは必要不可欠な作業なのである。

それでは株価の断層をどのように修正すればよいのか。修正方法として 2 つの方法が考えられる。一つは株価の値を調整する方法で，もう一つは，株価の値は表示のままにしておいて，持ち株数の調整で断層を修正する方法である。具体的な例で見た方が分りやすい。次の表はキヤノンと住友金属鉱山の具体例である。キヤノンは 2006 年 6 月に 1 株から 1.5 株への株式分割を実施している。これを会社四季報では「分 1 → 1.5」などと記す。この株式分割により発行済株式数は 1.5 倍に，個々の株主の持ち株数も自動的に 1 株が 1.5 株に増える。同時に株価は 0.666(= 1/1.5) 倍になる。また住友金属鉱山は株式併合の例で，2017 年 9 月に 2 株を 1 株に併合している。会社四季報では「併 2 → 1」のように記され，発行済株式数や株主の持ち株数は半分に，株価は倍の値になる。

図 2.1 のエクセルシートは，日経 NEEDS「株式」というデータベースからダウンロードしたキヤノンと住友金属鉱山の株価データである。シート D 列にある「終値」が実際に表示される株価で，この値が新聞やネット等で広く一般に表示される株価ということになる。またここでは月次データを扱っているから，各月の一番最後に成立した値段である。確かに株式分割や株式併合のあったところで，株価の断層が見てとれる。キヤノンの株価は 2006 年 5 月末に 7760 円だったのが，6 月末に 5610 円となり，これは前月の 0.7 倍ちょっとである。また住友金属鉱山は 2017 年 9 月を境に前月の 1895 円から 3614 円へ，株価はおおよそ倍の変化を示している。

さて，このような株価の断層を修正する手段として提供されているのが調整係数というデータである。シート E 列で「累積調整係数 A」と称されている数字である。これは遠い昔の時点，例えば 1965 年 1 月の時点で 1 株だった株式が，株式分割等を経て今，何株になっているかを表現した数字である。キヤノンの場合，2006 年 5 月末まで 1.6837…という係数が 6 月末になって 2.5255…へと変化している。これら係数の比率は 1.5(= 2.5255/1.6837) である。これをいい換えるなら，2006 年 6 月の株式分割 (1 → 1.5 株) により，それまで 1.6837 株だったものが 2.5255(= 1.6837 × 1.5) 株に変化すること

	A	B	C	D	E	F	G
1	<株式分割1→1.5の例>						
2	期	証券コード	名称	終値	累積調整係数A	終値(権利落調整済)	
3	2006年3月	7751	キヤノン	7790	1.6837151	5193.3328	
4	2006年4月	7751	キヤノン	8710	1.6837151	5806.6661	
5	2006年5月	7751	キヤノン	7760	1.6837151	5173.3328	
6	2006年6月	7751	キヤノン	5610	2.5255729	5610	
7	2006年7月	7751	キヤノン	5510	2.5255729	5510	
8	2006年8月	7751	キヤノン	5840	2.5255729	5840	
9	<株式併合2→1の例>						
10	期	証券コード	名称	終値	累積調整係数A	終値(権利落調整済)	
11	2017年6月	5713	住友金属鉱山	1501	1.2712734	3002	
12	2017年7月	5713	住友金属鉱山	1669	1.2712734	3338	
13	2017年8月	5713	住友金属鉱山	1895	1.2712734	3790	
14	2017年9月	5713	住友金属鉱山	3614	0.6356367	3614	
15	2017年10月	5713	住友金属鉱山	4456	0.6356367	4456	
16	2017年11月	5713	住友金属鉱山	4355	0.6356367	4355	

図 2.1　株価の断層の例

を表したものが，この累積調整係数 A なのである。同様に住友金属鉱山は，2017 年 8 月末まで 1.2713 という係数が 9 月末に 0.6356 に変化している。両者の比率は 0.5(= 0.6356/1.2713) で，株式併合 (2 → 1 株) により，それまで 1.2713 株だったものが半分の 0.6356 株になるという意味である。このように調整係数の値の動向を見れば，株価の断層を発生させた株式分割・株式併合の具体的な姿が明らかになる。

　株価の断層があると，今と過去の株価の値を単純に比較することはできない。キヤノンの場合，今 2018 年の株価データと，20 年前 1998 年のそれとを単純に並べることは意味がない。2006 年 6 月に株式分割をしているからである。株価の時間的な推移を「株価の時系列」と称したりするが，株価の時系列をグラフにできないのは大変不便である。そこで，上記の累積調整係数の値を使って株価を調整する。これが修正方法＜その 1 ＞である。普通の修正は，最新時点を 1 とし，これに対して古い時点の株価を調整していく。キヤノンの場合は，今の時点から遡って 2006 年 6 月まではそのままの株価を使う。2006 年 6 月に 1 株が 1.5 株になって株価が 0.6667 倍に低下したので，この分を調整するため 2006 年 5 月より前の株価については，表示上の株価に 0.6667 倍する。つまり，この 0.6667 という値を乗数とし，表示上の

株価にこの乗数をかけることで比較可能な株価となる。この乗数の値は「累積調整係数 A」を使って求めるなら，1.6837/2.5255 = 0.6667 である。例えば 2006 年 3 月の表示上の株価は 7790 円であるが，これに 0.6667 倍を乗じた 5193.33 円が現在の株価と比較可能な株価である。

　住友金属鉱山の場合，今の時点から遡って 2017 年 9 月まではそのままの株価を使う。2017 年 9 月に 2 株が 1 株になって株価が 2 倍に上昇したので，この調整分として 2017 年 8 月より前の株価については，表示上の株価を 2 倍した値を比較のための株価とする。すなわち，今の時点から遡って 2017 年 9 月までの乗数は 1 であり，2017 年 9 月よりも前の株価には乗数 2 を適用する。「累積調整係数 A」で見るなら，1.27127/0.63563 = 2 として乗数を求める。2017 年 6 月の表示上の株価は 1501 円であるが，これを倍にした 3002 円が現在と比較可能な値である。

　日経 NEEDS のようなデータベースには，このような時系列的な比較を可能にする株価も予め計算され，その値が収録されている。シート F 列にある「終値 (権利落調整済)」というデータである。この「終値 (権利落調整済)」は正に上記の計算手続から求められた値である。すなわち，表示上の株価である「終値」に，「累積調整係数 A」の比率である乗数をかけて，「終値 (権利落調整済)」が計算される。今，株価のグラフを描きたいなどの理由で株価の値だけが問題なら，始めから「終値 (権利落調整済)」をダウンロードして利用するのが手っ取り早い。便利ではあるが，「終値 (権利落調整済)」は本物の株価の値と食い違っていることも多く，それが一体何の数字なのか意味不明に陥ることもしばしばである。特に複数銘柄を同時に保有するポートフォリオを扱う場合，時点時点の各銘柄の持ち株数と表示上の (本物の) 株価の値が大事で，「終値 (権利落調整済)」の利用には十分注意して取り扱わないとまず誤りに嵌まる。

　そこでもう一つの修正方法も実用上重要になる。これは株価は表示上の値をそのまま使うことにしておいて，持ち株数の方を調整する。正に株式分割・株式併合の情報が教えるままに株式の持ち株数を調整していくのである。具体的には，キヤノンを 2006 年 6 月より前に 1000 株保有している株主は，2006 年 6 月に株式分割に出会うと，その持ち株数は 1500 株に増え

| キヤノン | 原データ | | ＜その 1 ＞ | | ＜その 2 ＞ | |
年/月	株価	配当金	乗数	調整値	持ち株数	残高 (万円)
2005/5	5900		0.6667	3933.33	1000	590.0
2005/6		32.5	0.6667	21.67	1000	3.25
2005/12		67.5	0.6667	45.0	1000	6.75
2006/6		50	1	50.0	1500	7.5
2006/12		50	1	50.0	1500	7.5
2007/5	7160		1	7160.0	1500	1074.0

| 住友金属鉱山 | 原データ | | ＜その 1 ＞ | | ＜その 2 ＞ | |
年/月	株価	配当金	乗数	調整値	持ち株数	残高 (万円)
2016/8	1312		2.0	2624.0	1000	131.2
2016/9		5	2.0	10.0	1000	0.5
2017/3		6	2.0	12.0	1000	0.6
2017/9		34	1	34.0	500	1.7
2018/3		66	1	66.0	500	3.3
2018/8	3590		1	3590.0	500	179.5

表 2.1　株価の断層の修正方法

る。また住友金属鉱山を 2017 年 9 月前に 1000 株保有する株主なら，2017年 9 月末の株式併合で持ち株数は 500 株に減る。このように調整した持ち株数に，そのときそのときの株価を乗じて，富を計算して株式の利回りを求めるというのが，修正方法＜その 2 ＞である。

　それでは，株式の利回りを計算するという点から，2 つの修正方法をより具体的に述べよう。例えばキヤノンを 2005 年 5 月末に購入し，ちょうど 2年間保有して 2007 年 5 月末に売却した場合の利回りを求めたいとする。この保有期間の 2 年間に配当金が 4 回，2005 年 6 月と 12 月，2006 年 6 月と12 月に支払われている。そして 2006 年 6 月に株式分割 (1 → 1.5 株) が実施されている。関連する株価と配当金の値は表の「原データ」の列にまとめている。これらの数字はすべて 1 株の値で，新聞や会社四季報に記されているものである。2005 年 5 月の 1 株の株価は 5900 円で，2007 年 5 月の 1 株の株価は 7160 円である。そして配当金の数字も 1 株当り配当金である。ただし，2006 年 6 月に株式分割を実施しているので，それ以前の 1 株の株価や配当金はそれ以後のものと単純に比較ができない。

　まず修正方法＜その 1 ＞である。「乗数」を株価に適用して調整済み株価
を求め，分割前後の比較を可能にする方法である。この乗数は，データベー
ス収録の「累積調整係数 A」から求めてもよいし，株式分割 (1 → 1.5 株) と
いう情報から計算してもよい。分割前の株価については，0.6667 という乗数
をかけた値が分割後の株価に対し比較可能な株価ということになる。配当金
についても同様の調整が必要で，分割前に得た配当金については，元の数値
にこの乗数をかけることで比較可能となる。この乗数をかけた「調整値」が
表に記されている。株式利回りは，この調整値を使って次のように売買利回
りを計算すればよい。

$$\frac{\frac{1}{2}(21.67 + 45.0 + 50 + 50 + 7160 - 3933.33)}{3933.33} = 0.431356$$

分母は取得コストで，分子の始めの 4 つの項で 2 年間の配当金を合計し，
7160–3933.33 は値上り益である。これら収益は 2 年間で得られた値である
から，1 年当りの収益に換算するのに分子を $\frac{1}{2}$ している。

　次に修正方法＜その 2 ＞である。本質的には同じことをしているので，利
回りは＜その 1 ＞と同じ値が得られることになるが，＜その 2 ＞はポート
フォリオを考えるときなどは，より直接的な方法といえよう。つまり持ち株
数の変化を考慮する方法である。当初に 1000 株を購入するものとしよう。
取得コストは 590 万円である。購入後に 2 回，1000 株の株式保有により
3.25 万円と 6.75 万円の配当金を得る。そして株式分割が発生して持ち株数
が 1500 株に増える。分割後の配当金は 7.5 万円を 2 回受取り，1500 株を 1
株 7190 円で売却して 1074 万円の代金を得る。表には持ち株数と，株式時
価および取得する配当金のそれぞれの金額を「残高 (万円)」の列に記してい
る。これら残高を使って，購入から売却までの売買利回りに適用すると次の
ような株式利回りが求められる。

$$\frac{\frac{1}{2}(32,500 + 67,500 + 75,000 + 75,000 + 10,740,000 - 5,900,000)}{5,900,000}$$

$$= 0.431356$$

　まったく同様にして，株式併合についても計算ができる。その具体例とし

て住友金属鉱山を 2016 年 8 月から 2018 年 8 月まで 2 年間保有した場合の
利回りを計算してみる。1 株当りの株価と配当金は表の「原データ」の数字
である。＜その 1 ＞の手法による乗数は，併合後の 1 に対して併合前は 2 と
いう値になる。この乗数を原データの数値にかけた調整値を使って売買利回
りを計算すると次のとおりである。

$$\frac{\frac{1}{2}(10 + 12 + 34 + 66 + 3590 - 2624)}{2624} = 0.207318$$

次に＜その 2 ＞の場合，当初の持ち株数 1000 株が株式併合で 500 株となる
から，株式時価および配当金の残高は表にあるとおりであり，売買利回りは
同じ 0.207318 という値になる。

$$\frac{\frac{1}{2}(5,000 + 6,000 + 17,000 + 33,000 + 1,795,000 - 1,312,000)}{1,312,000}$$
$$= 0.207318$$

　ここで紹介された株式の利回りが，ファイナンス論の中で最も中心的な
役割を担うことになる。CAPM とか WACC とかは利回りに関する議論であ
り，これらはさらに DCF 法の割引率として，資産価格の数値化に広く利用
されるところとなる。

2.6　データとしての株式利回り

　株式を分析対象とする議論では，株価そのものより株式利回りが主役とな
ることが多い。株式利回りを $\tilde{R}_i$ で表すなら，株式の資本コストとは $\tilde{R}_i$ の平
均 $\mathrm{E}(\tilde{R}_i)$ に相当する。また資産選択の問題を取り扱うポートフォリオ理論で
は，$\tilde{R}_i$ の平均 $\mathrm{E}(\tilde{R}_i)$ と標準偏差 $\sigma(\tilde{R}_i)$ が最重要な概念である。平均も標準偏
差も未知の統計量であり，これらの値を知るにはデータからその標本統計量
を推定するしかない。すなわち，$\tilde{R}_i$ について多数の数値を集め，それを標本
としてそこから $\mathrm{E}(\tilde{R}_i)$ や $\sigma(\tilde{R}_i)$ の推定値を計算するのである。株式データに
関してはそういう事情があるためか，株価の値そのものより株式利回りの方
が重宝される。例えば今，月次データを集めたいとする。毎月の株価だけで

	A	C	E	K	L
1	期	名称	終値	配当金	収益率
930	Jan-12	住友商事	1095	0	0.05086
931	Feb-12	住友商事	1205	0	0.10046
932	Mar-12	住友商事	1196	26	0.01411
933	Apr-12	住友商事	1140	0	-0.0468
934	May-12	住友商事	1053	0	-0.0763
935	Jun-12	住友商事	1108	0	0.05223
936	Jul-12	住友商事	1106	0	-0.0018
937	Aug-12	住友商事	1036	0	-0.0633
938	Sep-12	住友商事	1053	25	0.04054
939	Oct-12	住友商事	1088	0	0.03324
940	Nov-12	住友商事	1023	0	-0.0597
941	Dec-12	住友商事	1100	0	0.07527
942	Jan-13	住友商事	1182	0	0.07455
943	Feb-13	住友商事	1134	0	-0.0406
944	Mar-13	住友商事	1178	21	0.05732
945	Apr-13	住友商事	1216	0	0.03226
946	May-13	住友商事	1287	0	0.05839
947	Jun-13	住友商事	1237	0	-0.0389

◀ ▶ | 株価データから | 配当と収益率 | Sh!let | calRetApp | calRetOpt | calRetGmv | call‹ ▶ | +

図 2.2　株式収益率の計算

はどうしようもなく，毎月の株価から毎月の株式利回りを計算しておいて，その利回りの数字の集まりを株式データとみなすことが多い。

　それでは，毎月の株価の数字から株式利回りをどうやって計算すればよいか。図 2.2 は，月次データの株価から株式利回りを具体的に計算したエクセルシートである。毎月の株価はシート E 列の「終値」の数字であり，これは各月末最終日の終値である。株式利回りを計算するには，株価の値動きだけでは不十分で，配当金を加味する必要がある。今，話を単純にするため，前節で取り上げた「株価の断層」の問題は解決済みとしよう。このシートに記された株価や配当金は，前節の調整値 (乗数をかけて調整した値) とする。

　月次データを取り扱う場合，各月の配当金のデータが必要になるが，株式の場合，毎月配当金を支払うような銘柄は存在しない。企業が配当金を 1 年の中でいつ支払うか，その回数と時期について今日では比較的柔軟に意思決

定できるが，決算期と中間期の 2 つの月に配当金を支払う場合が圧倒的に多い。3 月末が決算期となる企業は 3 月末に加え，中間の 9 月末にも中間配当金を支払うことが多い (中間配当金がゼロの場合もある)。12 月末決算なら 6 月末が中間決算である。図 2.2 の住友商事は 3 月末決算・9 月末中間決算で，3 月と 9 月にそれぞれ配当金が支払われ，それ以外の他の月に配当金は支払われない。以上のことから，シート K 列の「配当金」では 3 月と 9 月だけ数値が入って，他の月にはゼロが並ぶ。

　形式的に株価から利回りの数字を得たいなら，図 2.2 のシートにあるように，株価と配当金の数字を各月に並べて，

$$\text{(当月の) 株式利回り} = \frac{\text{当月の配当金} + \text{当月の株価} - \text{前月の株価}}{\text{前月の株価}}$$

という計算をする。シート L 列の「収益率」とはこのようにして計算された数字である。形式的かつ単純に考えるならこれだけのことなのであるが，ここで留意しておくべき問題が 2 つある。一つは上の式で計算される利回りはあくまでも月単位の収益率であるという点。前で述べたように，利回りは 1 年間を単位として計算する必要があろうが，どうやってその調整をすべきか。シート L 列のように計算された株式利回りの数字の集まりを今，月次利回りデータと称しよう。もう一つの問題は，上の式の計算における配当金の取り扱いである。例えば 2012 年 3 月の配当金は 1 株 26 円となっているが，これは 2012 年 3 月末までに至る半年間で企業の稼いだ収益の分配と考えられるが，そうであるなら，式にある「当月の配当金」はこの 26 円を該当の 6 か月間について按分する必要があるのではないか。またもっといえば，2012 年 3 月末の配当金が本当に 1 株 26 円なのかどうか，2012 年 3 月末時点ではまだ確定してない。

　以上の問題点について，明確な答えが存在するわけではないが，私自身は以下のような対処で構わないであろうと考えている。まず 1 番目の点である。[*6] 月次利回りデータからその平均あるいは標準偏差の標本統計量を計算

[*6]　「1 年単位の利回り」という具合に，1 年間を単位として収益を計算していることを明示した方が，他との比較という点では問題が少なかろう。しかしこの換算方法は，毎月の

しても，当然のことながら，それは月次利回りの平均あるいは月次利回りの標準偏差なのであって，1年間を単位とする利回りの値とはみなせない。1年単位の利回り平均あるいは標準偏差とするには次のように換算するのが習慣化している。

$$1 \text{ 年単位の利回り平均} = \text{月次利回りデータの平均} \times 12$$

$$1 \text{ 年単位の利回り標準偏差} = \text{月次利回りデータの標準偏差} \times \sqrt{12}$$

次に配当金に関する問題である。株式の配当金の場合は，債券の利子と異なり，仮に特定の1日(権利確定日)だけでも株主であれば，その期間の配当金すべてを獲得することができる。[*7] 今，企業が半年毎に配当金を支払い，その配当金が1株26円でこれを獲得するための権利確定日が3月31日であるとする。株主は3月31日時点で株主でありさえすれば，その日だけ株主であったとしても，配当金26円をフルに獲得できるのである。ただし株主になるためには，数日間という時間を要する。

通常，株式市場での売買は注文の「約定(やくじょう)」成立をもって取引の成立となる。実際に株式の買手が現金を払って売手から株式を入手するのは「受渡(うけわたし)」といい，約定の数日後に決済される。さらに株式の買手は現物株式を入手した後に，株主名簿に名義書換することで始めて株主となる。約定→受渡→名義書換という手続に数日の時間が必要なのである。最近は3営業日，昔は4営業日である。つまり権利確定日の前，その日を含んで3営業日(2019年7月より昔は4営業日)前までに株式を購入(買い注文を約定)しないと，権利確定日に株主になるのに間に合わない。権利確定日は月末の日に設定されるのがほとんどであるが，この権利確定日に間に合

利回りが統計的に独立という前提で導出される関係式であり，実際の月次利回りは自己相関することが多いので，実はこの換算式の根拠は曖昧といわざるを得ない。従って学術的な論文では，月次利回りの平均等を換算せずにそのまま表記することも多い。

[*7] 債券の利子の場合も利子支払日に債券の保有者に該当期間の利子全額が支払われる点は，株式の配当金と同じであるが，債券の売買では債券本体の売買代金に加えて買手と売手との間に経過利息のやり取りがある。経過利息の受渡を通して結果的には，債券保有者はその保有期間の長さに按分した利子額を受取ることになる。これについては第3章で詳しく述べる。

うような最終の取引日が，権利確定日の数日前ということになる。この (権利付き) 最終売買日を経過した翌日，もはや株式を買っても，株主になるのは権利確定日に間に合わないので，その権利を享受することはできなくなる。(権利付き) 最終売買日の翌日は権利落ち日といって，その日の朝一番の取引は，その権利の金額に相当する分だけ価格を下げて取引が開始される。配当金を受取る権利が消滅することで発生する権利落ちのことを配当落ちと称する。[8]

　それでは配当落ちの金額はいくらか。その期の配当金は 2012 年 3 月末時点で未知であるから，配当金を受取る権利の金額がいくらかはやはり未知なのである。3 月決算期の配当金が確定し実際に支払われるのは 5 月から 6 月であろう。東証の定めたルールではどのように配当落ちの金額を決めているか。原則として前期配当金の実績値から決めているようである。[9] これは前期実績値を今期の (未知な値の) 予測値として利用しているということであろう。しかし，実際に支払われる配当金が 3 月末で予想された金額から変更されることは少なからずある。

　月次の株価データは毎月末の最終日終値が採用される。配当金データが入力される月 (3 月と 9 月) の株価は，権利落ち日を過ぎた後の株価であり，配当落ちによって配当金の額だけ低下した株価ということである。当然のこと，月次利回りデータはあくまでも実績値の集まりであるから，その期の株主に対して現実に支払われた配当金を 3 月と 9 月の配当金データとすべきであろう。以上のことから，本書では実際にその期に支払われた配当金をデータにして利回りを計算することにする。また企業の決算が 3 月・9 月であるなら，3 月と 9 月の 2 つの月だけ配当金を計上し，その他の月については (按分せずに) ゼロとするという点であるが，配当落ちがなぜ発生するかの理由を考えれば明らかであろう。たとえ権利確定日 1 日だけでも株主であ

---

[8] 前節で登場した株式分割や株式併合も事情は同じである。権利確定日に株主であった人の保有株数が変更される。株価の値は，その数日前の権利落ち日に断層が発生することになる。

[9] 東京証券取引所「呼値の制限値幅に関する規則」(別表「基準値段算出に関する表」) に記載。なお変更が予想される場合は，発行者への照会により確認するとある。

れば，その期の配当金を総取りできるのであるから，配当金の期間配分は必要なかろう。

2.7 様々な株式利回り

　株式利回りを 2.5 節と 2.6 節で取り上げたが，これらの議論を通じてあたかも 2 種類の利回りの計算方法が存在するかのような印象をお持ちでないだろうか。その印象はある意味で正しい。これら 2 つの利回りは，恐らくほとんどのケースで同じ値にならないので，別の利回りと考えることもできる。実は株式利回りはこの 2 つだけではない。ここの議論では以下，計 4 種類の株式利回りが登場する。これらの中でどれが妥当かという問には，どれもみな妥当な利回りの計算方法であるとしか答えようがない。現実にそういうものとして受入れて対応するしかないのではないだろうか。

　株式の利回りを売買利回りのような株式売買に伴う収益率として計算したいなら，その売買日の購入株価と売却株価，そして期間中の配当金が必須なデータである。ただ当然のことながら，保有期間がいつであるかによって，売買利回りはいかような値にもなり得る。ところで前でも述べたように，株式の利回りには株式の銘柄特性を表す尺度として，その平均や標準偏差・分散の値が重要な役割を果たす機会も多い。ポートフォリオを構築する際とかWACC(平均資本コスト) を推定する際，株式利回りの統計量が問題になる。株式利回りの平均や分散は，データから標本統計量を計算することでその値が推定される。ある一つの銘柄の株式利回りを多数の異なる時点について集めれば，その集合はその銘柄の株式利回りのサンプルを構成するデータとなる。すなわち，株式の銘柄特性を推定するためのデータとしての株式利回りには，任意の日々の株価そのものより，月次利回りデータの方が有用である。複数月にわたって集められた月次利回りの値の集合を月次利回りデータと称する。

　あらためて株式の月次利回りの形式的定義を与えておこう。i 番目の銘柄に関する t 時点の株価を $P_{i,t}$ で表す。i や t は値にゼロと自然数が想定される。第 i 銘柄の i というのは，後の章でポートフォリオを議論する際，複数

銘柄の株式を扱うのに必要となる記号である。また月次データにおける t 時点での t は具体的な年月を指し示す。$t = 0$ は例えば「2017 年 11 月」を，$t = 1$ は「2017 年 12 月」を，$t = 2$ は「2018 年 1 月」… という具合である。t の値が 2018 年 5 月を指すなら，t 時点の株価 $P_{i,t}$ とは 2018 年 5 月の月末終値のことである。その 1 か月前の $t - 1$ 時点の月末終値を $P_{i,t-1}$，t 時点で受取る (月末に権利確定する) 配当金を $d_{i,t}$ とすると，次のように定義される利回りが t 時点の月次利回り $r_{i,t}$ である。

$$r_{i,t} = \frac{d_{i,t} + P_{i,t} - P_{i,t-1}}{P_{i,t-1}} \tag{2.1}$$

これは前月末に購入し 1 か月間保有して当月末に売却する場合の売買利回りである。T 月間にわたって $r_{i,t}$ の値を T 個集めれば (T は正の整数)，それはサンプルサイズ T の月次利回りデータである。

　今，株式売買を月末の終値だけで売買するものと擬製したとして，購入時点を 0 時点，売却時点を T 時点とする。0 時点を意味する年月の月末に購入し，T 時点の年月の月末に売却するのである。保有期間は T か月プラス 1 日であるが，このプラス 1 日は無視して，この株式売買の保有期間は T か月とする。T 月間の売買利回りをあらためて定義すると

$$Y_i\left(\frac{T}{12}\right) = \frac{\frac{12}{T}\left(D_i(T) + P_{i,T} - P_{i,0}\right)}{P_{i,0}} \tag{2.2}$$

と書ける。ここの $D_i(T)$ は T 月間の配当金合計で，$D_i(T) = \sum_{t=1}^{T} d_{i,t}$ である。$Y_i\left(\frac{T}{12}\right)$ の $\frac{T}{12}$ は，T 月間を 1 年 1 という大きさに換算した値である。そして式分子にはその逆数を乗じて 1 年当り収益を求める。

　ここで問題は，この売買利回り $Y_i\left(\frac{T}{12}\right)$ を，該当期間のサンプルサイズ T の月次利回りデータ $r_{i,1}, \cdots, r_{i,T}$ から算出することは可能か。数式の形から明らかであろうが，厳密には無理なのである。仮にもし期間中の配当金がすべてゼロであるなら，

$$(1 + r_{i,1}) \cdots (1 + r_{i,T}) = \frac{P_{i,1}}{P_{i,0}} \cdots \frac{P_{i,T}}{P_{i,T-1}} = \frac{P_{i,T}}{P_{i,0}} = 1 + \frac{T}{12} Y_i\left(\frac{T}{12}\right)$$

という関係が成立しているから，売買利回り $Y_i(\frac{T}{12})$ は月次利回りデータ $r_{i,1}, \cdots, r_{i,T}$ から厳密に計算できる。しかし，期間中に配当金が一つでも入り混むなら，このような式展開は不可能になって，売買利回りと月次利回りデータとの関係は不明確となる。売買利回りの値を月次利回りデータから算出することは不可能なのである。このとき両者の差異はどれぐらいか。次式のように月次利回りデータから算出される利回りを $H_i(\frac{T}{12})$ で表そう。

$$H_i(\tfrac{T}{12}) = \left[(1 + r_{i,1}) \cdots (1 + r_{i,T}) - 1\right] \frac{12}{T} \tag{2.3}$$

は本当の売買利回り $Y_i(\frac{T}{12})$ とどれぐらいの差異があるか。この差異が小さければ，月次利回りデータから得られる $H_i(\frac{T}{12})$ は売買利回り $Y_i(\frac{T}{12})$ の近似値とみなすことができる。なお以下では，$H_i(\frac{T}{12})$ のことを累積利回りと称する。月次利回りデータを $(1 + r_{i,1}) \cdots (1 + r_{i,T})$ という形の積で累積を取っているからである。

例としてトヨタ自動車を取り上げ，その株式の月次利回りデータから $H_i(\frac{T}{12})$ を実際に計算して，$Y_i(\frac{T}{12})$ と比較してみよう。T 時点を 1999 年 5 月から 2018 年 5 月まで毎年 5 月の 20 時点について，そして保有期間の方も「1 年間 $(T = 12)$」だけではなく，「2 年間 $(T = 24)$」「3 年間 $(T = 36)$」「5 年間 $(T = 60)$」の 4 ケースを計算したのが表 2.2 である。表の「年月」は保有期間の最終時点を意味していて，例えば「年月」が「1999/05」の「1 年間 $(T = 12)$」であれば，1998 年 6 月から 1999 年 5 月までの保有期間を意味している。ここのデータベースの初期時点は 1998 年 1 月であるから，「1999/05」では保有期間が 2 年以上だと計算不可能なので空欄になっている。また「年月」が「2000/05」の「1 年間 $(T = 12)$」は，1999 年 6 月から 2000 年 5 月までの保有期間を意味し，「2 年間 $(T = 24)$」の保有期間は 1998 年 6 月から 2000 年 5 月までである。

表 2.2 を見て分ることは，保有期間が 1 年間あるいは 2 年間ぐらいなら，ほとんどの場合で小数点第 3 位で差異が発生するから，累積利回りの $H_i(\frac{T}{12})$ は売買利回りの $Y_i(\frac{T}{12})$ を概ね近似しているとみなせそうである。しかし保有期間が 3 年間となると，小数点第 2 位で差異の発生するケースが 18 個中 6 個に増え，さらに保有期間が 5 年間になると半数のケース (16 の 8) で差異が

年月	1 年間 ($T = 12$)		2 年間 ($T = 24$)		3 年間 ($T = 36$)		5 年間 ($T = 60$)	
	$Y_i(1)$	$H_i(1)$	$Y_i(2)$	$H_i(2)$	$Y_i(3)$	$H_i(3)$	$Y_i(5)$	$H_i(5)$
1999/05	-0.05160	-0.05164						
2000/05	0.52136	0.52252	0.21968	0.22195				
2001/05	-0.13599	-0.13612	0.15774	0.15764	0.08183	0.08245		
2002/05	-0.18619	-0.18610	-0.14796	-0.14844	0.02446	0.02350		
2003/05	-0.14572	-0.14559	-0.15190	-0.15230	-0.13231	-0.13308	-0.02531	-0.02652
2004/05	0.41434	0.41620	0.10192	0.10500	-0.00722	-0.00506	0.05746	0.05906
2005/05	-0.01875	-0.01955	0.19406	0.19425	0.06057	0.06212	-0.03399	-0.03317
2006/05	0.55959	0.55984	0.26063	0.26467	0.38112	0.38862	0.09495	0.10123
2007/05	0.25126	0.25212	0.47280	0.47655	0.29792	0.30497	0.25168	0.26341
2008/05	-0.24521	-0.24612	-0.02530	-0.02803	0.16062	0.15747	0.20769	0.20889
2009/05	-0.27188	-0.27190	-0.22260	-0.22555	-0.09893	-0.10424	0.01625	0.01022
2010/05	-0.12730	-0.12851	-0.18110	-0.18273	-0.17055	-0.17388	-0.00440	-0.01314
2011/05	0.05183	0.05285	-0.04134	-0.04123	-0.11018	-0.11064	-0.06998	-0.07388
2012/05	-0.09118	-0.09166	-0.02134	-0.02183	-0.05468	-0.05552	-0.10616	-0.10850
2013/05	1.00658	1.02113	0.40441	0.41794	0.29675	0.31096	0.03631	0.04530
2014/05	-0.01398	-0.01487	0.48947	0.49554	0.26137	0.26952	0.12341	0.13189
2015/05	0.52821	0.53335	0.24617	0.25527	0.65998	0.68434	0.35848	0.38395
2016/05	-0.30346	-0.30563	0.03749	0.03236	0.01930	0.01629	0.18224	0.18512
2017/05	0.06208	0.06251	-0.13087	-0.13111	0.04577	0.04376	0.24783	0.25049
2018/05	0.20381	0.20493	0.13557	0.14013	-0.04041	-0.03701	0.06376	0.06857

表 2.2 売買利回り $Y_i(\frac{T}{12})$ と累積利回り $H_i(\frac{T}{12})$(例：トヨタ自動車)

発生し，近似として少々怪しくなってくる。とはいえ，この表 2.2 の結果の範囲内では，両者にそれほど大きな乖離が見られないから，月次利回りデータから計算される累積利回り $H_i(\frac{T}{12})$ でもって売買利回り $Y_i(\frac{T}{12})$ の近似値とみなすことにそれほど無理はなかろう。ただし保有期間 3 年超を想定するなら，少々の差異が発生し得ることには留意する必要があるかもしれない。

月次利回りデータから 1 年単位の利回りを計算するのに，(2.3) 式とは別の手法も考え得る。月次利回りデータを用いて，まず $(1+r_{i,1}, 1+r_{i,2}, \cdots, 1+r_{i,T})$ の幾何平均を計算しよう。

$$1 + \overline{g}_i = \sqrt[T]{(1 + r_{i,1})(1 + r_{i,2}) \cdots (1 + r_{i,T})}$$

というように $\overline{g}_i$ を定義する。ただ，この $\overline{g}_i$ はあくまでも月次利回りデータの平均であるから，やはり 1 か月単位の値であり，これを 1 年単位の利回り

とするのに，次のような形で $G_i(\frac{T}{12})$ を定義する。

$$G_i(\tfrac{T}{12}) = (1 + \overline{g}_i)^{12} - 1 = [(1 + r_{i,1}) \cdots (1 + r_{i,T})]^{\frac{12}{T}} - 1 \qquad (2.4)$$

この $G_i(\frac{T}{12})$ も，月次利回りデータから算出される 1 年単位の利回りである。$(1 + r_{i,1}) \cdots (1 + r_{i,T})$ という月次利回りデータの累積を用いている点は (2.3) 式の $H_i(\frac{T}{12})$ と同じであるが，(2.3) 式では $\frac{12}{T}$ を掛けて 1 年単位の利回りとしているのに対し，(2.4) 式では，$\frac{12}{T}$ をべき乗しているところから，1 か月単位の幾何平均を 1 年単位に換算したものと解釈できよう。この手法も実務でよく利用されるように思う。

以上の $Y_i(\frac{T}{12})$ と $H_i(\frac{T}{12})$，$G_i(\frac{T}{12})$ の 3 つに加え，2.6 節で述べた月次利回りデータの標本平均に 12 を乗じて求められる，1 年単位の利回り平均がある。4 番目の利回りとしてその形式的な定義を与えておこう。月次利回りの平均と分散の標本統計量は，サンプルサイズ T のデータから

$$\overline{r}_i = \frac{1}{T} \sum_{t=1}^{T} r_{i,t} \qquad\qquad v_i^2 = \frac{1}{T} \sum_{t=1}^{T} (r_{i,t} - \overline{r}_i)^2$$

標本平均が $\overline{r}_i$，標本分散が v_i^2 であるが，これら 1 か月単位の数字を 1 年単位の利回りに換算した値が，

$$\overline{R}_i(\tfrac{T}{12}) = 12 \times \overline{r}_i \qquad\qquad V_i^2(\tfrac{T}{12}) = 12 \times v_i^2 \qquad (2.5)$$

で計算される。1 年単位に換算された利回り平均と分散の標本統計量が $\overline{R}_i(\frac{T}{12})$ と $V_i^2(\frac{T}{12})$ である。

以上，株式利回りについて若干こみ入った話をした。整理すると，株式の利回りには 4 種類の計算方法がある。売買価格と配当金から文字どおりの形で利回りを計算する $Y_i(\frac{T}{12})$ が一つ。あるいは 1 か月保有の月次利回り $r_{i,t}$ を複数月にわたって集めた月次利回りデータから，適当な計算を経ることで 1 年単位の利回りとする $H_i(\frac{T}{12})$ と $G_i(\frac{T}{12})$ の 2 つ。そして 4 番目は月次利回りの標本統計量に 12 を乗じて 1 年単位の利回りに変換する $\overline{R}_i(\frac{T}{12})$ である。元データの数値が同じでも，これら 4 種類の計算に依る利回りは決して同じ値とはならない。そこで重要なことは，これら 4 種類の利回りにはどれぐら

年月	5 年間 ($T = 60$)				10 年間 ($T = 120$)			
	$Y_i(5)$	$H_i(5)$	$G_i(5)$	$\overline{R}_i(5)$	$Y_i(10)$	$H_i(10)$	$G_i(10)$	$\overline{R}_i(10)$
2008/05	0.208	0.209	0.154	0.162	0.074	0.077	0.059	0.092
2009/05	0.016	0.010	0.010	0.040	0.039	0.036	0.031	0.070
2010/05	-0.004	-0.013	-0.014	0.022	-0.019	-0.022	-0.025	0.004
2011/05	-0.070	-0.074	-0.088	-0.056	-0.002	-0.005	-0.005	0.025
2012/05	-0.106	-0.109	-0.145	-0.115	0.012	0.006	0.006	0.037
2013/05	0.036	0.045	0.042	0.087	0.138	0.151	0.096	0.125
2014/05	0.123	0.132	0.107	0.135	0.067	0.074	0.057	0.088
2015/05	0.358	0.384	0.239	0.243	0.150	0.173	0.106	0.133
2016/05	0.182	0.185	0.140	0.161	0.017	0.021	0.020	0.052
2017/05	0.248	0.250	0.176	0.190	-0.001	0.003	0.003	0.038
2018/05	0.064	0.069	0.061	0.080	0.054	0.065	0.051	0.084

表 2.3   いろいろな利回り (例：トヨタ自動車)

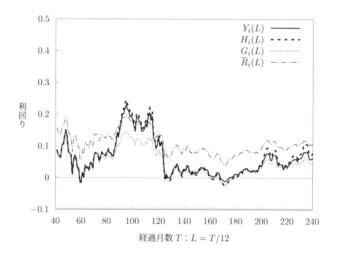

図 2.3   利回り比較 (例：住友化学)

いの大きさの差異があるのかという点である。具体的な例を示したのが，表
2.3 および図 2.3 から図 2.6 である。

　表 2.3 は，前の表 2.2 の計算を拡張し，比較的長い保有期間の 5 年間
($T = 60$) と 10 年間 ($T = 120$) について，4 種類の利回りを抽出し比較した

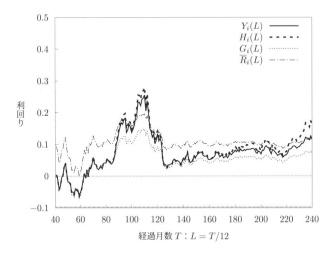

図 2.4 利回り比較 (例：住友商事)

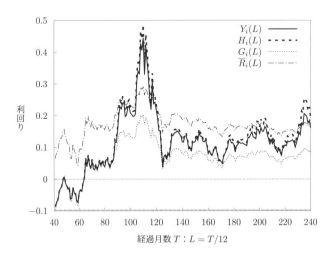

図 2.5 利回り比較 (例：住友金属鉱山)

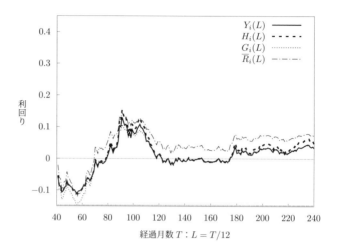

図 2.6　利回り比較 (例：住友倉庫)

ものである。また図 2.3 から図 2.6 は,[*10] 別の 4 つの企業について $t = 1$ 時点を 1998 年 6 月に固定させて, $T = 40$ の時点 (2001 年 9 月) から $T = 240$ の時点 (2018 年 5 月) までの各月を T とする場合の 4 種類の利回りをプロットさせた。いい換えると，サンプルの開始時点を固定させ，保有期間を 1 か月ずつ長くしていくときの利回りの動向をグラフにしたものである。

表 2.3 および図 2.3 から図 2.6 の結果を要約すると，以下のようにまとめられる。

- 直感的には，保有期間が長くなるほど，4 種類の利回りの差異は大きくなっていくのが普通のように思えるかもしれないが，4 種類の利回りは概ね連動していて，一定の乖離幅の範囲内にある。乖離が徐々に大きくなっていくとか，ランダムに勝手な動向を示すようなことはほとんど皆無である。
- 4 種類の利回りの中で最も密接に連動しているのは $Y_i(\frac{T}{12})$ と $H_i(\frac{T}{12})$

[*10] トヨタ自動車についての図は辻 (2023b) を参照願いたい。

であるが，保有期間が 15 年超の長期になると，両者の値が乖離することも珍しくはなく，銘柄によっては乖離度合いは他の利回りと同程度になってしまう。

- 最も乖離が大きいのは $\overline{R}_i(\frac{T}{12})$ であるが，乖離度合いは保有期間の長さとあまり関係ないようにも見える。ということは，保有期間が長いときほど，他の利回りと比べて乖離の度合いが相対的に小さいと考えることもできるかもしれない。

- $G_i(\frac{T}{12})$ は，$H_i(\frac{T}{12})$ よりも $Y_i(\frac{T}{12})$ に対する連動性は劣る。$G_i(\frac{T}{12})$ の連動性は時期によって優劣がある。$Y_i(\frac{T}{12})$ や $H_i(\frac{T}{12})$ とほぼ完全に連動している時期もあるが，乖離が大きくなる時期も存在することが見てとれる。

ここでは株式利回りについて 4 種類の計算方法を提示したが，これら 4 つともすべて一定の妥当性を持った手法と考えられる。[11] これらは，場合によっては相互に乖離し得ることにも留意しつつ，その利便性に配慮して分析目的に応じて使い分ければよいのではないか。これが筆者の株式利回りに関する見解である。

2.8　補論：1年単位利回りへの変換

月次利回りの値は 1 か月間株式を保有する際の売買利回りであるから，そこから計算される利回りの平均や分散も 1 か月単位の数字と考えるべきで，1 年単位を原則とする他の資産 (例えば債券) の利回りと単純比較はできない。そこで月次利回りを 1 年単位の利回りに何らかの方法で変換する必要があり，前では (2.5) 式のように，月次利回りの平均・分散に 12 を乗じて 1 年

---

[11] これら 4 つはすべて単利がベースになっている。株式利回りを複利で計算することは不可能ではないが，単利ベースであっても複数の計算方法があり，しかもこれらは相互にある程度乖離し得る。わざわざ面倒な複利の株式利回りを計算したとしても，利回りの計算方法がもっと増えるだけで，単利と複利を峻別する意味はあまりないのではないか。株式利回りについて複利で計算する慣習がないのはそういう事情なのではないか，筆者はそう考えている。

単位の利回り平均・分散に変換した。しかしその換算方法は，実は根拠が曖昧であることも指摘した。ここではこの点ついて補論を与える。

　12 を乗じるという変換方法の根拠は，恐らくは「月利 0.5% は年利 6%(= 0.5 × 12) と同義」という実務常識にあるように思う。ここの「月利」とは 1 か月単位の利子率，「年利」とは 1 年単位の利子率のことをいい，単利が前提の話である。1 年未満の期間に関する利子額の計算には，日割り計算にて 1 年間の利子額から該当期間の利子額を按分するというのが一般的な実務慣行であり，これを利回りについて当てはめたのが「月利 0.5% は年利 6% と同じ」という話であろう。この変換方法のもう少し理論的な根拠としては，多少の無理もあるが，次のような議論が考えられる。[*12]

　各月個々の月次利回りを確率変数と考え $\tilde{r}_{i,t}$ と表す。これを連続した月々 12 個について集めたものが 1 年間の利回りを構成するから，$\tilde{R}_i \equiv \sum_{t=1}^{12} \tilde{r}_{i,t}$ で定義される $\tilde{R}_i$ は 1 年単位の利回りであると考えられる。また月次利回り $\tilde{r}_{i,t}$ の確率分布は，平均が $\mathrm{E}(\tilde{r}_{i,t}) = \mu_i$，分散が $\sigma_i^2 = \mathrm{E}\left((\tilde{r}_{i,t} - \mu_i)^2\right)$ であるとする。すなわち，各月の月次利回りは同一の確率分布で，月が異なっても平均や分散は共通の値 μ_i と σ_i^2 である (μ_i と σ_i は t に依存しない)。さらに月次利回りの確率分布は独立とする。同一かつ独立な確率分布のことを i.i.d.(identical and independent distribution) と称するが，月次利回りが i.i.d. に従うなら，次のような式展開が可能である。

$$\mathrm{E}(\tilde{R}_i) = \mathrm{E}\left(\sum_{t=1}^{12} \tilde{r}_{i,t}\right) = \sum_{t=1}^{12} \mathrm{E}(\tilde{r}_{i,t}) = 12 \times \mu_i$$

$$\mathrm{E}\left((\tilde{R}_i - E(\tilde{R}_i))^2\right) = \mathrm{E}\left(\left(\sum_{t=1}^{12}(\tilde{r}_{i,t} - \mu_i)\right)^2\right) = \sum_{t=1}^{12} \mathrm{E}\left((\tilde{r}_{i,t} - \mu_i)^2\right) = 12 \times \sigma_i^2$$

最初の式が平均で，次の式が分散の式展開である。確率分布が i.i.d. であるなら，項の和が項数の積に，また項の和の 2 乗が 2 乗の項の和に，さらに 2 乗の項数の積に書き直せる。いうまでもないだろうが，平均 $\mathrm{E}(\tilde{R}_i)$ の標本統

[*12] この補論では以下，期待値の計算に関する統計学の基礎知識が必要になる。本書末尾の付録で統計学の補論をまとめるが，統計学に詳しくない読者は付録の補論を学習した後にお読みいただきたい。

$\ln(1+x)$	x	$x - \frac{x^2}{2}$	$x - \frac{x^2}{2} + \frac{x^3}{3}$	$x - \frac{x^2}{2} + \frac{x^3}{3} - \frac{x^4}{4}$
-0.510826	-0.4	-0.48000	-0.501333	-0.507733
-0.356675	-0.3	-0.34500	-0.354000	-0.356025
-0.223144	-0.2	-0.22000	-0.222667	-0.223067
-0.162519	-0.15	-0.16125	-0.162375	-0.162502
-0.133531	-0.125	-0.13281	-0.133464	-0.133525
-0.105361	-0.1	-0.10500	-0.105333	-0.105358
-0.077962	-0.075	-0.07781	-0.077953	-0.077961
-0.051293	-0.05	-0.05125	-0.051292	-0.051293
-0.010050	-0.01	-0.01005	-0.010050	-0.010050
0.009950	0.01	0.00995	0.009950	0.009950
0.048790	0.05	0.04875	0.048792	0.048790
0.072321	0.075	0.07219	0.072328	0.072320
0.095310	0.1	0.09500	0.095333	0.095308
0.117783	0.125	0.11719	0.117839	0.117778
0.139762	0.15	0.13875	0.139875	0.139748
0.182322	0.2	0.18000	0.182667	0.182267
0.262364	0.3	0.25500	0.264000	0.261975
0.336472	0.4	0.32000	0.341333	0.334933
0.405465	0.5	0.37500	0.416667	0.401042

表 2.4　対数の近似

計量が $\overline{R}_i(\frac{T}{12})$，平均 μ_i の標本統計量が $\bar{r}_i$，分散 $\mathrm{E}\big((\tilde{R}_i - \mathrm{E}(\tilde{R}_i))^2\big)$ の標本統計量が $V_i^2(\frac{T}{12})$，分散 σ_i^2 の標本統計量が v_i^2 であるから，これらを代替すれば (2.5) 式の変換方法に帰着する。

　この議論に対する疑問点は，まず月次利回り $\tilde{r}_{i,t}$ の確率分布が i.i.d. かどうか怪しい。i.i.d. の仮定は，標本統計量の推定のためやむを得ぬという事情もあるが，月次利回りは自己相関している可能性が高く，統計的独立は成立しないかもしれない。このとき，12 を乗ずればよいという単純な結果は得られない。またより根本的な問題は $\sum_{t=1}^{12} \tilde{r}_{i,t}$ という式表記にある。これは，利回りに関する近似式とみなすには精度がよくない。

　前の (2.3) 式を変形すると次の関係が成立している。

$$\ln\left(1 + \frac{T}{12} H_i(\tfrac{T}{12})\right) = \sum_{t=1}^{T} \ln(1 + r_{i,t})$$

もし x が 0 に近い小さな値で，$\ln(1 + x) \approx x$ とすることができるなら，上式は $T = 12$ のとき，$H_i(1) = \sum_{t=1}^{12} r_{i,t}$ となる。そこで $\ln(1 + x) \approx x$ がどれぐらいの精度で成立しているかを調べたのが表 2.4 である。表 2.4 では，マクローリン展開の 4 次項までを使って対数関数を近似させてみる。絶対値で見て x が 0.1 未満であれば，$\ln(1 + x) \approx x$ という近似は許容できるかもしれないが，x が 0.1 前後を超える大きさになると，精度が落ちて，2 次項を加えた補正が必要になってくる。x が 0.3 を超えると 2 次項の補正でも不十分で，3 次項あるいは 4 次項も加えた補正を行う必要があろう。株式利回りでは絶対値 0.3 を超えることも頻発するので，$\ln(1 + x) \approx x$ という関係式を常用するのは控えるべきである。それ故，$\sum_{t=1}^{12} \tilde{r}_{i,t}$ から利回りの換算をするのもあまり推奨できる手法ではない。以上のことから，(2.5) 式の換算方法の根拠は，もう一つ曖昧といわざるを得ない。

第3章

現在価値の計算

3.1 基本的な考え方

　資産価格の妥当な値段はいくらか。ファイナンス論では，資産の今の価格のことを資産の現在価値という。資産の価値評価 asset valuation と称されることも多い。この章では現在価値の計算について，具体例に依拠しながらその基本的な説明から始め，順々に細かな点を含めて，実用レベルにまで議論を引き上げていく。そして最後に，資産の現在価値に関する一般的な理論を説明する。

　それではまず，現在価値という概念からまず説明しよう。例えば，現在既に入手している1万円と，将来入手する(見込みの)1万円とは，表面上は同じ1万円という金額であるが，経済的には同等・等価なものではない。当然，現在既に入手済の1万円は，即座に消費から満足を得られるのに対し，将来の入手見込みにすぎない1万円からは，現在の消費による満足を得ることはできない。将来の1万円から消費の満足を得るのは，時間が経過し「将来」が到来して1万円を実際に入手したときである。ということは，現在の1万円と比較して将来の1万円は，消費の満足を得るのに将来まで待たなければならない。また将来の1万円はあくまでも見込みであるから，将来の1万円は実際には入手できないかもしれない。つまり将来の1万円は，現在の1万円にはないリスクを負っているといえる。以上，「待ち」と「リスク」の

2 つの不便益から，将来の 1 万円は現在の 1 万円に比べて幾分少ない価値し
か持っていない。

　現在のお金を消費せずに投資するということは，この人は，投資という行
為によって，現在のお金から得る消費の満足を，将来のお金から得るであろ
う消費の満足に変換しているといえる。しかし，将来のお金には現在のお金
にはない「待ち」や「リスク」という不便益を伴う。にもかかわらず，なぜ
このような変換をすすんで行うのか。それは，投資の結果，将来入手するお
金には収益 (リターン) が付いてくる見込みがあり，それを考慮すると，これ
ら不便益を相殺して余りあるほど，より大きな満足を得る見込みがあるから
である。

　では今，ある投資家が現在のお金を M 円保有していて，現在のお金 M 円
と将来 (1 年後) のお金とを同等と感じるような，1 年後に付加される収益が
x 円であったとする。つまりこの投資家は現在の M 円と 1 年後の $M + x$ 円
とを同等に感じている。そこでもしこの投資家が，消費せずに投資すること
で，1 年後に $M + x$ 円以上のお金を入手でき，それを使ってより大きな満足
を享受できると見込んでいるなら，現在において M 円を消費せずに投資し
て，将来の消費を享受しようとするであろう。このように現在の消費か投資
(将来の消費) かという，意思決定の分岐点となるような収益 x を率で表記
し，$M + x = M(1 + \frac{x}{M})$ であるから，$\frac{x}{M}$ のところを ρ と記す。この投資家に
とっては，現在の M 円と同等の 1 年後のお金は $(1+\rho)M$ 円ということでも
ある。

　さらに上記の利回り (収益率)ρ が 2 年後も 3 年後もずっと同じであるとし
よう。そうであるなら，現在の M 円と 2 年後の $(1 + \rho)^2 M$ 円とが同等であ
り，現在の M 円と 3 年後の $(1 + \rho)^3 M$ 円とが同等，$\cdots$ ということになろう。
現在の M 円に対し，$(1+\rho)M$ 円を 1 年後の将来価値，$(1+\rho)^2 M$ 円を 2 年後
の将来価値，$(1+\rho)^3 M$ 円を 3 年後の将来価値，$\cdots$ と称する。将来価値をこ
のようなべき乗の形で表現するということは，年複利が前提になっている。

　さて，以上の関係が成立しているなら，1 年後の M 円と同等な現在のお
金は $\frac{M}{1+\rho}$ 円ということになろう。現在のお金が $\frac{M}{1+\rho}$ 円であるなら，その 1 年
後の将来価値は (これに $(1 + \rho)$ を乗じて) ちょうど M 円となるからである。

以下同様に考えれば，2 年後の M 円と同等な現在のお金は $\frac{M}{(1+\rho)^2}$ 円，3 年後の M 円と同等な現在のお金は $\frac{M}{(1+\rho)^3}$ 円，$\cdots$ という金額に相当する。この利回り ρ が正である限り，$\frac{M}{1+\rho}$ という値は必ず M よりも小さくなる。つまり将来の M 円という金額は，現在の同等のお金に換算すると，M 円よりも小さな値になる。これを一般に，将来の金額を現在の等価の金額に「割引く」という。割引かれた金額 $\frac{M}{1+\rho}$ や $\frac{M}{(1+\rho)^2}$，$\frac{M}{(1+\rho)^3}$ が各々，1 年後，2 年後，3 年後の M 円の現在価値である。以上のことから，現在価値とは，将来の金額を割引いて現在の同等な価値に引き直したものである。なお割引きに用いられた利回り ρ のことを割引率と称することにする。

さて，現在価値という考え方に依拠して，資産の価格 (資産価値) を次のように考える。資産とは収益の源泉であり，その資産を保有することにより，保有者は，それが将来生み出すであろうキャッシュフローを収益として受け取る。例えるなら，資産とは，将来のキャッシュフローが一杯詰まった缶詰である。とすると，資産がいくらの価格で今売買されるのかという価値評価は，資産という缶詰に詰まっている個々の将来キャッシュフローを適当に評価して，これらすべてを合計すればよいであろう。ただし将来に受け取るキャッシュフローを単純にそのまま合計することはできない。将来のキャッシュフローは現在価値に換算して評価しなければならない。それ故，資産価値は，資産という缶詰に詰められている個々の将来キャッシュフローを現在価値に割引いて，これら現在価値を合計した値として求められる。

資産の現在価値をどうやって表すか。その資産の生み出す 1 年後，2 年後，$\cdots$，T 年後のキャッシュフローを C_1，C_2，$\cdots$，C_T で表す。割引率を ρ とすると，資産の現在価値 P_0 は

$$P_0 = \frac{C_1}{1+\rho} + \frac{C_2}{(1+\rho)^2} + \cdots + \frac{C_T}{(1+\rho)^T}$$

のように記せる。実は C_1，C_2，$\cdots$，C_T は将来の値であるから，その値は今の時点では未知である。C_1，C_2，$\cdots$，C_T のところは本当なら，未知な値を予想していると考え，$\mathrm{E}_t(\tilde{C}_1)$，$\mathrm{E}_t(\tilde{C}_2)$，$\cdots$，$\mathrm{E}_t(\tilde{C}_T)$ というように将来キャッ

シュフローの予測値を当てなければならないが，[*1] 実務で現在価値を計算することが目的の場合，そんなことはしない。あたかも今現在で将来の値を知っているかのごとくストレートに C_1，C_2，$\cdots$，C_T と書き下す。これは，C_1，C_2，$\cdots$，C_T が絶対確実に支払われるキャッシュフローであることを想定している。将来キャッシュフローが確実である資産を安全資産という。

　さて，ここで最も単純なキャッシュフローパターンに注目しよう。それは将来キャッシュフローがすべての時点で同じ値という場合である。C_1，C_2，$\cdots$，C_T が同じ値であるとして，あらためてこの値を C と記す。つまり，$C_1 = C_2 = \cdots = C_T = C$ である。このとき，P_0 は

$$P_0 = \frac{C}{1+\rho} + \frac{C}{(1+\rho)^2} + \cdots + \frac{C}{(1+\rho)^T}$$

となるから，右辺は等比数列の和であり，公式を利用してその値を知ることができる。高校時代に学習した数学に，「等比数列の和の公式」というのがある。初項 a，等比 x とした ax^N までの等比数列の和を求める公式とは

$$a + ax + ax^2 + \cdots + ax^N = a(1 + x + x^2 + \cdots + x^N) = \frac{a(1 - x^{N+1})}{1 - x}$$

であるから，$a = \frac{C}{1+\rho}$ と $x = \frac{1}{1+\rho}$，$N = T - 1$ としてこの公式に代入すると，以下のとおりである。[*2]

$$P_0 = \frac{C}{1+\rho}\left(1 + \frac{1}{1+\rho} + \cdots + \frac{1}{(1+\rho)^{T-1}}\right) = \frac{\frac{C}{1+\rho}\left(1 - \left(\frac{1}{1+\rho}\right)^T\right)}{1 - \frac{1}{1+\rho}}$$

$$= \frac{C}{\rho}\left(1 - \frac{1}{(1+\rho)^T}\right)$$

[*1] $\tilde{C}_1$ というのは値が未知の確率変数であることを表している。また $E_t(\tilde{C}_1)$ は条件付き期待値で，$\tilde{C}_1$ の予測値を意味している。本章 3.6 節で資産の現在価値に関する一般的な考え方をまとめる。

[*2] 本書で以下よく登場する別の公式が，$N \to \infty$ のときの和である。$|x| < 1$ を前提にすれば，

$$a + ax + ax^2 + \cdots = \frac{a}{1 - x}$$

という式が成立する。$|x| < 1$ であるなら，$N \to \infty$ のとき $x^N \to 0$ であり，N が有限の場合の和の公式から上式を得る。これを無限等比数列の和の公式と称する。

さて，上の式で $C = 1$ としたときの P_0 の値は

$$AF = \frac{1}{\rho}\left(1 - \frac{1}{(1+\rho)^T}\right)$$

という式の右辺であるが，これは年金現価率あるいは年金現価係数 annuity factor と称され，以下では AF として表す。AF の値は実務で幅広く使われ，かつてはその数表も存在した。これを具体的にどうやって使うかは，後で実例を使って示す。現在価値を実際に計算するには，別に難しく考える必要はない。どのみちエクセルを使うのだから，そんなに難しいことをしなくても値はどのようにでも求められる。年金現価係数を上の式に従って計算してもよいし，数学が嫌いなら，エクセル上に現在価値の分数を本当に書いていって最後にそれらを足し算してもよい。あるいはエクセル関数を使って一発で計算することもできる。しかし，現在価値に関連するエクセル関数は若干クセがあるため注意する必要があり，実用は分数を書いて足し算するのが一番手っ取り早い方法だったりする。実は，私はもう 25 年以上エクセルに接しているが，現在価値関連のエクセル関数を実際に使ったことはほとんどなく，いつもエクセル上に分数を書いて足し算する方法を使っている。

次の 3.2 節ではエクセルを使って現在価値の計算方法を確認する。3.3 節では，貸借取引の均等返済と債券価格を具体的な計算例として取り上げるが，本質的に重要な点を明らかにするため，そこではごく単純な設定の下での解説を与える。その後の 2 つの節で多少現実的な設定の下で詳しく検討する。3.4 節は貸借取引の均等返済の例を，3.5 節は債券価格の例である。そして，これら計算方法の根拠となっている資産の現在価値に関する理論を，3.6 節で展開する。

3.2 エクセルを使って

数値例を与えて実際にエクセルを使い，現在価値の計算をしてみよう。現在価値の計算に関連するエクセル関数は多数あるが，その中で PV 関数，PMT 関数，NPER 関数，RATE 関数の 4 つが基本であろう。あらためて現在価値の式を書いて，これらエクセル関数の各々が，この式の何を計算して

いるか整理するところから始める。

$$P_0 = \frac{C}{1+\rho} + \frac{C}{(1+\rho)^2} + \cdots + \frac{C}{(1+\rho)^T} \tag{3.1}$$

PV 関数 ρ と T, C の値を与えて, P_0 を計算する関数「=PV(ρ, T, C)」
PMT 関数 ρ と T, P_0 の値を与えて, C を計算する関数「=PMT(ρ, T, P_0)」
NPER 関数 ρ と C, P_0 の値を与えて, T を計算する関数「=NPER(ρ, C, P_0)」
RATE 関数 T と C, P_0 の値を与えて, ρ を計算する関数「=RATE(T, C, P_0)」

(3.1) 式と 4 つのエクセル関数をよく見比べて欲しい。[*3] (3.1) 式に変数は 4 つあり, ρ と T, C, P_0 の 4 つである。要するに, エクセル関数は, 4 変数の中で 3 つの値を与えたとき, 残り一つの変数の値を (3.1) 式が成立するよう求めているのである。エクセルのような PC 上の数値計算ではほとんどの場合, このように単純に考えればよくて, 数学で習った難しい数式展開は必要ない。

　ちなみに, 技術的な (数学の) 予備知識を一つだけ知っておいて欲しい。

変数 = (その変数に依存しない形の関数)

というように式が変形できる場合, 右辺をその変数の「解析解」あるいは「その変数で解析的に解ける」といったりする。[*4] ここの場合, P_0 や C, T には解析解が存在する。例えば (3.1) 式では, 左辺に唯一 P_0 という変数があり,

---

[*3] シート上のエクセル関数は先頭に「=」を付ける。本稿でもエクセル関数であることを明示する際は, 先頭に「=」を付し, 引数を付けて「=PV(ρ, T, C)」という具合に表現する。

[*4] 当たり前の話かもしれないが, 例えば $x = 2$ と記す場合, 普通「x の解は 2」と表現する。これは右辺が 2 だけで, x を含んでないから「解けている」といえる。もし右辺に x を含むなら, $x = 2$ と同じ意味の表現は無数に可能となる。$x = 2x - 2$ や $x = 4 - x$, $\cdots$ などはすべて $x = 2$ である。つまり「$x =$」の式が変数 x について解けてないと, その右辺の表記は無数に可能なのであって, 右辺が変数 x を決定していることにはならないのである。この (当たり前の) 点は, 経済学の議論では意外と曖昧だったりすることがあるので注意しておく。であるなら, 実は (3.1) 式が本当に P_0 で解けているのかどうか微妙である。ρ が P_0 の関数になっている可能性があるからである。そうであれば, この式右辺は P_0 に「依存しない形」ということにならず, P_0 について解けているともいい難いのであるが, どういうわけか, ファイナンス論でこの点が問題視されることはあまりなく, 現在価値の定式化は (3.1) 式が最も一般的な表記になっている。

右辺に P_0 は一切登場しないから，(3.1) 式は P_0 で (解析的に) 解けていると
みなせよう。式の具体的な表記は省略するが，(3.1) 式を変形して，「$C = (C$
に依存しない関数)」や「$T = (T$ に依存しない関数)」にできるから，C や
T に解析解は存在する。しかし，「$\rho = (\rho$ に依存しない関数)」という形の式
変形は不可能であって，ρ の解析解は求められない。解析解が存在しない場
合は，その変数の値が数値的に問題の式を成立させるよう，その変数の値を
PC が勝手に探し出す。この値のことをその変数の「数値解」という。ρ を
求める「=RATE(T, C, P_0)」という関数は，(3.1) 式の右辺と左辺が数値的に
等しくなるよう，ρ の値を数千数万の中から探している。そのような理解で
問題ない。「勝手に探す」と書いたが，もちろん PC はそんなに気は利いて
なくて，この手続きを記すプログラムが内部にある。エクセル関数はそうい
うプログラミング手続きを一切無視して利用できるため，みんなが広く利用
するようになった。

　さて (3.1) 式をあらためて説明しよう。現在価値の現在が 0 時点で，その
ときの価格が現在価値 P_0 である。その定式化は，C というキャッシュフ
ローが次の 1 時点から T 時点まで T 回出現することを想定している。これ
とは異なる形のキャッシュフロー出現パターンも考え得る。エクセル関数
が取り扱うのは 4 つの出現パターンである。それぞれをここでは Case1 か
ら Case4 と称する。この (3.1) 式の想定するキャッシュフローパターンを
Case1 とする。これは均等支払のケースで登場するキャッシュフローパター
ンである。次に 2 番目のキャッシュフローパターンは，C が 1 時点から T
時点まで T 回出現する Case1 に加えて，第 T 時点に別のキャッシュフロー
の M が出現するという場合である。これを Case2 として，現在価値の式は

$$P_0 = \frac{C}{1+\rho} + \frac{C}{(1+\rho)^2} + \cdots + \frac{C}{(1+\rho)^T} + \frac{M}{(1+\rho)^T} \tag{3.2}$$

というように書く。これは債券を想定したキャッシュフローパターンであ
る。さらに 3 番目と 4 番目のキャッシュフローパターンは説明するよりも，
現在価値の式を見る方が早いかもしれない。Case3 は

$$P_0 = C + \frac{C}{1+\rho} + \frac{C}{(1+\rho)^2} + \cdots + \frac{C}{(1+\rho)^{T-1}} \tag{3.3}$$

であり，今 (0 時点) から $T-1$ 時点まで合計 T 回のキャッシュフローが想定される。また Case4 は，

$$P_0 = C + \frac{C}{1+\rho} + \frac{C}{(1+\rho)^2} + \cdots + \frac{C}{(1+\rho)^{T-1}} + \frac{M}{(1+\rho)^T} \tag{3.4}$$

であるから，Case3 のパターンに加えて，T 時点において M というキャッシュフローが出現する。この Case4 では，定期キャッシュフローの C が出現するのは $T-1$ 時点までであり，最後のキャッシュフローの M が出現するのは $(T-1$ 時点ではなく$)T$ 時点であるという点に注意する必要がある。以上の 4 つのキャッシュフローパターンについて，4 つのエクセル関数を具体的に計算した様子が図 3.1 に示されている。この計算に用いた基本的な設定は次のとおりである。

＜例：最も単純な計算例＞

- 割引率：8%
- 期間：3 年
- キャッシュフローは $C = 10$ と $M = 100$。ただし 1 年 1 回のキャッシュフロー支払

　キャッシュフローパターンが Case1 とすると，$C = 10$ が 1 年後と 2 年後，3 年後に出現する資産の現在価値 P_0 を計算する例である。$T = 3$，$\rho = 0.08$ であるから，

$$P_0 = \frac{10}{1.08} + \frac{10}{1.08^2} + \frac{10}{1.08^3} = 9.259 + 8.573 + 7.938 = 25.771$$

という具合に，現在価値を意味する分数を本当に書き下し，これらを合計する。図 3.1 の Case1(シート 8 行目と 9 行目) を見て欲しい。「1 年後」〜「3 年後」のキャッシュフローを 8 行目に書いて，その下の 9 行目に各々の現在価値を計算している。その合計を取ったのがシート C 列「現在価値合計」のセル C9 に記した 25.771 である。正確には 25.77096⋯ であるが，適当に四捨五入し 25.771 と記す。

	A	B	C	D	E	F	G	H	I
1	割引率	0.08							
2	期間	3							
3	毎期定額CF	10							
4	満期元本CF	100							
5									
6	★現在価値に関する関数：PV関数，RATE関数，PMT関数，NPER関数								
7		PV関数	現在価値合計	今	1年後	2年後	3年後	満期元本	
8					10	10	10		←CF
9	Case1	-25.77097	25.7709699		9.2592593	8.5733882	7.9383224		←CF現在価値
10					10	10	10	100	←CF
11	Case2	-105.15419	105.154194		9.2592593	8.5733882	7.9383224	79.383224	←CF現在価値
12				10	10	10			←CF
13	Case3	-27.832647	27.8326475	10	9.2592593	8.5733882			←CF現在価値
14				10	10	10		100	←CF
15	Case4	-107.21587	107.215872	10	9.2592593	8.5733882		79.383224	←CF現在価値
16									
17		RATE関数			PMT関数			NPER関数	
18	Case1	0.0799994	0.08		10.000012	10		3.0000039	3
19	Case2	0.0800007	0.08		9.9999247	10		2.999873	3
20	Case3	0.0799856	0.08		10.000127	10		3.0000427	3
21	Case4	0.0799995	0.08		10.000046	10		3.0000601	3
22									

Sheet1　表1:均等返済　期初にいろいろ　関数　集合　関数　集合2　表2:均等返済 +

図 3.1　現在価値に関連する関数

PV 関数を使うなら，当然一発で答えが得られる。「PV 関数」の下に記した値がそれで，シートのセル B9 は「=PV(0.08, 3, 10)」を求めたものである。値は −25.771 と負になっている。なぜ負の値なのかというと，支払と受取の違いを区別するために，わざわざご丁寧にもエクセル様がそう出力する (エクセルのクセの一つ)。今の例だと，「1 年後」〜「3 年後」の $C = 10$ がキャッシュフローの受取を意味するなら，現在価値はその資産の購入代金ということになり，購入代金の支払は，今のキャッシュフローのマイナスの受取とみなすことができる。いい換えると，正の値を受取，負の値を支払として，「=PV(0.08, 3, 10)」=−25.771 とするのである。

　次に他の関数として PMT 関数を見ておこう。「PMT 関数」の Case1 に注目する (セル E18)。これは「=PMT(0.08, 3, −25.771)」とした出力である。第 3 番目の引数 P_0 のところには負の値を入れなければならないことに注意しよう。出力された値は本当ならジャスト $C = 10$ となるべきところ，10.0000117 とある。ほとんど 10 みたいなものであるが微妙に違う。これは「丸めの誤差」といわれる問題である。どこで誤差が生まれたかとい

うと，P_0 を 25.771 としているところに誤差が入り込む。P_0 の本当の値は 25.7709699…であって，これを 25.771 に四捨五入して丸めているからである。PMT 関数を使ってジャスト $C = 10$ の出力を得たければ，P_0 に正確な値を代入するしかない (負にするのを忘れないように！)。これを試みたのが右隣のセル F18 で，確かにジャスト 10 になっている。

「RATE 関数」は ρ を計算するが，Case1 のセル B18 には「=RATE(3, 10, −25.771)」とする。ほとんど 8% の値を出力しているが，やはり誤差が入り込む。ジャスト 8% であることを確認するのに，右隣のセル C18 には正確な P_0 の値を渡している。また T を求めるのに使うのが「NPER 関数」で，Case1 についてはセル H18 に「=NPER(0.08, 10, −25.771)」から値を計算する。同様に右隣セル I18 で誤差なしの $T = 3$ を得ている。

図 3.1 には，Case2〜Case4 の計算結果も記されている。実行している計算は Case1 と同様であるが，ただキャッシュフローパターンが異なる場合は関数の引数の付け方が異なってくる。Case2 から確認しておく。Case2 の計算を式で記せば

$$P_0 = \frac{10}{1.08} + \frac{10}{1.08^2} + \frac{10}{1.08^3} + \frac{100}{1.08^3}$$
$$= 9.259 + 8.573 + 7.938 + 79.383 = 105.154$$

であり，これはシート 10 行と 11 行に各キャッシュフローの現在価値を，それらの合計をセル C11 に記している。P_0 をエクセル関数で求めようとするなら，$M = 100$ を表す項目を 4 番目の引数として与える必要があって，セル B11 には「=PV(0.08, 3, 10, 100)」として −105.154 を得る。他の関数については，セル B19「=RATE(3, 10, −105.154, 100)」，セル E19「=PMT(0.08, 3, −105.154, 100)」，セル H19「=NPER(0.08, 10, −105.154, 100)」を各々計算している。

Case3 の計算式は，次のとおりである。

$$P_0 = 10 + \frac{10}{1.08} + \frac{10}{1.08^2} = 10 + 9.259 + 8.573 = 27.833$$

シート 12 行と 13 行に記されたのが各キャッシュフローの現在価値の計算

で，その合計がセル C13 である。エクセル関数で Case3 のキャッシュフロー
パターンを対象にするなら，関数の引数は 4 番目を空白に，5 番目に 1(ゼ
ロ以外の数値) を与える。セル B13 は「=PV(0.08, 3, 10, ,1)」から −27.833
を得る。他の関数については，セル B20 に「=RATE(3, 10, −27.833, , 1)」，
セル E20 に「=PMT(0.08, 3, −27.833, , 1)」，セル H20 に「=NPER(0.08, 10,
−27.833, , 1)」である。

　Case4 もまったく同様で，シート 14 行と 15 行の計算結果は，

$$P_0 = 10 + \frac{10}{1.08} + \frac{10}{1.08^2} + \frac{100}{1.08^3}$$
$$= 10 + 9.259 + 8.573 + 79.383 = 107.216$$

という式の計算である。P_0 を求めるエクセル関数は，4 番目の引数に
$M = 100$ を，5 番目の引数に 1 を与えて，セル B15 には「=PV(0.08, 3, 10, 100,
1)」として −107.216 を得る。またセル B21「=RATE(3, 10, −107.216, 100,
1)」，セル E21「=PMT(0.08, 3, −107.216, 100, 1)」，セル H21「=NPER(0.08,
10, −107.216, 100, 1)」である。

　以上のように 4 つのエクセル関数について，それぞれ 4 つのキャッシュ
フローパターンを想定すると，関数の引数の付け方に規則性があるようで
ないようで，個人的な印象をいえば，正確に記憶するのはほとんど無理と感
じている。それに対して，エクセルシート上に将来キャッシュフローを書き
下し，現在価値を本当に合計する方法は，若干コピペの手間暇を必要とする
が，一目瞭然で間違いは少なかろう。この点を示したくて若干冗長だったか
もしれないが，図 3.1 のエクセルシートを作り解説した。[*5]

[*5] 現在価値に関連するエクセル関数の中で他に有名な関数は NPV 関数と IRR 関数であろ
　う。他方，エクセル関数とは別の一般的な議論として NPV 法と IRR 法という投資の意
　思決定方法がある。一応エクセルの NPV 関数や IRR 関数は NPV 法と IRR 法の議論と
　関連した形になっている。NPV 法と IRR 法は後の第 7 章で詳述するが，これらエクセ
　ル関数についての言及は，紙幅の都合で本書では省略した。

3.3 簡単な具体例 2 つ

前節でエクセルの想定している 4 つのキャッシュフローパターンを Case1 ～Case4 として取り上げた。Case1 は貸借取引の均等返済，Case2 は債券という具体的な金融取引に適用可能なキャッシュフローパターンである。しかし Case3 と Case4 について，キャッシュフローが期首前払になっていること以上にストレートな具体例を筆者は思い浮かべられない。以下では Case1 と Case2 をもう少し具体的に取り上げる。ところで Case1 の均等返済にしろ，Case2 の債券にしろ，いきなり実用に供するレベルの議論をしてしまうと，些細な点で話が難解になってしまう。そこで実用レベルの議論をする前に，現在価値の計算で本質的に重要なことを明確にするため，相当に単純化した例をこの節で示すことにする。始めは均等返済の例，次に債券である。

3.3.1 均等返済の場合

Case1 の現在価値を計算する式をもう一度示しておく。

$$P_0 = \frac{C}{1+\rho} + \frac{C}{(1+\rho)^2} + \cdots + \frac{C}{(1+\rho)^T} = \frac{C}{\rho}\left(1 - \frac{1}{(1+\rho)^T}\right) \tag{3.5}$$

この式が現実に適用される具体例は，お金を借りたときに，毎回 (毎年) 同じ金額を返済するとして，その均等支払額がいくらになるかを知りたいときである。今，1000 万円を借金したとして，向こう 3 年間にわたる均等支払額はいくらか。1000 万円を単純に 3 で割った 333.3333 万円ではダメ。利子を考慮してないからである。毎年 1 回利子を支払いつつ，毎年 1 回ずつ返済していくとして，3 回の均等な返済額はいくらか。この計算は，個人の住宅ローンや企業の借入金など，最も一般的な貸借取引の例を分りやすく単純化したものである。現実の貸借取引では，毎月毎に利子と元本返済しながら均等の返済額を支払っていくことになる。後で見るように，そうなると若干複雑化するが，やっていることの本質はここの簡単な例と同じなのである。この貸借取引は以下のとおりとしよう。

- 借入金額：1000 万円
- 利子率：3%
- 期間：3 年。支払は今から 1 年後，2 年後，3 年後の均等返済。

　今，現金 1000 万円を実際に入手するのであるから，この貸借取引の現在価値は 1000 万円であると考える。上の式の $P_0 = 1000$ 万円である。対する将来キャッシュフローの方は，1 年後〜3 年後のキャッシュフローが均等の C であり，この C が未知でその値を知りたい。そのためには，利子率 3% を割引率 $\rho = 0.03$ とみなし，上記の式を成立させる C の値を計算すればよい。計算方法は 3 つある。この計算のために図 3.2 のようなエクセルシートを作成した。

1. $C = 1$ とした場合の現在価値を年金現価率 (AF) といった。この年金現価率を求め，$P_0 = 1000$ 万円を年金現価率 AF で割って C の値を求める。図 3.2 ではセル B3(あるいはセル C3) で AF を，さらにセル C8 で C を以下のようにして計算している。

$$AF = \frac{1}{\rho}\left(1 - \frac{1}{(1+\rho)^3}\right) = \frac{1}{0.03}\left(1 - \frac{1}{1.03^3}\right) = 2.8286$$
$$C = \frac{P_0}{AF} = \frac{10,000,000}{2.8286} = 3,535,304$$

2. PMT 関数を使う方法。要するに，$\rho = 0.03$ と $T = 3$，$P_0 = 1000$ 万円という値を与えて，C を計算したいのであるから，PMT 関数を使って一発で求める。図 3.2 のセル C9 に次の関数を書く。
　　「=PMT(0.03,3,−10000000)」 $= 3,535,304$

3. ソルバーを使う方法。もっと複雑な例だと，これが最もよく利用される方法ではないかと思う。ソルバーの説明は 3.4.1 節で述べる。図 3.2 のシート 11 行目にキャッシュフローを，シート 12 行目にその現在価値を記し，合計値がセル C12 である。

　さて上記のごとく，1000 万円の借入をして，利子率 3% の 3 年間均等返済だと，353 万円少々を毎年支払うことになる。より重要なことは，この 353

	A	B	C	D	E	F	G
1	割引率	0.03					
2	期間	3					
3	年金現価率	2.8286114	-2.82861135				
4							
5	★今，1000万円の借入→利子3％で3年間の均等返済額？						
6	今のお金		¥10,000,000				
7	★毎年の支払額？…3つの計算方法						
8	(1)年金現価率から		¥3,535,304				
9	(2)PMT関数を使うと		¥3,535,304				
10	(3)CFから確認		**今**	**1年後**	**2年後**	**3年後**	
11		ソルバーで解く→→→		¥3,535,304	¥3,535,304	¥3,535,304	
12			¥10,000,000	¥3,432,334	¥3,332,363	¥3,235,304	
13							
14	★この毎年の支払額は何を意味しているか？→利子3％の支払と元本返済完了を確認						
15		支払額		¥3,535,304	¥3,535,304	¥3,535,304	
16		残存元本	¥10,000,000	¥6,764,696	¥3,432,334		¥-0 ←借金返済
17		利子		¥300,000	¥202,941	¥102,970	
18		元本返済		¥3,235,304	¥3,332,363	¥3,432,334	

Sheet1　例1|均等返済　関数いろいろ　関数 債券　関数 債券2　例1|均等返済法　＋

図 3.2　均等返済〜単純な場合

万円少々の金額が何を意味しているかである。この金額は利子支払と元本返済の合計である。それでは 353 万円少々の金額の中で，いくらが利子支払でいくらが元本返済額に相当するのか。個人の住宅ローンであれ企業の借入金であれ，利子支払ということなら，実はその分だけ税金を安くすることができる。これを「負債利払いの損金算入」といって，実用上は結構切実な問題なのである。毎年の支払額 353 万円少々を利子支払と元本返済に分割するには次のようにする。

　具体的に図 3.2 でこの計算過程を追ってみる。当初の元本は 1000 万円 (セル C16) であるから，1 年後に支払う利子はその 3% の 30 万円 (セル D17) である。1 年後の実際の支払額は 353 万 5304 円 (セル D15) であるから，これから 30 万円を引いた 323 万 5304 円 (セル D18) の金額は元本を返済したことになる。従って，1 年後になると借金の元本は 676 万 4696 円 (=10, 000, 000 − 3, 235, 304：セル D16) に減る。この未返済の元本を残存元本といったりする。2 年後に支払う利子は，1 年後の残存元本に利子率 3% を適用して計算される。これが 20 万 2941 円 (=6, 764, 696 × 0.03：セル E17) という利子支払額になる。2 年後に実際に支払う金額も 353 万

5304 円 (セル E15) であるから，これから利子支払額を引いた値 333 万 2363 円 (=3,535,304 − 202,941：セル E18) が 2 年後の元本返済である。この結果，2 年後の残存元本は 343 万 2334 円 (=6,764,696 − 3,332,363：セル E16) となり，3 年後に支払う利子はこれに 0.03 を乗じて，10 万 2970 円 (=3,432,334 × 0.03：セル F17) となる。3 年後の支払額も 353 万 5304 円 (セル F15) であって，利子の分 10 万 2970 円を除いた値 343 万 2334 円 (=3,535,304 − 102,970：セル F18) は 3 年後の元本返済額となる。これはちょうど 2 年後の残存元本の金額と一致していて，めでたく借金完済となる (セル F16)。[*6]

　この計算過程を整理しておこう。均等な毎期の支払額は (上記の 3 つの計算方法を使って) 予め分っている。この支払額のうち，利子に相当する金額は前期の残存元本額に利子率を乗じて得られる値である。この支払額のうち (利子に相当しない) 残りの金額は元本返済額である。この元本返済額を前期の残存元本額から控除した額が新しい残存元本額になる。この新しい残存元本額は次期の利子を計算するのに用いられる。こうして何回かこの展開を繰り返せば，残存元本額は必ずゼロになる (はず)。誤差が入り込んで端数が残ることはあろう。

[*6] 図 3.2 の計算過程は本文で述べたような順番で繰り返し計算したが，エクセル関数を使って値をストレートに導出することももちろん可能である。シート 17 行目の「利子」については「=IPMT(0.03,k,3,10000000,0)」とすると，表の第 k 年後の利子が負の値で得られる。シート 18 行目の「元本返済」の値は「=PPMT(0.03,k,3,10000000,0)」として，表の第 k 年後の元本返済がやはり負の値として計算される。シート 16 行目の「残存元本」は，返済元本の累計額を計算する CUMPRINC 関数を使って次のようにする。「=10000000+CUMPRINC(0.03,3,10000000,1,k,0)」が第 k 年後の残存元本となる。CUMPRINC 関数は負の値を返すので，1000 万円にこれを加えていることに注意して欲しい。なお IPMT 関数や PPMT 関数は第 4 引数の元本を負値にすれば，正の値を返すが，CUMPRINC 関数は第 3 引数の元本を負値にすることは許されない。こういうところがエクセル関数のビミョーなクセである。

3.3.2 債券の場合

Case2 の将来キャッシュフローパターンは固定利付債券に当てはまる。Case2 の現在価値を表す式をもう一度記しておく。

$$P_0 = \frac{C}{1+\rho} + \frac{C}{(1+\rho)^2} + \cdots + \frac{C}{(1+\rho)^T} + \frac{M}{(1+\rho)^T}$$
$$= \frac{C}{\rho}\left(1 - \frac{1}{(1+\rho)^T}\right) + \frac{M}{(1+\rho)^T} \tag{3.6}$$

1 年に 1 回の利子を支払う固定利付債の場合，ここの C や M が何かを説明する。債券の元本返済は満期一括が通常で，債券の額面が元本を意味している。つまり，T 年後の満期に額面 M が一括して支払われる。T 年分を割引いた値 $M/(1+\rho)^T$ は，T 年後の元本返済 M という将来キャッシュフローの現在価値を表している。次に 1 年後から T 年後の満期に至る途中の将来キャッシュフローの C は，純粋に利子だけである。この利子を計算するための表面利率 (クーポンレート) が i である。利子支払が 1 年 1 回であるなら，毎回支払われる利子は iM である。従って債券の生み出す将来キャッシュフローは，利子として 1 年後の iM，2 年後の iM，$\cdots$，T 年後の iM に加え $(C = iM)$，T 年後のみ元本返済としての額面 M が登場する。

固定利付債は，額面 M と満期 T，表面利率 i の値が予め与えられ，これらの値が後日変更されることはない。これらの値を与件として，今現在の市場で取引される価格が現在価値の P_0 である。P_0 の値は，分母の割引率 ρ と表裏の関係にある。P_0 の値は ρ の値を与えないと決まらない。

世の中の利子率全般を「一般的金利水準」と称し，そのときそのときの金融情勢を反映して，これは日々刻々と変化している。債券の表面利率 i は，発行時の一般的金利水準から決定されるが，一度決まれば二度と変更されないので，発行後の一般的金利水準の動向しだいで，表面利率は一般的金利水準から乖離してくるのが普通である。もし発行時よりも後，金融緩和して一般的金利水準が下がってくると，この債券の表面利率は一般的金利水準よりも高く，外見では有利な債券のように見える。このとき，市場価格の P_0 は

額面 M を超えて高い値 (オーバーパー) となる。この有利な利子の債券を入手するには, 額面 M よりも高い値段の P_0 を支払わなければならないのである。これはすなわち, 満期まで保有すると $P_0 - M$ の値下り損 (キャピタルロス) を確実に被ることを意味する。一般的金利水準よりも有利な利子の分を確実な値下り損で調整していると考えてもよい。

逆に発行後の金融引締めで一般的金利水準が上昇すればどうなるか。この債券の表面利率は一般的金利水準よりも低くなって, この債券は外見上不利な利率に見える。このとき市場価格 P_0 は額面 M を下回ってくる (アンダーパー)。この不利な利子の債券を入手するには, 額面 M よりも安い値段の P_0 を支払えばよい。これは, 満期まで保有すると $M - P_0$ の値上り益 (キャピタルゲイン) を確実にもたらす。以上のことから, ここの債券の現在価値 P_0 とは市場取引の価格を意味していて, それを計算するには, 一般的金利水準の値を ρ に指定する。なお日常でよくいわれる,「金利水準 (＝利子率) の上昇 (下落) は債券価格の下落 (上昇) である」という関係は, ここの ρ と P_0 の関係のことである。

図 3.1 の Case2 とはまた別の例をあげよう。

- 額面：100 → $M = 100$
- 期間：3 年 → $T = 3$
- 表面利率：4%。ただし 1 年 1 回のキャッシュフロー支払 → $i = 0.04$
  → $C = 4$
- 割引率：3.7% → $\rho = 0.037$ $\cdots$ 一般的金利水準

前の (3.6) 式に代入して, P_0 の値を求めてみる。

$$P_0 = \frac{4}{1.037} + \frac{4}{1.037^2} + \frac{4}{1.037^3} + \frac{100}{1.037^3}$$
$$= 3.857 + 3.720 + 3.587 + 89.673 = 100.837$$

一般的金利水準の 3.7% を割引率にすると, 表面利率 4% で残存 3 年の債券価格は 100.837 になる。確かにこれは額面 100 を超えている (オーバーパー)。一発で求めるにはエクセル関数の PV 関数を使う。ただし満期時点の額面 M がキャッシュフローに加わるから, これを 4 番目の引

数として「=PV(ρ, T, C, M)」と記す。具体的な数値を関数に指定すると，「=PV(0.037,3,4,100)」= -100.837 というように，負の値の P_0 を返す。

　以上は，ρ の値を与えて P_0 の値を知る方法であるが，実用上はこの逆の流れを使う方が多い。ρ の値は一般的金利水準であるから，具体的にどのような数値を指定するかは分析者の判断の問題になる (つまり，どんな数字でも使える)。一方で P_0 は市場価格であるから，P_0 の値そのものに分析者の判断が入り込む余地はない。どうしてもその債券を入手したいなら，有無をいわさず P_0 を支払わなければならないからである。それではここの債券 (額面 100，残存 3 年，表面利率 4%，1 年 1 回の利子) を今，100.837 で購入することは，いくらの割引率を想定していることになるのか。つまり，P_0 の実際の値から ρ の値を知るにはどうするか。これは前に上げた RATE 関数を用いる。

　RATE 関数の使い方は，M を 4 番目の引数にして「=RATE(T, C, P_0, M)」とする。具体的に数値を代入すると，「=RATE(3,4,-100.837,100)」=0.037 となる。なお 3 番目の引数である現在価値 P_0 のところは負の値にする必要がある。また丸めの誤差の問題は無視している。このように RATE 関数を使って P_0 の値から ρ の値を求めることができるが，こうして求められた ρ の値を複利最終利回りという。あるいは内部収益率 (IRR) といっても同じである。

　ここまでの議論で一つ注意しておくと，現在価値 P_0 を導出するのに与える割引率 ρ と，P_0 から算出される複利最終利回りとは厳密には異なる概念なのであるが，今の場合はたまたま完全に同じであって，実際のところ債券トレーダーにでもならない限り，これらを区別して考える必要はないだろう。とはいえ，この点は誤解している人も少なくなく，もう少し丁寧に説明すべき点でもあるから，補論として節を変えて議論を続ける。

3.3.3　補論：一般的金利水準とは

　前で述べたことは，一般的金利水準の値を (3.6) 式の ρ に与えることで，市場価格 P_0 が導かれ，他方でこれとは逆に，市場価格 P_0 の値を与えれば，

(3.6) 式を満たすような ρ の値を決めることができ，この ρ を複利最終利回りと称するということである。つまり，与えるものとその結果得られるものとが逆になっているが，今の場合，どちらも式の形が同じ (3.6) 式であるから，どちらであってもまったく同じことになる。実際には，両者の式の形が違っていると考える方がいい。一般的金利水準の割引率から P_0 を求める式と，P_0 から複利最終利回りを求める式の形が異なっていれば，割引率と複利最終利回りは当然異なるものになる。それではなぜ両者の式の形が異なるのか。この点を理解するには，割引率は一般的金利水準から値を決めるとしたが，この一般的金利水準とは何かという点を説明する必要があろう。

P_0 という現在価値の定式化は今まで (3.6) 式であったが，P_0 が債券価格を想定している場合は，債券の現在価値の定式化は若干異なる形が採用されている。その形とは次のような式である。

$$P_0 = \frac{C}{1+\rho(1)} + \frac{C}{(1+\rho(2))^2} + \cdots + \frac{C}{(1+\rho(T))^T} + \frac{M}{(1+\rho(T))^T} \qquad (3.7)$$

前の (3.6) 式との差異は分母の割引率のところにある。この (3.7) 式の割引率は，いつの時点のキャッシュフローであるかによってそれに適用される割引率の値が異なる。$\rho(t)$ とは t 時間先のキャッシュフローに適用される割引率ということを表現していて，1 時点，$\cdots$，T 時点でのキャッシュフローに適用される割引率が $\rho(1),\cdots,\rho(T)$ のように記される。そしてこれら割引率が時点に関係なく一定の値 ρ であるとみなされるとき，つまり $\rho(1) = \cdots = \rho(T) = \rho$ のときに (3.7) 式は (3.6) 式と同じになる。いうまでもないが，(3.7) 式の右辺は等比数列の和とはみなせないので，(3.6) 式のようにこれ以上の式展開はできない。

ところで現在価値を導出する際の割引率は，そのときそのときの一般的金利水準に依拠してその値が決まる。ここの一般的金利水準とは次のようにまとめられる。負債の場合，同様・類似な債券および債権が非常に多数存在していて，これら各々をそれぞれ似たものどうしで適当にグループ化することができると考える。債券よりも債権の方が広い概念であり，ここでは「債権」という漢字を当てよう。「同様・類似」な債権とは，待ちとリスクが同じようなものとみなせるという意味である。将来キャッシュフローを受取る待

ち時間を意味する満期を待ちの尺度と考えよう。リスクとは将来キャッシュフローの受取の確からしさのことで，発行者の信用リスクを指す。話を分りやすくするために，例えばの話として，より具体的なイメージを与えると，満期を 10 分位に，リスクを 15 分位に分類するとしよう。つまり満期という点で短いものから長いものまで 10 個のグループに，またリスクという点で小さいものから大きいものまで 15 個のグループにそれぞれ分けると，クロスで見て計 150 個のグループができる。この 150 個のグループそれぞれに，別々の債権が複数所属しているとイメージするのである。

　各々の債権にはそれぞれ現在の価格が市場で付けられ，その価格に応じてその債権の利回りが計算される。満期とリスクで分類した 150 個のグループが存在するとして，そのグループにはそれぞれの債権が存在し，そのグループに割当てられた債権の利回りを平均すれば，その平均値がそのグループの利回りと考えることができよう。150 個のグループそれぞれで，所属する債権の利回りの平均を計算すれば，150 個の平均値が求められるが，この 150 個の平均利回りの集合は，その時点におけるあらゆる満期とリスクをカバーした利回り体系であるから，これは一般的金利水準と呼ぶことが相応しい。そして今，現在価値を求めたい債券があるとすると，その債券の生み出すキャッシュフローに適用される割引率には，そのキャッシュフローと同レベルの満期・リスクグループについて算出されている平均利回りを当てるのが自然であろう。(3.7) 式のように割引率が，キャッシュフローの時点に応じて異なる値となる理由である。これが本稿のいう「一般的金利水準から割引率が決まる」ということの意味である。

　とはいえ上記した 150 個のグループ，これはあくまでも説明を分りやすくするためのイメージであって，現実にそういうグループが公式に作られているわけではない。現実の債券市場では確かに国債のみならず，様々な社債が広く値付けされているが，そもそも，満期とリスクのグループ各々について，それに所属する債権で信頼すべき市場価格が常に形成されているのかというと，怪しい部分は少なくないように思う。特にリスクのある債権については全般的にそうであるかもしれない。事実上，信頼するに足る市場価格が十分に利用可能な状況にあるのは，数ある債権の中でも国債だけなのではな

残存期間	1 年	2 年	3 年
利回り	0.033	0.037	0.039

表 3.1　利回り曲線の例

いだろうか。

　国債は，その信用リスクがゼロの債権であり，信用リスクがないなら，将来キャッシュフローの値は確定するから，現在価値の式分子の将来キャッシュフローは平均を取る必要はないし，割引率はリスクプレミアムをゼロとして，無危険利子率そのものが割引率になる。国債だけは比較的盛んに市場取引があって，満期の短いものから長いものまでそのときそのときの市場価格が利用可能であると古くから考えられている。[*7] 信用リスクがないという点で，国債はゼロリスクという一つのグループを形成していて，これをさらに満期の長短で分けると，満期までの時間別の利回りが判明する。満期までの時間のことを残存期間と称する。国債の利回りを縦軸に，その残存期間を横軸に取ってグラフを描いたものを利回り曲線という。[*8]

　そこで今，国債の利回り曲線が与えられていて，そこから残存期間 1 年および 2 年，3 年の利回りがそれぞれ，表 3.1 の値であることが分っているとする。前の例にあげた債券が国債であるとして，この利回り曲線の一般的金利水準から，その国債の現在価値を知りたい。今が最初のキャッシュフローのちょうど 1 年前とすると，最初のキャッシュフローに適用される割引率 $\rho(1)$ は残存期間 1 年の利回り 0.033 であり，その次のキャッシュフローは今

[*7] とはいえ，いわゆる「異次元の金融緩和」が本格化した 2010 年代後半以降，日本銀行による国債買入で国債価格の市場価格としての信頼性もかなり怪しい感じではある。この点についての言及は控えたい。

[*8] 利回り曲線を描くときの利回りにはスポットレートが使われる。スポットレートとは，単純にいえば，割引債 (表面利率ゼロの債券) の利回りである。複利最終利回りにはクーポンレート (表面利率) 効果という偏りの存在が知られていて，この問題を回避するのに，代表的指標的役割を担う利回り曲線の利回りには，割引債の利回りを使うのが妥当である。現実の実務では，割引債のみならず利付債も含めた様々な国債データを使って，あらゆる残存期間に適用されるスポットレートを一定の手法で推定して利回り曲線を描いているようである。

から 2 年後であるから，残存期間 2 年の利回り 0.037 を割引率 $\rho(2)$ に使う。最後のキャッシュフローは 3 年後で，$\rho(3)$ には残存期間 3 年の利回り 0.039 を適用する。以上のことを (3.7) 式に値を代入すると，

$$P_0 = \frac{4}{1.033} + \frac{4}{1.037^2} + \frac{4}{1.039^3} + \frac{100}{1.039^3}$$
$$= 3.872 + 3.720 + 3.566 + 89.157 = 100.315$$

から債券の現在価値 P_0 は 100.315 になる。この P_0 という市場価格から計算される複利最終利回りは

$$P_0 = \frac{4}{1+y} + \frac{4}{(1+y)^2} + \frac{4}{(1+y)^3} + \frac{100}{(1+y)^3}$$

という式から，$P_0 = 100.315$ として y を求めたものに他ならない。計算すると $y = 0.0389$ という値が得られる。

　もし今 $\rho(1) = \rho(2) = \rho(3)$ であるなら，これを共通の ρ と記せば，現在価値を表す (3.7) 式は (3.6) 式となり，(3.6) 式は複利最終利回り y を与える式と同じ形であるから，(3.6) 式は現在価値 P_0 から複利最終利回りを計算する式と考えてもよいことになる。このことから，現在価値を (3.6) 式のように定式化するのは，式分母の割引率に共通の値を想定していて，$\rho(1) = \rho(2) = \cdots,$ つまり利回り曲線が水平であることを議論の大前提にしていることが分るであろう。[*9]

[*9] これでもまだ議論を大幅に端折っている。本稿の割引率 ρ は本来は「要求利回り」と称すべきであり，要求利回り ρ は「待ち」への代償の無危険利子率 R_F と「リスク」への代償のリスクプレミアム α との和である。これらすべてを時間の関数とみなすなら，$\rho(t) = R_F(t) + \alpha(t)$ である。国債の場合は信用リスクをゼロと考え，リスクプレミアムもゼロ $(\alpha(t) = 0)$ として，国債の利回り曲線とは，実は $R_F(t)$ を縦軸に (時間 t を横軸に) して描いたグラフとすべきである。本稿では今までリスクプレミアムの説明をしなかったので，本文では利回り曲線をあたかも $\rho(t)$ の曲線であるかのように説明した (国債は $\alpha(t) = 0$ なのでどちらでも同じこと)。国債の場合は $\alpha(t) = 0$ で問題ないだろうが，リスクプレミアムをゼロとはできないような危険資産 (つまりほとんどの資産) はどうすればよいか。まず現状では，リスクプレミアム $\alpha(t)$ を時間の関数と考える習慣は学界にはない。その根拠となる確たる理論モデルがないからということであろうか。そこでリスクプレミアムは時間に関しては定数とみなす。そうだとして，次に資産が株式であるなら，そのリスクプレミアムには必要に応じて CAPM 等を援用して値が推計されるのが通例で

3.4　1年に複数回の利払い：毎月均等返済の場合

　前節では，エクセルを使いながらモノゴトの本質を理解してもらうため，最も単純な想定の下で「均等返済」と「債券」の例を取り上げた。ここの最も単純な想定とは，1年に1回だけの利子支払が今からちょうど1年後，2年後，… になされるという想定である。「均等返済」および「債券」の例は，社会生活を営む上で非常に頻繁に遭遇するが，ただし「1年に1回だけの利払い」というケースは現実的にそれほど多くない。普通は1年に複数回の利払いが設定される。それでは，1年に複数回の利子支払がなされるとき，前節の計算はどのようにすればよいのか。

　これを理解するには「複利」という概念をキチンと押さえておく必要がある。複利については第2章で説明したので，ここではその話の結果のみを一般的な形にして要約しておこう。今，利子発生期間が1年間に m 回あるとする。年複利なら $m = 1$，半年複利なら $m = 2$，四半期複利なら $m = 4$，月複利なら $m = 12$，週複利なら $m = 52$ である。(年率の) 利子率が ρ だとすると，今のお金 M の T 年後の受取額 (将来価値) は，

$$M \left(1 + \frac{\rho}{m}\right)^{mT}$$

である。1年間に利子が m 回発生するということは，1回当りの時間的長さは1年間の $\frac{1}{m}$ 時間ということである。1年間の利子率が ρ であるなら，その時間に適用される利子率は $\frac{\rho}{m}$ である。また1年間に利子が m 回発生する

　ある。また資産が (国債以外の) 債券ならどうであろうか。債券のリスクプレミアムを計算する経済モデルがないわけではないが，実用に供されるほどの議論は現状では存在しないように思う。債券の場合，率直にいってしまえば，ほとんどが分析者の山カンに依拠してリスクプレミアムが勘定されているということではなかろう。とはいえ，それほどデタラメなことをしているわけではなくて，過去の様々な債券あるいは債権の膨大なデータの蓄積から，「この信用リスクに対してはこれぐらいのリスクプレミアムが妥当」というある種の経験値が何となく実務で出来上がっているのであろう。以上のことから想像するに，実際の一般的金利水準とは，国債の利回り曲線を見ながら $R_F(t)$ の値を決め，さらに過去の経験値から適当なリスクプレミアムをこれに上乗せして出来上がった利回りの体系ということができるかもしれない。

ということは，T 年間に $m \times T$ 回の利子が生まれることになるから，$(1 + \frac{\rho}{m})$ を mT 乗することになる。

　以上のような将来価値の定式化から，現在価値はその逆を考えればよい。年 m 回複利で T 年後のお金が M だとすると，その現在価値は

$$\frac{M}{\left(1 + \frac{\rho}{m}\right)^{mT}}$$

として表現される。年複利 (1 年 1 回の利子) のとき，べき数が年数 T だったのに対し，年 m 回の利子がある場合，べき数が mT となる点に注意されたい。割引率も m で除した $\frac{\rho}{m}$ となる。

　それでは以上の知識を前提にして，貸借取引における毎月の均等返済を検討しよう。利子と元本を合せた，毎月均等の金額を支払うことで，利子と元本の両方をいくらか毎月返済していくことになる。毎月利子を支払っていくのであるから，$m = 12$ である。返済期間が T 年間だと，支払回数は mT 回であるから，毎月の均等支払額を C 円とすると，将来の C 円に関する現在価値を表す項は mT 個並ぶことになる。その現在価値を合計したものを P_0 で表そう。

$$P_0 = \frac{C}{1 + \frac{\rho}{m}} + \frac{C}{\left(1 + \frac{\rho}{m}\right)^2} + \cdots + \frac{C}{\left(1 + \frac{\rho}{m}\right)^{mT}} = \frac{C}{\frac{\rho}{m}}\left(1 - \frac{1}{\left(1 + \frac{\rho}{m}\right)^{mT}}\right)$$

この P_0 が今現在やり取りする金額，つまり借入の金額 1000 万円に相当する。ここの割引率 ρ がこの借金に対する利子率である。利子率はあくまでも 1 年間に対する数字であるから，1 か月に対する利子率は $\frac{\rho}{m}$ としなければならない ($m = 12$)。上の式の $C = 1$ とした場合の P_0 が年金現価率 AF であり，今，借入利子率が $3\%(\rho = 0.03)$，返済期間が 2 年であるなら ($T = 2$)，AF は次の計算のように 23.26598 となる。

$$AF = \frac{1}{\frac{\rho}{m}}\left(1 - \frac{1}{\left(1 + \frac{\rho}{m}\right)^{mT}}\right) = \frac{1}{\frac{0.03}{12}}\left(1 - \frac{1}{\left(1 + \frac{0.03}{12}\right)^{24}}\right) = 23.26598$$

#	A	B	C	D	E	F	G	H	I	J	K	L	M	N	O
1	割引率	0.03	0.0025												
2	期間	2	24												
3	回数(年間)	12													
4	年金現価率	23.26598	-23.26598												
5									1年目利子支払額		¥232,646				
6	★今，1000万円の借入→利子3%で2年間の均等返済額？								2年目利子支払額		¥82,845				
7	★今のお金	¥10,000,000													
8	★毎年の支払額？…3つの計算方法														
9	(1)年金現価率から		¥429,812												
10	(2)PMT関数を使うと		¥429,812												
11	(3)CFから確認		1	1	1	1	1	1	1	1	1	1	1	1	←年
12	今		1	2	3	4	5	6	7	8	9	10	11	12	←月
13	ソルバーで解く→→→		¥429,812	¥429,812	¥429,812	¥429,812	¥429,812	¥429,812	¥429,812	¥429,812	¥429,812	¥429,812	¥429,812	¥429,812	
14		¥10,000,000	¥428,740	¥427,671	¥426,605	¥425,541	¥424,480	¥423,421	¥422,365	¥421,312	¥420,261	¥419,213	¥418,168	¥417,125	
15			2	2	2	2	2	2	2	2	2	2	2	2	
16			1	2	3	4	5	6	7	8	9	10	11	12	←月
17			¥429,812	¥429,812	¥429,812	¥429,812	¥429,812	¥429,812	¥429,812	¥429,812	¥429,812	¥429,812	¥429,812	¥429,812	
18			¥416,085	¥415,047	¥414,012	¥412,980	¥411,950	¥410,922	¥409,898	¥408,875	¥407,856	¥406,839	¥405,824	¥404,812	
19															
20	★この毎年の支払額は何を意味しているか？→利子3%の支払と元本返済完了を確認														
21			1	1	1	1	1	1	1	1	1	1	1	1	←年
22			1	2	3	4	5	6	7	8	9	10	11	12	←月
23	支払額		¥429,812	¥429,812	¥429,812	¥429,812	¥429,812	¥429,812	¥429,812	¥429,812	¥429,812	¥429,812	¥429,812	¥429,812	
24	残存元本	¥10,000,000	¥9,595,188	¥9,189,364	¥8,782,525	¥8,374,669	¥7,965,794	¥7,555,896	¥7,144,974	¥6,733,024	¥6,320,045	¥5,906,032	¥5,490,985	¥5,074,901	
25	利子		¥25,000	¥23,988	¥22,973	¥21,956	¥20,937	¥19,914	¥18,890	¥17,862	¥16,833	¥15,800	¥14,765	¥13,727	
26	元本返済		¥404,812	¥405,824	¥406,839	¥407,856	¥408,875	¥409,898	¥410,922	¥411,950	¥412,980	¥414,012	¥415,047	¥416,085	
27			2	2	2	2	2	2	2	2	2	2	2	2	←年
28			1	2	3	4	5	6	7	8	9	10	11	12	←月
29	支払額		¥429,812	¥429,812	¥429,812	¥429,812	¥429,812	¥429,812	¥429,812	¥429,812	¥429,812	¥429,812	¥429,812	¥429,812	
30	残存元本		¥4,657,776	¥4,239,608	¥3,820,395	¥3,400,134	¥2,978,822	¥2,556,457	¥2,133,036	¥1,708,557	¥1,283,016	¥856,411	¥428,740	¥-0	完済
31	利子		¥12,687	¥11,644	¥10,599	¥9,551	¥8,500	¥7,447	¥6,391	¥5,333	¥4,271	¥3,208	¥2,141	¥1,072	
32	元本返済		¥417,125	¥418,168	¥419,213	¥420,261	¥421,312	¥422,365	¥423,421	¥424,480	¥425,541	¥426,605	¥427,671	¥428,740	

図 3.3　均等返済〜毎月支払の場合

従って毎月の均等支払額は，P_0 を AF で除した

$$C = \frac{P_0}{AF} = \frac{10,000,000}{23.26598} = 429,812$$

が毎月の支払額になる。ちなみに，返済期間 2 年というのは架空で，実際には 20 年といった非常に長い期間が設定されるので，そのときは $T = 20$ として計算すればよい。20 年返済では 1 ページに収まるエクセルの表を作れないので，2 年返済としているだけである。

　毎月の均等支払額 C を前と同様，エクセルの PMT 関数を使って一発で求めることもできる。月複利の場合では

「=PMT(0.03/12,2*12,-10000000)」 = 429,812

という具合に，利子率 (第 1 引数) のところは，年率の利子率を 1 か月当りにするため 12 で割り，さらに期間 (第 2 引数) のところでは，年数に 12 を乗じて総支払回数にする必要がある。

　それでは次に，毎月 429,812 円を支払うとして，そのうちいくらが利子支払で，いくらが元本返済か。これは数が多くても，手で次のような表を作るしかない。実際の銀行借入では，「予定返済表」として数ページに及ぶ表を，条件更新の度に銀行が作成し借手に提供する。今の例では 2 年なので全部で 24 回。これぐらいの表ならば，エクセルの簡便な入力法を工夫することで一瞬にして作成できる。

　図 3.3 のシートでは，何年目の何か月目の支払であるか，太字で「年」と「月」を表している。支払額のうち利子に相当する金額がいくらで，元本返済がいくらになるか，そして元本返済の結果，次の期に残る元本 (残存元本) を各々計算している。計算方法は前の例 2 とまったく同様なので，詳しい説明は省略する。

　ここで注意して欲しい点がある。毎月の利子支払額を合計して，年間にどれぐらい払うことになるのか。1 年目の利子支払額は合計で 232,646 円，続く 2 年目の利子支払額は 82,845 円という合計額である。2 年目は 1 年目の半分以下 1/3 近い金額で済む。この差を思いの外，大きいと思わないだろうか。これは均等返済の場合，時間が経つにつれ加速度的に元本返済が進むからである。すなわち，時間の経過で元本は小さくなっていき，負担すべき利子支払額も小さくなる。ということは，毎月同じ金額を支払うのであるから，その支払額の中で元本返済の占める割合は徐々に大きくなっていくということである。これが時間の経過で元本返済が加速するという意味である。その結果，返済当初の期間の利子支払額に比べて，返済終了間近の期間の利子支払額は相当に小さくなる。利子率が最初から終わりまで一貫して 3% であっても，である。

3.4.1　ソルバーを使って解くには

　前でも述べたとおり，均等支払額を求めるには 3 つの方法がある。(1) 年金現価率 *AF* を計算する。(2) PMT 関数を使う。(3) ソルバーを使う。(1) や (2) による方法は，*AF* の式を覚えている必要がある，あるいはエクセル関数のクセを知っている必要があり，実際問題として，これらをその都度確認す

	A	B	C	D	E	F
9	(2)PMT関数を使うと		=PMT($B$1,$B$2,-$C$6)			
10	(3)CFから確認		今	1年後	2年後	3年後
11		ソルバーで解く→→→		3535303.63324598	=D11	=D11
12			=SUM(D12:F12)	=D11/(1+$B$1)	=E11/(1+$B$1)^2	=F11/(1+$B$1)^3
13						
14	★この毎年の支払額は何					
15		支払額		=$C$8	=$C$8	=$C$8
16		残存元本	=C6	=C16-D18	=D16-E18	=E16-F18
17		利子		=C16*$B$1	=D16*$B$1	=E16*$B$1
18		元本返済		=D15-D17	=D16*$B$1	=F15-F17

図 3.4　図 3.2 の関数表示

るのは少なからず面倒なのではないか。対して (3) は，ソルバーで解けるよう，あらためて表を作る必要があるが，その表は現在価値を求めるプロセスそのものを明示したものであるから，直感的に一目瞭然で分りやすい。従って (3) を使う方法が最も安全なのではないかと個人的には思う。エクセル関数のクセに嵌まって，大間違いな計算をしたシートを私は何回も見ている。

　均等支払額をソルバーで求める方法を解説するには，図 3.2 のような単純化した例が好都合であろう。図 3.2 は計算結果を表示しているので，これの関数を表示したものを掲げておく。ソルバーで解くのに必要なところを抽出したのが図 3.4 である。これは以下の式を満たす C の値を解こうとしている。

$$10,000,000 = \frac{C}{1.03} + \frac{C}{1.03^2} + \frac{C}{1.03^3}$$

この式の C を表すのがシートの D11 というセルである。式の右辺第 1 項を表す計算式が D12 というセルであり，右辺第 2 項を表すのが E12，右辺第 3 項を表すのが F12 である。そして式右辺の 3 つの項の合計がセル C12 で求められる (SUM 関数)。

　図 3.4 のように関数をシートに書いておいて，いよいよソルバーの出番である。[*10]

[*10] そもそもエクセルでソルバーを使えるようにするのに，ちょっとした準備が必要である。Windows と Mac の違い，あるいはエクセルのバージョンの違いにより，手続きは微妙に違ったりするのでとても本書では対応しきれない。大変恐縮ではあるが，読者の環境による対応をインターネット等で調べてもらいたい。

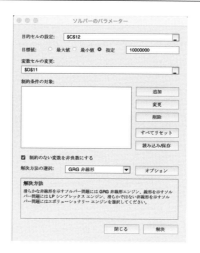

図 3.5　ソルバーのメニュー画面

　図 3.5 のようなソルバーのメニュー画面で，その一番先頭にある「目的セルの設定」には，3 つの項の合計を求めたセル C12 を指定する。「C12」と手入力しても勝手に「$C$12」(絶対参照) となる。今，この合計値が 1000 万円になるような C の値を知りたいので，メニューの「目標値」のところで「指定」を選び，右側に 1000 万円と記入する。またメニューの「変数セルの変更」が変数 C を指定する場所であり，C を表すセル D11 を指定する。以上の設定をした後に「解決」をクリックすると，合計値 1000 万円となる C の値，353 万 5304 円を教えてくれる。

　さて毎月の均等支払額 (図 3.3) では，項の数が多くなる分，厄介そうに見えるが，やっていることは図 3.2 とまったく同じである。ただし，コピペを簡単に済ませる工夫は必要で，その工夫さえあれば，一瞬にしてシートを作ることができる。図 3.3 のソルバーで解く部分を関数表示したのが図 3.6 である。関数表示すると大きな表になってしまうから，そのほんの一部だけを掲載している。この現在価値を計算したセル部分 (14 行目や 18 行目) の，べき乗の表記に注目して欲しい。実際にコピペしてみれば分るが，このように

	A	B	C	D	E
11	(3)CFから確認		1	1	1	1
12		今	1	2	3	4
13	ソルバーで解く→→→		429812.119795561	=$C13	=$C13	
14		=SUM(C14:N14,C18:N18)	=C13/(1+$C$1)^($B$3*(C11-1)+C12)	=D13/(1+$C$1)^($B$3*(D11-1)+D12)	=E13/(1+$C$1)^($B$3*(E11-1)+E12)	
15			2	2	2	2
16			1	2	3	4
17			=$C13	=$C13	=$C13	
18			=C17/(1+$C$1)^($B$3*(C15-1)+C16)	=D17/(1+$C$1)^($B$3*(D15-1)+D16)	=E17/(1+$C$1)^($B$3*(E15-1)+E16)	
19						
20	★この毎年の支払額は(					
21			1	1	1	1
22		今	1	2	3	4
23	支払額		=$C$9	=$C$9	=$C$9	=
24	残存元本	=B7	=B24-C26	=C24-D26	=D24-E26	=
25	利子		=B24*$C$1	=C24*$C$1	=D24*$C$1	=
26	元本返済		=C23-C25	=D23-D25	=E23-E25	
27			2	2	2	2
28			1	2	3	4
29	支払額		=$C$9	=$C$9	=$C$9	=
30	残存元本		=N24-C32	=C30-D32	=D30-E32	=
31	利子		=N24*$C$1	=C30*$C$1	=D30*$C$1	=
32	元本返済		=C29-C31	=D29-D31	=E29-E31	
33						

図 3.6　図 3.3 の関数表示

式を書き下しておけば，セル 1 個を書いておいて，あとはコピペを繰り返すだけで，すぐにすべての計算式を作ることができる。そして前と同様にソルバーを実行すれば，C の値として 429,812 円を解いてくれる。

3.4.2　返済が完了することの証明

資産の現在価値の式を使ってここの毎月均等返済の例をあらためてまとめる。今計算した毎月の均等支払額が将来キャッシュフロー C であり，現在の借入額 1000 万円が現在価値 P_0 に相当する。毎月支払であるから $m = 12$，期間 2 年の返済であるから $T = 2$，利子率 3% が割引率 ρ である。これら変数の間には

$$P_0 = \frac{C}{1 + \frac{\rho}{m}} + \frac{C}{\left(1 + \frac{\rho}{m}\right)^2} + \cdots + \frac{C}{\left(1 + \frac{\rho}{m}\right)^{mT}} \tag{3.8}$$

という関係が成立している。ここで示したいことは，図 3.3 にあるように，均等支払額 $C = 429{,}812$ を毎月 24 回支払うと，24 回目の支払後に残存元本はゼロとなるのはなぜかという点である。もちろんこれは偶然ではなく必ずそうなることをここで証明したい。

　今, k 回目の支払を実行するとしよう。均等支払額 C は利子支払と元本返済に分割されるが, 利子支払額は前回 $k-1$ 回目の支払後の残存元本に対し利子率 $\frac{\rho}{m}$ という率を乗じて算出される。当初の借入額 (1000 万円) が P_0 であるから, $k-1$ 回目の支払後の残存元本を P_{k-1} で表そう。すると, k 回目の均等支払額 C の中の利子支払額は $\frac{\rho}{m}P_{k-1}$ であり, 残りの $C-\frac{\rho}{m}P_{k-1}$ は元本返済である。従って k 回目の支払後の残存元本額 P_k は

$$P_k = P_{k-1} - \left(C - \frac{\rho}{m}P_{k-1}\right) = \left(1 + \frac{\rho}{m}\right)P_{k-1} - C \tag{3.9}$$

と書くことができる。これは mT 個の各 k 時点, つまり $k = 1, \cdots, mT$ で成立している。

　$P_{mT} = 0$ であることを示すには, この (3.9) 式を使って P_{mT} を順次代入して書き換える。

$$\begin{aligned}
P_{mT} &= \left(1 + \frac{\rho}{m}\right)P_{mT-1} - C \\
&= \left(1 + \frac{\rho}{m}\right)^2 P_{mT-2} - \left(1 + \frac{\rho}{m}\right)C - C \\
&= \cdots\cdots\cdots \\
&= \left(1 + \frac{\rho}{m}\right)^{mT} P_0 - \left(1 + \frac{\rho}{m}\right)^{mT-1} C - \left(1 + \frac{\rho}{m}\right)^{mT-2} C - \cdots - C
\end{aligned}$$

この最下行は, (3.8) 式の両辺に $(1 + \frac{\rho}{m})^{mT}$ を乗じたものに他ならないので, P_{mT} がゼロになるのは自明であろう。以上のことから, 均等支払額 C を mT 回支払った後, 必ず残存元本はゼロになることが分る。

3.5　1 年に複数回の利払い：債券の場合

　現実の債券の場合, ほとんどが半年に 1 回利子を生む。大概の国債や社債がそうで, 年 1 回しか利子を出さないメジャーな債券は, 筆者の知る限り, ユーロ債ぐらいではないか。従って半年複利を想定した現在価値でもって, 債券の価格を定式化した方が有用である。

　債券の表面利率 i も 1 年間を対象にした数字であるから, 額面 M に対する利子 iM という値は, 1 年間に支払われる金額である。今, 半年に 1 回で

年2回の利子があるということは，半年毎の利子はその半分 $\frac{iM}{2}$ が支払われる。つまり，同額の将来キャッシュフローである C は，$C = \frac{iM}{2}$ である。$m = 2$ として前の現在価値の表記を適用すると，T 年間の債券の現在価値 P_0 は次のとおり。

$$P_0 = \frac{\frac{iM}{2}}{1 + \frac{\rho}{2}} + \frac{\frac{iM}{2}}{\left(1 + \frac{\rho}{2}\right)^2} + \frac{\frac{iM}{2}}{\left(1 + \frac{\rho}{2}\right)^3} + \cdots + \frac{\frac{iM}{2}}{\left(1 + \frac{\rho}{2}\right)^{2T}} + \frac{M}{\left(1 + \frac{\rho}{2}\right)^{2T}} \quad (3.10)$$

この第1項が半年後の利子 $\frac{iM}{2}$ に対する現在価値，第2項が1年後の利子 $\frac{iM}{2}$ の現在価値，$\cdots$ を表す。利子の支払回数は当然2倍になり，T 年間全体で，利子について $2T$ 個の項が並ぶ。加えて最後の項は，元本返済 (額面 M の満期一括償還) による将来キャッシュフローの現在価値である。

債券の現実例を説明するには少々細かい話を展開せざるを得ない。[11] が，以下の話は債券を現実に売買する場合，必須の基本知識である。まず，現在価値 P_0 における「現在」とはいつのことか。もちろん，「現在」とは今のことを想定しているが，(3.10) 式が妥当な定式化であるためには，今とは次の利子支払日のちょうど半年前の時点を想定している。この現在価値の式は，次の利子支払日までの時間がジャスト半年であるような時点が今である場合を想定した式なのである。実際のところ，今の時点を，半年前以外のもっと自由な時点に設定できないと，P_0 を表す式は使い途がないであろう。それでは「半年前」以外が今の時点であるとき，上記の P_0 はどのように定式化すればよいのか。

そのためには経過利息と受渡価格という概念を知らなければならない。今，債券を売買したとする。経過利息とは，直前の利子支払日直後から今に至る時間に対して計算される利子のことである。直前の利子支払日が2016年3月20日，次の利子支払日が同年9月20日とする。今は2016年5月5日としよう。休日であることは無視する。利子支払の期間 (半年) のちょうど 1/4 を経過したこの日が「今」だとしよう。この日に売買したとすると，

---

[11] これ以降はかなり細かい話になるので，初学者は省略してもよい。ただそれでも，本当に債券を買いたいならば，これ以降に書かれていることも必須の知識であるので，頑張って読み進めて欲しい。

経過利息とは 1 回の利子支払額 $\frac{iM}{2}$ に経過時間 1/4 を乗じた金額となる。仮に 1 回の利子支払額が 2 なら，経過利息は 0.5 である。この経過利息を債券の買手が支払い，売手が受取る。この意味を確認しておこう。

5 月 5 日に債券を買った人が保有し続けて，9 月 20 日を迎えたとする。この日，この人は利子 2 を全額フルに受取る。しかし，購入時にその 1/4 の金額 0.5 を経過利息として支払っているから，合計 1.5 がこの期間に受取る利子ということになる。この債券は，前の利子支払日 3 月 20 日直後から次の利子支払日 9 月 20 日までの半年間が利子計算期間であり，その期間に対し 2 の利子が支払われる。この期間に対して，この人の保有している期間 (5 月 5 日から 9 月 20 日まで) はその 3/4 の長さに相当する。だから，買手は経過利息を購入時に支払うことで，その保有期間に相当する利子を受取ることになる (利子受取額 2 に対し，その 1/4 の 0.5 が支払済みで，残り 1.5 がその 3/4 の期間に対する利子受取額となる)。他方，5 月 5 日に債券を売った人は，前の利子支払日 (3 月 20 日) 直後からこの日まで債券を保有したのであるから，その保有期間に対する利子を受取れる。これが買手から売手に支払われる経過利息 0.5 である。このようにして，債券の売買時に経過利息を受払いすることで，端数期間に対する利子の調整が自動的になされることになるのである。

この経過利息の金額を含め，債券の売買に際して，売手と買手の間で木当に受払いがなされる金額のことを債券の「受渡価格」という。これを逆に見て，受渡価格から経過利息を控除した値を「裸値段 (価格)」といい，通常の債券価格とは，裸値段の方が表示される。大事なことなのであらためて示すと，債券の売買における価格とは

$$\text{「受渡価格」} = \text{「裸値段」} + \text{「経過利息」}$$

という関係にある。売買する人々にとって，本当に重要なのはあくまでも受渡価格であるから，現在価値の上記の式に直結するのは受渡価格の方である。

考え方としては，現在価値から受渡価格を求めて，この受渡価格から経過利息を控除して裸値段が提示される。実際に売買する段になると，投資家

は，市場で提示されている裸値段に経過利息を加えた金額を受払いすること
になる。何ともややこしいことをしていて，これが「債券は難しい」との印
象を人々に与えることになるが，何のことはない。投資家は現在価値の式か
ら計算される値を知っていればよいだろう。本当の受渡価格は証券会社が計
算してくれるので，その値と自分で計算した現在価値とを比較して，「上手く
売買できた」あるいは「失敗した (＝証券会社にぼったくられた)」との判断
を下す。これを大規模かつ頻繁に行っているのがプロの債券トレーダーであ
るが，やっていることの本質的なところは個人の債券売買と同じであろう。

今「受渡価格が現在価値の式に直結する」と記したが，この点を具体化し
てみよう。割引率 ρ は一般的金利水準から所与であるとし，額面 100，表面
利率 4%，満期日 2018 年 3 月 20 日という債券を想定する。今，満期まで残
存 2 年で半年毎に利子支払が 4 回あるとしよう。

$$P_0 = \frac{\frac{4}{2}}{1+\frac{\rho}{2}} + \frac{\frac{4}{2}}{\left(1+\frac{\rho}{2}\right)^2} + \frac{\frac{4}{2}}{\left(1+\frac{\rho}{2}\right)^3} + \frac{\frac{4}{2}}{\left(1+\frac{\rho}{2}\right)^4} + \frac{100}{\left(1+\frac{\rho}{2}\right)^4}$$

という具合に (3.10) 式から直接的に債券価格 P_0 が書ける。もし今現在が，
次の利子支払日 2016 年 9 月 20 日のちょうど半年前，2016 年 3 月 20 日で
あるなら，このように定式化された P_0 が債券の受渡価格である。直前の利
子支払日 3 月 20 日から経過した時間はほとんどゼロ，つまり経過利息はゼ
ロであるから，この P_0 は裸値段をも意味することになる。次に，今現在の
時点が 2016 年 5 月 5 日なら上の式はどう書くべきか。3 月 20 日から 5 月 5
日まで経過した時間は半年の 1/4 である。従って 5 月 5 日の債券価格は，半
年の 1/4 という時間の分だけ将来価値に直してやればよい。具体的には，

$$P_0 = \left\{ \frac{\frac{4}{2}}{1+\frac{\rho}{2}} + \frac{\frac{4}{2}}{\left(1+\frac{\rho}{2}\right)^2} + \frac{\frac{4}{2}}{\left(1+\frac{\rho}{2}\right)^3} + \frac{\frac{4}{2}}{\left(1+\frac{\rho}{2}\right)^4} + \frac{100}{\left(1+\frac{\rho}{2}\right)^4} \right\} \times \left(1+\frac{\rho}{2}\right)^{\frac{1}{4}}$$

として計算される P_0 が 2016 年 5 月 5 日時点での債券の受渡価格となる。
この P_0 から経過利息 0.5 を控除した値が債券の裸値段である。ここの乗数
$\left(1+\frac{\rho}{2}\right)^{\frac{1}{4}}$ は，半年の 1/4 という時間の将来価値であるが，これを以下では
「期ズレ調整」の係数と称しよう。

　さて，経過利息や現在価値を求めるには，期間の日数を正確に計算しなければならない。日数の数え方や，受渡日および利子支払日当日を期間に含めるか否かで，相当に細かいルールがあり，しかも国によってルールは異なるようである。だからここはエクセル関数を用いるのが無難である。ちなみに日本では実数日ベースで，エクセル関数の教える日数を日本国債の取引に利用できるようである。[*12]

　ところで，日本の利付国債は 3 月・9 月あるいは 6 月・12 月の各 20 日に利子支払や額面償還されることが多い。国債の種類は多様であり，利子支払日や償還日は各種の国債で異なっていることもある。もちろん，20 日が休日 (土日祝日) の場合，その支払は直近の営業日にズレるが，ここでは面倒なので休日は無視している。ここの例では 2016 年 5 月 5 日 (休日) を受渡日に想定しているが，半年のちょうど 1/4 となる日が 5 月 5 日なのである。もちろん現実には休日に取引することはあり得ないので注意して欲しい。また受渡日と取引日も厳密には違うので注意すること。取引日とは，市場に注文を出し取引が成立することで売買が事実上確定した日をいう。正確には「約定日 (やくじょうび)」といって，一般に市場で売買した日とは約定日のことを指す。対して受渡日とは，買手が売手にお金を渡し，売手が買手に現物を渡す日のことである。受渡の行為を「決済」ともいう。2020 年 7 月 13 日より以前は，取引日と受渡日とは (両方ともその日を含めて)4 営業日だけ異なる。2016 年 5 月 5 日という時点に債券を受渡すのであれば，その取引日は休日を無視するなら 4 営業日前の 2016 年 5 月 2 日ということになろう。[*13]なお今の時点の割引率は，一般的金利水準から 5% であるとする。

　ここで関連するエクセル関数を説明しよう。今までの説明の流れでやはり休日は無視して話を続けよう。以下の利子支払のエクセル関数はいずれも引

[*12] わが国の国債取引の実務において，経過日数の数え方は前の利子支払日の翌日から，受渡日当日までの実日数を数えるのが原則になっている (これを「片落し」と称する)。エクセル関数も第 4 引数に 1 を指定すると，そのようにカウントするようである。

[*13] 本物の取引ならば，平日 2016 年 5 月 2 日 (月曜日) の取引日は，休日を除いた 4 営業日 (2 日・6 日・9 日・10 日) 目にあたる 5 月 10 日 (火曜日) に受渡がなされるものとみなして取引が約定される。なお，2020 年 7 月 13 日以降の取引については，4 営業日が 1 日短縮されて 3 営業日目が受渡日となっている。

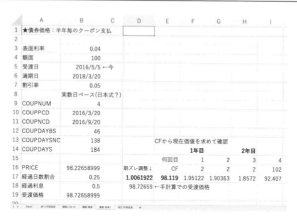

図 3.7 債券価格の計算～現実的な例

数は共通で，第 1 引数の 2016/5/5 が受渡日，第 2 引数の 2018/3/20 が満期日，第 3 引数の 2 は年間の利子支払回数，第 4 引数の 1 は実数日ベースでのカウントを指定している。

- 満期までの利払回数
  「=COUPNUM(2016/5/5,2018/3/20,2,1)」
- 直前の利払日
  「=COUPPCD(2016/5/5,2018/3/20,2,1)」
- 次回の利払日
  「=COUPNCD(2016/5/5,2018/3/20,2,1)」
- 直前の利払日翌日から受渡日までの日数
  「=COUPDAYBS(2016/5/5,2018/3/20,2,1)」
- 受渡日翌日から次回の利払日までの日数
  「=COUPDAYSNC(2016/5/5,2018/3/20,2,1)」
- 直前の利払日翌日から次回利払日のまでの日数
  「=COUPDAYS(2016/5/5,2018/3/20,2,1)」

ここで欲しいのは経過日数の割合であるから，COUPDAYBS 関数と COUP-DAYS 関数の比率を取る。

$$経過日数割合\,(k) = \frac{\text{COUPDAYBS}(2016/5/5, 2018/3/20, 2, 1)}{\text{COUPDAYS}(2016/5/5, 2018/3/20, 2, 1)}$$

この例では k の値は 0.25 となって，毎回の利子 2 から，経過利息は $2 \times k = 0.5$ であり，将来価値から求められる期ズレ調整の係数は

$$\left(1 + \frac{0.05}{2}\right)^{0.25} = 1.00619$$

が求められる。$\rho = 0.05$ とした 2016 年 3 月 20 日の債券価格は，

$$P_0 = \frac{\frac{4}{2}}{1 + \frac{0.05}{2}} + \frac{\frac{4}{2}}{\left(1 + \frac{0.05}{2}\right)^2} + \frac{\frac{4}{2}}{\left(1 + \frac{0.05}{2}\right)^3} + \frac{\frac{4}{2}}{\left(1 + \frac{0.05}{2}\right)^4} + \frac{100}{\left(1 + \frac{0.05}{2}\right)^4}$$
$$= 98.119$$

であるから，5 月 5 日の債券価格 P_0 は，

$$P_0 = 98.119 \times 1.00619 = 98.7266$$

という受渡価格が計算でき，さらにこれから経過利息 0.5 を控除した 98.2266 が，その日の裸値段ということになる。

エクセル関数には，債券の裸値段を一発で求める関数もある。PRICE 関数である。

「=PRICE(2016/5/5, 2018/3/20, 0.04, 0.05, 100, 2, 1)」

という具合に引数を取ると，98.2266 という裸値段が一発で計算可能である。Microsoft のヘルプページを見ると，この関数は上で説明した計算手続きをそのまま経ているようである。この節の議論が同ヘルプページの内容を理解するための一助となるなら幸いである。

3.6　効率的資本市場仮説と資本市場均衡

この章では，現在価値を算出する実践例として，貸借取引の均等返済および債券価格を取り上げた。最後にこの節では論調を少々変えて，資産価格の一般的な定式化に関する理論的根拠をまとめておく。

　最も一般的な定式化として，資産価値評価の代表的な議論になっているのが，資産に株式を想定した場合の説明である。株式は，それを発行している企業が倒産しない限り，永久の将来にわたり配当金を支払い得るので，株価の定式化は無限の将来の配当金を現在価値に割引いて足し上げる必要がある。今現在が t 時点にいるとして，株価を P_t で表そう。配当金は年に 1 回だけ支払われ，この株式からちょうど 1 年後に受取る配当金を d_{t+1}，2 年後の配当金を d_{t+2}，3 年後の配当金を d_{t+3}，$\cdots$ とする。この株式に適用される割引率を ρ で表そう。すると，これら将来の配当金の現在価値は各々，$\frac{d_{t+1}}{1+\rho}$, $\frac{d_{t+2}}{(1+\rho)^2}$, $\frac{d_{t+3}}{(1+\rho)^3}$, $\cdots$ のように記すことができ，これらを合計して

$$P_t = \frac{d_{t+1}}{1+\rho} + \frac{d_{t+2}}{(1+\rho)^2} + \frac{d_{t+3}}{(1+\rho)^3} + \cdots = \sum_{k=1}^{\infty} \frac{d_{t+k}}{(1+\rho)^k} \tag{3.11}$$

が株価 P_t の定式化である。このように株式は，その将来キャッシュフローとして無限の将来の配当金が想定できるので，株価は無限に多数の配当金現在価値の合計となる。この式が資産価値評価の基本モデルであり，割引配当モデル discounted dividend model，略して DDM と称される。

　この (3.11) 式は，一般的な定式化としてはまだ不十分といわざるを得ない。一つは将来に受取る配当金の不確実性が考慮されてない。(3.11) 式は不確実性の存在しない確実な世界を想定した場合の式である。しかし実際には，将来の配当金や将来の株価は現在時点では不確実で未知の値である。そこでどうするかである。これが効率的資本市場仮説と称される議論である。不確実性下の世界を前提にするなら，(3.11) 式はどのように定式化されるべきなのか。

　もう一つの問題は，(3.11) 式に経済学的な均衡メカニズムは存在しないのか。この (3.11) 式は，資産は収益の源泉であるという理由から，株価は将来配当金の現在価値合計に等しいと定めているに過ぎないと考えることもできる。それでは本当に (3.11) 式は単なる定義式に過ぎないのだろうか。この定式化に何らかの経済学的な根拠を与えることはできないのだろうか。実は資本市場均衡の議論から (3.11) 式を導出することができる。

3.6.1　不確実性下の DDM

　将来の値は現在時点では不確実で未知である。値が未知のものについては
確率変数とみなすのが経済学の一般的作法である。確率変数とは，その値が
確からしさ (確率分布) でもってしか分らないような変数である。つまり確
率変数は，ある確率でもって複数の値を取り得る。(3.11) 式に登場する d_{t+k}
は確率変数で，その値は複数の値を取り得る。ところが P_t は現在 t 時点の
値でこれは既知である (市場で値が成立しているので，市場を見ればその値
を知ることができる)。不確実性を考慮する場合は (3.11) 式の d_{t+k} のところ
にその予測値を当てる。すなわち，不確実性下の DDM は，将来の配当金に
ついて何らかの予測値を使って，予測値を現在価値に割引けばよい。それで
はどのような予測値が望ましいか。

　予測値として最も望ましいものは，予測誤差の最小化が見込める予測値で
あろう。統計学の命題によると，予測値が現時点での情報を条件とした条件
付き期待値で与えられるなら，平均 2 乗誤差は最小化されるので，それが最
適な予測である。今，将来の配当金が確率変数であることを明示して，これ
を $\tilde{d}_{t+k}$ のように変数の上にチルダ~という記号を付けよう。また現在時点 (t
時点) での情報 (既知のもの) を抽象的に Ω_t で表す。現在の情報を条件とし
た $\tilde{d}_{t+k}$ の条件付き期待値とは，$\mathrm{E}\left(\tilde{d}_{t+k}|\Omega_t\right)$ で記され，(3.11) 式は不確実性下
では次のように書き直される。

$$P_t = \sum_{k=1}^{\infty} \frac{\mathrm{E}\left(\tilde{d}_{t+k}|\Omega_t\right)}{(1+\rho)^k} \tag{3.12}$$

　通常の入門統計学に登場する平均あるいは期待値は $\mathrm{E}(\tilde{d}_k)$ として記され，
平均と期待値は同じ意味の言葉である。平均は定数として扱われるが，この
定数を条件が何も付いてないことを強調して無条件期待値ということもあ
る。条件付き期待値とは平均が条件に依存するようなもので，その場合，平
均は定数ではなく，条件である情報に依存した関数として扱われる。この情
報とは，一つの変数ではなく様々な変数を集めた集合のことで，しかもその

変数の値が分っているもの，つまり様々な変数の実現値の集合を抽象的に「情報」と称している。この集合のことを Ω_t のような記号で表すのが慣例である。添字 t は t 時点を表していて，Ω_t は t 時点で値の分っている様々な変数の集合を意味する。ここの条件付き期待値とは，Ω_t という集合に条件付けられた平均であるが，実用上は Ω_t をあたかも一つの変数のようにみなし，条件付き期待値を変数 Ω_t の値に依存する普通の関数と考えても，それほど差し障りない。

そうであるなら，情報 Ω_t が確率変数でない，値の既知なものであるから，これに依存する条件付き期待値 $\mathrm{E}\left(\tilde{d}_{t+k}|\Omega_t\right)$ も現在 (t 時点) で既知の値とみなせる。当然，情報が変化すれば，これに依存する条件付き期待値も変化する。投資家は現在時点で既知の情報 Ω_t を使って，将来の $t+k$ 時点の配当金 $\tilde{d}_{t+k}$ に関する予想をしたい。投資家が何らかの統計的手法を用いれば，情報 Ω_t から $\tilde{d}_{t+k}$ の条件付き期待値を求めることができる。そしてその値をもって $\tilde{d}_{t+k}$ の予測値とするなら，その予想は，最適予測をしているのであるから，「合理的期待が形成されている」ともいわれる。

要するに，不確実性下の DDM である (3.12) 式では，株価は将来配当金の予測値から決定され，これら予測値は現在時点での情報から決定される。つまり株価は現在時点で利用可能な情報に依存して決定されるのである。現在利用可能な情報が変化すれば，将来配当金の予測値の変化を通じて株価は変化する。例えば企業の増益のニュースが今，株式市場に伝えられたとしよう。このニュースが新しい情報として投資家の将来配当金の予測値を上方修正させるなら，(3.12) 式に従い現在の株価は上昇するであろう。

不確実性下の DDM として，株価の決定を上で述べたように考えるなら，現実の株価の動向はどれぐらいこの考え方と整合的になっているのか。これがファイナンス論の実証分析として膨大な数の研究がなされた効率的資本市場仮説の検証である。具体的な検証テーマとしては次のようなことを統計的に調べる。現在の情報がどの程度現在の株価に反映されているか。現在の情報は現在の株価に瞬時に反映されるのであろうか。それとも徐々に時間をかけて反映されるのであろうか。

現在時点 (t 時点) の株式市場で現在の株価が成立している。実際の株価が

(3.12) 式を満たすようなものかどうかは本当のところ分らない。もし実際の株価が (3.12) 式と整合的であるなら，この株価は，現在時点で利用可能な情報を使って，最適な予想を行った結果成立している株価ということになり，このことを「(情報) 効率的」であるという。またこのような株価を形成する株式市場は，効率的市場 efficient market といわれる。効率的市場であるなら，情報は最適予測 (合理的期待) によって即座に将来配当金の予測値 (条件付き期待値) に反映されるので，現在の株価が (3.12) 式に従っているなら，株価は情報を十分に反映したものと考えられる。つまり新しい情報は瞬時に株価に織り込まれるのである。逆に，もし新しい情報が徐々にしか株価に織り込まれないなら，これは予想が最適予測になっていないことを意味するから，このような場合は効率的とはいえない。[*14]

　現実の株式市場がどの程度効率的な市場なのかと考えると，多分に危ういことは十分承知しているが，以下，ファイナンスの理論展開を説明するには，効率的市場を仮定し，株価が (3.12) 式に従って決定されると仮定することが必要不可欠である。従って以下の議論はすべて市場が効率的であることを大前提にしている。不確実性に直面する投資家は将来の値を予想するのに，条件付き期待値でもってその予測値を与えると考えるのである。

　ところで，t 時点の情報集合 Ω_t から形成される $t + k$ 時点の確率変数 $\tilde{X}_{t+k}$(ただし，$k > 0$) の条件付き期待値は $E\left(\tilde{X}_{t+k}|\Omega_t\right)$ で記されるが，この表記は煩雑であるから，簡単化のために Ω_t の記載を省略して，この条件付き

[*14] 株式市場が実際どの程度効率的なのかという点 (市場の効率性) を問題にする際，具体的にどのような情報を対象として取り上げるかによって，効率性は 3 つの形に分類されるのが一般的になっている。これは有名な Fama(1970) の論文の多大な影響に依る。一つは「ウィークフォーム weak form」といわれるもので，情報としてはその株式の過去の株価のみを考える。2 つ目は「セミストロングフォーム semi-strong form」といわれるもので，(過去の株価を含む) 現在時点までに公開されたすべての情報 public information を考える。3 つ目は「ストロングフォーム strong form」で，これは公開情報のみならず少々特殊な情報を取り上げる。この特殊な情報とはかつては内部情報と紹介されたが，内部情報に依る取引は違法性が高いので，今日的な観点では少々特殊な公開情報と考えればよかろう。例えば有料の公開情報や大量保有報告書等に出現する機関投資家の情報である。企業の増益ニュースが瞬時に株価に反映されているなら，株価はセミストロングフォームで効率的である。

期待値を $\mathrm{E}_t(\tilde{X}_{t+k})$ のように記すことが半ば慣例化している。期待値を表す E の添字に情報集合の t 時点を明記して，t 時点の情報に条件付けられた条件付き期待値であることを表現する。この表記法に従うなら，(3.12) 式は次のように書き替えられる。

$$P_t = \sum_{k=1}^{\infty} \frac{\mathrm{E}_t(\tilde{d}_{t+k})}{(1 + \rho)^k} \tag{3.13}$$

以下ではこの簡略化した表記法を採用することにする。

3.6.2 資本市場均衡と株価

それでは次に (3.13) 式の分母に登場する割引率 ρ は何か。1 年後の M 円を現在の $\frac{M}{1+\rho}$ 円に割引くのは，投資家が現在の M 円と 1 年後の $(1+\rho)M$ 円とが等価であると考えるからである。将来のお金には現在のお金にはない不便益を伴い，この不便益には，満足を将来まで遅らせなければならないという「待ち」と，将来の満足は不確実であるという「リスク」の 2 種類がある。これら不便益をちょうど相殺する報酬がなければ，誰もが現在のお金を将来のお金よりも選好するであろう。これら不便益をちょうど相殺する報酬が将来のお金に付加されることではじめて，将来のお金と現在のお金とが等価になると投資家は考える。現在のお金 M 円と等価にするのに，1 年後のお金には M 円に加え ρM 円という報酬が付加される必要がある。

株式の購入は，現在のお金を手放して代わりに将来のお金を入手することであり，この株式は 1 年毎に少なくとも収益率 ρ の収益を生み出す見込みがなければならない。そうでないなら，誰もこの株式を購入しようとはしないであろう。このように収益率 ρ は，投資 (現在のお金を手放す) の際に，投資家の要求する必要最低限の収益率ということになり，この収益率のことを要求利回りという。現在価値を求める際の割引率とは投資家の要求利回りでなければならない。また将来のお金に伴う不便益には 2 種類あった。2 種類の不便益に対応して，報酬である要求利回りも 2 つに分解される。一つは「待ち」に対する報酬の部分で，これを以下では純粋利子率と称する。もう一つはリスクに対する報酬部分で，これをリスクプレミアムと称する。要求利回

りは純粋利子率とリスクプレミアムの和である。また純粋利子率は，リスクのない場合の利子率という意味で，無危険利子率とも称される。

　さて実際に株式に投資することから見込まれる収益率が，常に ρ に等しいかどうかは分らない。株式投資から予想される収益率がどのように表されるかを考えてみよう。説明の単純化のため，株主は株式を 1 期間だけ保有して売却するものとしよう。現在 (t 時点) で株価 P_t 円で購入し，$t+1$ 時点で配当金 d_{t+1} 円を得て，株価 P_{t+1} 円で売却する。$t+1$ 時点で生み出されるキャッシュフローは $d_{t+1} + P_{t+1}$ である。なお現在 (t 時点) において $t+1$ 時点は不確実であるから，配当金 d_{t+1} と売却価格 P_{t+1} は値が未知の確率変数であることを強調して，$\tilde{d}_{t+1}$ と $\tilde{P}_{t+1}$ のように記す。これらの予測値として現在 t 時点の情報を条件とした条件付き期待値を取ると，予想される収益は

$$\mathrm{E}_t(\tilde{d}_{t+1} + \tilde{P}_{t+1} - P_t) = \mathrm{E}_t(\tilde{d}_{t+1}) + \mathrm{E}_t(\tilde{P}_{t+1}) - P_t$$

のように記される。t 時点において，P_t は情報集合の要素で値が既知であるから，条件付き期待値の外に出せる。P_t は予想する必要がないので「条件付き期待値の記号は外れる」というべきか。ともかく情報集合の要素で値が既知のものは，普通の (無条件) 期待値の計算における定数と同じ扱いとなる。一方で確率変数の $\tilde{d}_{t+1}$ と $\tilde{P}_{t+1}$ は t 時点で値が未知であるから，右辺第 1 項が $\tilde{d}_{t+1}$ の予測値 $\mathrm{E}_t(\tilde{d}_{t+1})$，右辺第 2 項が $\tilde{P}_{t+1}$ の予測値 $\mathrm{E}_t(\tilde{P}_{t+1})$ となる。右辺の第 2 項と第 3 項 $\mathrm{E}_t(\tilde{P}_{t+1}) - P_t$ は，正であれば予想される値上がり益 (キャピタルゲイン)，負であれば予想される値下がり損 (キャピタルロス) である。これら収益を購入コスト 1 円当りで表記して利回りにするなら，

$$\frac{\mathrm{E}_t(\tilde{d}_{t+1}) + \mathrm{E}_t(\tilde{P}_{t+1}) - P_t}{P_t} \tag{3.14}$$

のように記すことができ，この予想収益率のことを以下では期待利回りと称する。

　今定義された期待利回りと前で述べた要求利回りとは，基本的にはまったく異なる概念である。要求利回りは，ある株式に投資する際，その不便益の代償として要求される必要最低限の収益率のことであるのに対し，期待利回りは，この株式に実際に投資しようとする際，最適予測を前提に予想される

収益率見込みである。これらが常に等しいという保証は今の段階では存在しない。しかしここで均衡という経済学的概念を導入するなら，均衡においては，常に期待利回りは要求利回りに等しいと考えることができる。そしてそのときに限り，DDM が株価の定式化として成立するようになる。

　それでは期待利回りと要求利回りとが一致していないとき，どのようなメカニズムが働くであろうか。もし期待利回りが要求利回りよりも大きいならば，株式に投資する際の必要最低限を上回る収益率が見込まれるのであるから，投資家は喜んでその株式を購入しようとするであろう。その結果，株価は上昇することになる。逆に，もし期待利回りが要求利回りよりも小さければ，株式投資に求められる最低限の水準にも満たない収益率しか見込めないのであるから，誰もその株式を購入しようとはしないであろう。それどころか，そのような株式を保有している投資家はすすんで売却しようとするであろう。その結果，株価は下落することになる。

　このような株価の調整がなされるとき，要求利回りと期待利回りの値はどう変化するか。まず要求利回りの方であるが，これは株式投資の不便益に対する必要最低限の報酬であるので，株価が上昇して，手放さなければならない現在のお金が大きくなると，これと等価にするような，将来のお金に付加されるべき収益も大きくならなければならない。すなわち，収益率で表される要求利回りの値は，株価の値の変化に対しそれほど変化することはないであろう。対して期待利回りの方は，株価が上昇するということは購入コストの上昇をもたらすから，収益率の低下を意味することになる。この株価上昇が現在の経済実態の改善を意味するものであるなら，将来配当金や将来株価の予測値を上昇させる可能性もあるが，ここの株価上昇は経済実態の改善というよりも，不均衡からの是正，単なる調整ということであるから，将来の予想を改善させるものとは考え難い。そこで予測値が一定であるなら，期待利回りを定義する (3.14) 式から，株価の上昇 (下落) は同時に期待利回りの低下 (上昇) を意味することになる。

　以上のことから，期待利回りが要求利回りよりも大きいと株価は上昇し，この株価上昇は同時に期待利回りの低下をもたらす。このメカニズムが進行する限り株価の上昇は続き，やがて期待利回りは要求利回りの水準にまで下

落するであろう。また期待利回りが要求利回りよりも小さいとき株価は下落して、この株価下落は同時に期待利回りの上昇をもたらす。やはりこのメカニズムが作用し続けるなら、株価の下落によって、やがて期待利回りは要求利回りの水準まで上昇するであろう。結局、期待利回りが要求利回りに等しくなるとき、そしてそのときに限り、投資家は現状に満足して、これ以上自らすすんで株式を購入したり売却したりしなくなるであろう。このような状況をある種の安定状態という意味で「均衡」が成立しているという。つまり株式市場の均衡とは、株式に対する投資家の要求利回りと期待利回りとが一致する状況のことであり、株価の調整によってこれら利回りの一致が保証されているといえる。従って均衡株価とは、要求利回りの水準に期待利回りが一致するような株価の水準である。そしてこのような状況が広く資産すべてに成立しているという意味で、一般に資本市場均衡といわれる。

それでは資本市場均衡では株価はどのように定式化されるのか。要求利回りと期待利回りとが等しいというのは、

$$\rho = \frac{\mathrm{E}_t(\tilde{d}_{t+1}) + \mathrm{E}_t(\tilde{P}_{t+1}) - P_t}{P_t}$$

が成立しているときである。これを書き換えると、

$$P_t = \frac{\mathrm{E}_t(\tilde{d}_{t+1}) + \mathrm{E}_t(\tilde{P}_{t+1})}{1 + \rho} \tag{3.15}$$

である。これは株主が 1 期間保有する場合に導出される株価の定式化である。

すべての時点において資本市場均衡が成立しているなら、すべての時点でこの式と同様な形で株価を定式化できる。任意の時点を $t + k(k = 1, 2, \cdots)$ とすると、

$$P_{t+k} = \frac{\mathrm{E}_{t+k}(\tilde{d}_{t+k+1}) + \mathrm{E}_{t+k}(\tilde{P}_{t+k+1})}{1 + \rho}$$

と書くことができる。そこで各時点の株価を順に代入してみよう。まず (3.15) 式に登場する $\tilde{P}_{t+1}$ に、上の $k = 1$ の式を代入すると次の式を得る。

$$P_t = \frac{\mathrm{E}_t(\tilde{d}_{t+1})}{1 + \rho} + \frac{\mathrm{E}_t(\tilde{d}_{t+2})}{(1 + \rho)^2} + \frac{\mathrm{E}_t(\tilde{P}_{t+2})}{(1 + \rho)^2}$$

この式展開には条件付き期待値の特徴を利用しているが，これについては次の小節を見ていただきたい。今度は式の分子に $\tilde{P}_{t+2}$ が登場するので，上の $k = 2$ の式を代入する。… 同様のことを $\tilde{P}_{t+T}$ まで続けて得られる式は

$$P_t = \sum_{k=1}^{T} \frac{\mathrm{E}_t(\tilde{d}_{t+k})}{(1+\rho)^k} + \frac{\mathrm{E}_t(\tilde{P}_{t+T})}{(1+\rho)^T} \tag{3.16}$$

のとおりである。ここで，遠い将来の株価が発散することを予想しないなら，

$$\lim_{T \to \infty} \frac{\mathrm{E}_t(\tilde{P}_{t+T})}{(1+\rho)^T} = 0$$

が満たされるので，t 時点の株価 P_t は最終的に (3.13) 式に帰着できる。この式の分母 $1 + \rho$ は 1 を超えていることを想定していて，$T \to \infty$ で $1/(1+\rho)^T$ はゼロになる。遠い将来の株価の予測値が有限であるなら，この条件式は成立するであろう。このように，資本市場均衡ということを考えるなら，DDM の (3.13) 式は均衡における株価の定式化となっていることが分る。

3.6.3 補論：条件付き期待値の性質

ここで条件付き期待値の大切な特徴を一つまとめておく。これはマクロ経済学など，ファイナンス論以外の分野でもよく使われる関係式であるが，条件付き期待値の取り扱いに興味がなければこの小節をスキップしても構わない。(3.15) 式の P_t の式の中の $\tilde{P}_{t+1}$ に，P_{t+k} の式の $k = 1$ の場合を代入すると，式展開の途中は次のような式になる。

$$P_t = \frac{\mathrm{E}_t(\tilde{d}_{t+1})}{1+\rho} + \frac{\mathrm{E}_t\left(\mathrm{E}_{t+1}(\tilde{d}_{t+2})\right)}{(1+\rho)^2} + \frac{\mathrm{E}_t\left(\mathrm{E}_{t+1}(\tilde{P}_{t+2})\right)}{(1+\rho)^2}$$

この式の第 2 項と第 3 項の期待値であるが，これらは

$$\mathrm{E}_t\left(\mathrm{E}_{t+1}(\tilde{d}_{t+2})\right) = \mathrm{E}_t(\tilde{d}_{t+2})$$
$$\mathrm{E}_t\left(\mathrm{E}_{t+1}(\tilde{P}_{t+2})\right) = \mathrm{E}_t(\tilde{P}_{t+2})$$

のように書き直せる。このようなことが可能となる性質を条件付き期待値の反復条件付き iterated conditioning という。[*15] 条件付き期待値 $E_t(\cdot)$ の中にある $E_{t+1}(\tilde{d}_{t+2})$ は確率変数であることに注意されたい。$E_{t+1}(\tilde{d}_{t+2})$ は $t+1$ 時点であれば既知であるが，t 時点では未知の確率変数である。$E_{t+1}(\tilde{d}_{t+2})$ を情報集合を省略せずに書くと $E\left(\tilde{d}_{t+2}|\Omega_{t+1}\right)$ である。この条件付き期待値の依拠する情報集合 Ω_{t+1} は，$t+1$ 時点ではすべて既知の値の変数の集まりであるが，その中のいくつかの変数は t 時点では未だ値は未知であろう。t 時点の情報集合 Ω_t に含まれてない，値が未知の変数に依存している以上，$E\left(\tilde{d}_{t+2}|\Omega_{t+1}\right)$ は未知の確率変数とせざるを得ない。

　ところで，条件付き期待値の反復条件付きの性質を利用するには，$\Omega_t \subset \Omega_{t+1} \subset \cdots$ でなければならない。これは t 時点での情報集合 Ω_t が $t+1$ 時点での情報集合 Ω_{t+1} の部分集合ということである。その意味は，t 時点で既知の情報は忘れられることなくそのまま $t+1$ 時点に引き継がれ，かつこれと $t+1$ 時点で新たに入手する情報とが $t+1$ 時点での情報集合を形成するということになる。そして情報集合は時間の経過とともに大きくなっていく。

　情報集合を明示させる形で反復条件付きをあらためて書く。この意味を確認しておこう。

$$E\left(E\left(\tilde{d}_{t+2}|\Omega_{t+1}\right)|\Omega_t\right) = E\left(\tilde{d}_{t+2}|\Omega_t\right)$$

明後日が $t+2$ 時点でその日の天気が $\tilde{d}_{t+2}$ であるとする。明日が $t+1$ 時点，今日が t 時点であるとする。明日になったら，明日の情報に基づいて明後日の天気を予想するが，これが $E\left(\tilde{d}_{t+2}|\Omega_{t+1}\right)$ である。この明日の予想を今日の情報に基づいて予想するのが $E\left(E\left(\tilde{d}_{t+2}|\Omega_{t+1}\right)|\Omega_t\right)$ ということに他ならない。他方，右辺の $E\left(\tilde{d}_{t+2}|\Omega_t\right)$ は明後日の天気を今日の情報に基づいて予想するということを表現している。明後日の天気について明日自分が何を予想するかを今日予想することは，今日の時点で明後日の天気をストレートに予想することと同じでないと，予想は合理的とはいい難い。予想の形成は時点の経過で整合的ということを制約しているのが反復条件付きの意味と考えられる。

[*15] これについては Shreve(2004) の I 巻第 2 章を参照願いたい。またその呼称を law of iterated expectation と称することも多い。例えば Hayashi(2000)p.9 である。

第4章
ポートフォリオ理論の実用性

4.1　ポートフォリオ理論とは

　複数の資産を組合せることをポートフォリオを作るというように表現されるが，ポートフォリオ理論とは，複数の資産をどのように組合せるのが最もよいかという問題に答えを与えるための議論である。ここでいう「どのように (組合せる)」とは，例えば資産 A に全金額の 15% を，資産 B に 20% を，資産 C に 10% を … それぞれ購入するという具合に，複数資産すべての合計金額に対する各資産への投資金額の比率でもって「どのように (組合せる)」を表現する。またどの組合せが「最もよいか」という善し悪しの基準は期待効用仮説に依拠している。期待効用仮説とは，不確実性に直面する投資家の満足度を期待効用という尺度で測り，投資家は効用の期待値である期待効用を最大化すべく意思決定しているとする考え方である。すなわちポートフォリオ理論とは，投資家の期待効用を最大化するような，複数資産の各々への投資比率はどのようなものかを問題にする議論である。

　図 4.1 はポートフォリオ理論を端的に表現した絵である。ポートフォリオ理論とは複数資産の選択方法を問題にするのであるから，資産への需要を決める論理ということであり，需要の決定ということからすると，通常のミクロ経済学には財の需要量を決定する消費の理論がある。ミクロ経済学の消費の理論では，消費者の無差別曲線と所得制約線との接点が効用最大化を達成

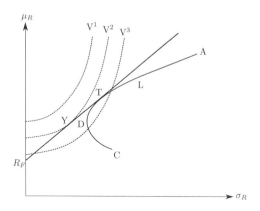

図 4.1　ポートフォリオ理論

する財の需要量であると考える。この考え方とまったく同じ論理を表現して
いるのがこの図 4.1 である。ただミクロ経済学の消費の理論に登場する絵と
違い，この図の縦軸 μ_R は利回りの平均を，横軸 σ_R は利回りの標準偏差を
測っている。そのため図の見映えは随分と異なる。資産をその利回り平均と
標準偏差という 2 つの統計量で特徴付けようという考え方は，2 パラメタア
プローチあるいは平均・分散アプローチと称される。なお標準偏差を 2 乗し
たものが分散である。この図のような縦軸と横軸を測ったグラフのことを，
以下では $\mu_R - \sigma_R$ 平面と称しよう。[*1] この平面上の点一つ一つが，個別資産
あるいはそれらを組合せたあらゆるポートフォリオを表現していると考え
る。この図 4.1 の説明をもう少し続けよう。

[*1] 前章 3.6 節では，将来キャッシュフローの予測値として条件付き期待値を紹介した。と
ころがこの第 4 章と次の第 5 章で登場する「平均」は無条件期待値のことである。現在
価値の定式化の議論では条件付き期待値の「平均」が対象なのに，ポートフォリオ理論
や CAPM では無条件期待値の「平均」が問題とされる。この差異はどうしてなのか。そ
の理由は曖昧な答えで恐縮であるが，両者の考察対象となっている世界の違いあるいは
(仮定されている) 分析枠組みの違いとしか答えようがない。実は，この点に関する一定
の答えを用意することもできないわけではないが，非常に技巧的な議論であるため本書
では省略したい。どうしても理由を知りたい読者は辻 (2016)3.2.4 節補論および 3.8 節を
ご参照いただきたい。

図 4.1 の点線で, 右上がりの曲線が 3 本描かれてる。V^1 と V^2, V^3 という 3 本の曲線は投資家の無差別曲線である。ポートフォリオ理論の投資家は危険回避者が想定される。危険回避者とは字義通りなら, 危険 (リスク) を避けたい人ということになるが, この点を強調しすぎると誤解を招く恐れもあるため注意されたい。危険回避者の定義としては, 利回り平均が同じなら, 利回り標準偏差の小さいほど満足度 (期待効用) が高くなるという投資家のことである。ここの無差別曲線とは, 投資家に同じ期待効用をもたらす縦軸の μ_R と横軸の σ_R という 2 つの変量の組合せを描いた曲線である。危険回避者の無差別曲線は $\mu_R - \sigma_R$ 平面では右上がりの曲線となる。μ_R が大きくなると期待効用が上がり, 同じ期待効用を維持するには (同一の無差別曲線上にあるためには), σ_R が上がることで期待効用が下がる必要があるからである。また左上方に位置する無差別曲線ほど, μ_R が大きく, σ_R が小さくなるので, 投資家の期待効用は増大するはずである。従って左上方に位置する点ほど投資家の期待効用は高く, より上位の無差別曲線上にいることになる。V^1 の無差別曲線は V^2 や V^3 よりも投資家の期待効用は高い。

大雑把にいえば, 左上方にある点ほど (高い期待効用の) 上位の無差別曲線の上にあるから, 投資家にとって好ましい資産の組合せということになる。しかし, 無制限に左上方の点が利用可能なはずもなく, 当然のこと投資家に利用可能な資産あるいはポートフォリオには一定の限界がある。その限界を意味する制約線が図 4.1 の直線の R_FT である。投資家にとって最も望ましいポートフォリオとは, この直線上で最も左上方の無差別曲線に到達できる点であり, それは直線 R_FT と無差別曲線との接点になる。この接点が投資家の最適なポートフォリオであり, その最適点を教えるこの直線は通常, 有効フロンティアという名称が冠される。

それでは直線 R_FT はどのように導出されるか。図 4.1 の直線 R_FT は点 R_F から曲線 ALDC への接線である。縦軸上にある点 R_F は安全資産を表す点である。利回り標準偏差ゼロの資産は縦軸上の点で表現され, 標準偏差がゼロであるから, 利回りは R_F という値に固定される (変動しない)。この R_F は無危険利子率で, 安全資産の提供する収益率である。他方, 利回りの変動し得る資産を危険資産という。危険資産の利回り標準偏差は非ゼロであるか

ら，$\mu_R - \sigma_R$ 平面上の，縦軸以外の任意の点は危険資産を表している。

　適当な (有限の) 数の危険資産を組合せると，その組合せ (ポートフォリオ) の利回り平均と標準偏差は曲線 ALDC のような形の軌跡を描く。特に曲線 ALDC の上側部分である曲線 ALD は，危険資産のみで形成される有効フロンティアといえる。直線 R_FT の有効フロンティアと名称が紛わしいので，曲線 ALDC の方を最小分散フロンティアと称することもある。この「最小分散」の意味については後述する。次に，曲線 ALD 上の危険資産と点 R_F の安全資産を組合せると，その利回り平均と標準偏差の軌跡は両方の点を結ぶ直線を描く。それでは危険資産と安全資産を組合せて導出される直線の中で，どの直線が最も上位の無差別曲線に達し得るか。それは点 R_F から曲線 ALD に接する接線であり，接線 R_FT という有効フロンティアである。

　図 4.1 から明らかであろうが，安全資産を含む有効フロンティアの接線 R_FT は，危険資産のみからなる最小分散フロンティアの曲線 ALDC より，より上位の無差別曲線に達し得る。それ故ポートフォリオ理論の論理では，接線 R_FT と無差別曲線との接点が最適なポートフォリオを表すという結論になる。無差別曲線の形は投資家の危険回避度に応じて異なるものとなるため，接線 R_FT 上のどの点が選択されるかは投資家次第である。どの点が実際に選択されようとも，直線 R_FT 上の点が選択されるということは，投資家の保有する最適ポートフォリオというのは，接点 T に相当する危険資産ポートフォリオと安全資産とが組合されるということを意味している。安全資産と危険資産をどのように組合せるかは，投資家の (危険回避度の違う) 選好に依存するが，どのような危険回避度であったとしても，危険資産のポートフォリオとしては接点 T で表現される危険資産が保有される。危険資産から構成される資産の組合せは接点 T のポートフォリオが最適で，これを接点ポートフォリオと称する。

　危険資産の最適ポートフォリオ (接点 T) の決定は，投資家の選好 (危険回避度の違い) に依存してないので，この点をポートフォリオの分離定理という。あるいは，複数の危険資産どうしをどうやって (どのような割合で) 組合せるかという問題は，危険資産を安全資産とどのように組合せるかという問題とは別という意味もある。分離定理については第 5 章であらためて触

れる。

　安全資産と危険資産の組合せによる軌跡は直線であるから，比較的分りやすいが，危険資産どうしを組合せる場合は，曲線が導出されるというだけで，それ以上は簡単に表現できるようなものではない。接点 T は曲線 ALDC 上の点でもあるから，接点 T を導出するには曲線 ALDC が必要である。この曲線 ALDC をどうやって描けばよいかは，それほど明快ではないが，危険資産の組合せを考える際には非常に重要なポイントである。ポートフォリオ理論の議論として，次の 4.2 節と 4.3 節では危険資産の組合せの軌跡をどうやって導出すればよいか詳しく検討する。その議論を踏まえて 4.4 節では，安全資産と危険資産の組合せについても詳述する。4.5 節と 4.6 節では，筆者の研究からポートフォリオ理論の実用性についての試論を展開する。

4.2　危険資産の最小分散フロンティア

4.2.1　危険資産が 2 つの場合

　ポートフォリオを構成する危険資産が 2 つあるとしよう。これらを第 1 資産，第 2 資産と称する。第 1 資産の利回り平均を μ_1，標準偏差を σ_1 として，これを $\mu_R - \sigma_R$ 平面にプロット (描画) したのが図 4.2 の点 A(曲線の上端) である。われわれは過去の株式利回りについての大量のデータを持っていて，この μ_1 と σ_1 を適切に推定でき，それらの値が既知であると考える。同様に第 2 資産については利回り平均が μ_2，標準偏差が σ_2 であり，やはりこれらは推定されて (われわれは値を既知として)，その値をプロットしたのが図 4.2 の点 B(曲線の下端) であるとしよう。

　さてこれら 2 つの資産を同時保有することを考える。これら 2 つの資産を組合せてでき上がるポートフォリオの利回りはどうなるか。第 1 資産の投資比率を x_1 で表す。この投資比率とは，100 万円という富を持っている人が第 1 資産を 75 万円，第 2 資産を 25 万円保有しているなら，第 1 資産の投資比率 x_1 は 0.75，第 2 資産の投資比率は $0.25(= 1 - x_1)$ という値になる。ポートフォリオの利回りを $\tilde{R}_P$ で表すと，その平均 $\mathrm{E}(\tilde{R}_P)$ と標準偏差 $\sigma(\tilde{R}_P)$

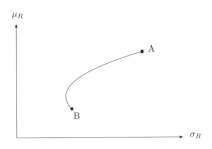

図 4.2　2 資産のポートフォリオ

は次のとおりである。

$$E(\tilde{R}_P) = x_1\mu_1 + (1 - x_1)\mu_2$$

$$\sigma(\tilde{R}_P) = \sqrt{x_1^2\sigma_1^2 + (1 - x_1)^2\sigma_2^2 + 2x_1(1 - x_1)\sigma_{1,2}}$$

この式の導出方法について，知っておいて欲しいことだけを後であらためて述べるが，今は $\sigma_{1,2}$ という項に注目して欲しい。これは共分散といって，第 1 資産の利回りと第 2 資産の利回りとの共変度合いを表現する尺度である。2 つの資産が同方向に動くとき，つまり第 1 資産の利回りが大きく (小さく) なるとき第 2 資産の利回りも大きく (小さく) なるなら，共分散は正の値になり，共変度が強いほどその値は大きくなるであろう。2 つの資産が逆方向に動くなら共分散は負の値になる。

　さて資産の投資比率 x_1 が変化すれば，当然それらを組合せたポートフォリオの利回りも変化する。その平均 $E(\tilde{R}_P)$ と標準偏差 $\sigma(\tilde{R}_P)$ が x_1 とどのような関係にあるかを表したのが上記 2 つの式であるが，そんなに単純な関係でないことは一見して分るだろう。x_1 を変更していくと，$E(\tilde{R}_P)$ と $\sigma(\tilde{R}_P)$ がそれぞれどのような値に変化するかをプロットすると，図 4.2 の曲線 AB のようになる。点 A(曲線の上端) は第 1 資産を表す点であるから，点 A は $x_1 = 1$ のとき，つまり富のすべてが第 1 資産だけから成るポートフォリオである。また点 B(曲線の下端) は第 2 資産を表す点であり，これは $x_1 = 0$ のポートフォリオ，つまり富のすべてが第 2 資産であることを意味する。2

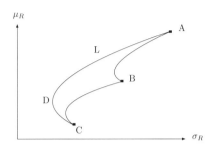

図 4.3　3 資産のポートフォリオ

つの資産を組合せるとは，x_1 が 0 から 1 未満の小数である場合である。例えば x_1 が 0.9, 0.8, 0.7, …，という具合に第 1 資産の比率を減らして，第 2 資産の比率を上げていく。すると，$E(\tilde{R}_P)$ と $\sigma(\tilde{R}_P)$ もそれぞれ値を変化させ，それを図に描くと曲線 AB が形成される。$E(\tilde{R}_P)$ と $\sigma(\tilde{R}_P)$ の点は徐々に点 A から離れ，点 B の方向に近付いていく。このように，第 1 資産と第 2 資産を組合せてできるポートフォリオの利回り平均 $E(\tilde{R}_P)$ とその標準偏差 $\sigma(\tilde{R}_P)$ は，曲線 AB で示されるような値をとる。

　曲線 AB の形は特別な場合を除いて，左側に膨らんだ曲線となる。曲線の形は，2 つの資産利回りの共変度合いに依存する。前で述べた共分散の値がその形を決めるといってもよい。共変度合いが低い場合，曲線は大きく左に膨らむ。逆に共変度合いが高い場合はそれほど左に膨らまない。2 つの資産の共変度合いも過去のデータから推定できて，共分散の値が既知であるとする。すると，2 つの資産から成るポートフォリオの利回り平均とその標準偏差は 1 本の曲線で描かれるのである。

4.2.2　危険資産が 3 つになると

　それでは次に，3 つの危険資産を組合せて作るポートフォリオの利回り平均 $E(\tilde{R}_P)$ と標準偏差 $\sigma(\tilde{R}_P)$ はどうなるか。2 資産を組合せる場合は 1 本の曲線であった。たった一つ危険資産を増やし 3 資産にしただけで，今度は無

数の曲線を描けるようになる。無数の曲線が集まると領域 (面積) を形成するが，3 資産を組合せてできるポートフォリオの $\mathrm{E}(\tilde{R}_P)$ と $\sigma(\tilde{R}_P)$ は，図 4.3 のような曲線に囲まれた領域 ABCDL を形成する。前と同様，各資産の利回り平均と標準偏差は，第 1 資産が (μ_1, σ_1)，第 2 資産が (μ_2, σ_2)，第 3 資産が (μ_3, σ_3) である。これらの値はすべて既知であり，図 4.3 の点 A が第 1 資産，点 B が第 2 資産，点 C が第 3 資産を表している。後で実際にポートフォリオの計算をする際に必要となるので，形式的な式も記す。

　最初の式は，ポートフォリオにおける各資産の投資比率である。第 1 資産を x_1，第 2 資産を x_2，第 3 資産を x_3 とすると，これらの合計は常に 1 である。

$$1 = x_1 + x_2 + x_3$$

次の式は，これら 3 資産の投資比率 (x_1, x_2, x_3) から構成されるポートフォリオについて，その利回り平均 $\mathrm{E}(\tilde{R}_P)$ と標準偏差 $\sigma(\tilde{R}_P)$ に関する式である。

$$\mathrm{E}(\tilde{R}_P) = x_1\mu_1 + x_2\mu_2 + x_3\mu_3$$
$$\sigma(\tilde{R}_P)^2 = x_1^2\sigma_1^2 + x_2^2\sigma_2^2 + x_3^2\sigma_3^2 + 2x_1x_2\sigma_{1,2} + 2x_1x_3\sigma_{1,3} + 2x_2x_3\sigma_{2,3}$$

なお，標準偏差 $\sigma(\tilde{R}_P)$ を 2 乗したものが分散 $\sigma(\tilde{R}_P)^2$ であり，平方根記号を付ける煩雑さを避けるため，ここでは分散 $\sigma(\tilde{R}_P)^2$ でもって標準偏差を記している。また 3 資産相互の共変関係は，今度は 3 通りある。第 1 資産と第 2 資産の共分散 $\sigma_{1,2}$，第 1 資産と第 3 資産の共分散 $\sigma_{1,3}$，第 2 資産と第 3 資産の共分散 $\sigma_{2,3}$，以上 3 つである。これらの値もデータから推定されて既知である。投資比率 (x_1, x_2, x_3) を，その合計が 1 を維持するように変化させると，上記の式に従って，$\mathrm{E}(\tilde{R}_P)$ と $\sigma(\tilde{R}_P)$ の値が計算され，これら (無数) の値をプロットすると領域 ABCDL ができあがる。

　とはいえ，この領域 ABCDL そのものを扱うことはまずない。投資家の選択対象がこの領域の左上の縁に限られるからである。この左上の縁，曲線 ALD のことを，危険資産だけから形成される有効フロンティアといってよい。実際の計算で求めることになるのは，有効な曲線 ALD を含んだ曲線 ALDC である。以下ではこの曲線 ALDC の導出方法を述べる。

　ポートフォリオ利回りの平均 $E(\tilde{R}_P)$ と標準偏差 $\sigma(\tilde{R}_P)$ から領域 ABCDL ができあがり，曲線 ALDC はその領域の左側の縁であるということは，平均 $E(\tilde{R}_P)$ に何か適当な値を与えると，曲線 ALDC は，その平均の下での最小の標準偏差 $\sigma(\tilde{R}_P)$ の値を教えてくれる。ということは，平均を与件として，標準偏差を最小化させた集まりが曲線 ALDC を形成する。例えば $E(\tilde{R}_P)$ が適当な値 6% であるとする。投資比率 (x_1, x_2, x_3) をその合計が 1，かつ $E(\tilde{R}_P) = 6\%$ となるようなものに限定 (制約) した中で，$\sigma(\tilde{R}_P)$ を最小化させる (x_1, x_2, x_3) の値をまず探すのである。その結果得られる (x_1, x_2, x_3) を使った $E(\tilde{R}_P)$ と $\sigma(\tilde{R}_P)$ の値をプロットすれば，$E(\tilde{R}_P)$ は当然 6% になっているはずだから，その点は，曲線 ALDC 上の $E(\tilde{R}_P) = 6\%$ のところにある点になる。次に，$E(\tilde{R}_P)$ に別の値 8% を与えたとしよう。投資比率 (x_1, x_2, x_3) を，その合計が 1，かつ $E(\tilde{R}_P) = 8\%$ となるものに限定した中で，$\sigma(\tilde{R}_P)$ を最小化させる別の (x_1, x_2, x_3) を探す。そのときの (x_1, x_2, x_3) を使った $E(\tilde{R}_P)$ と $\sigma(\tilde{R}_P)$ の値をプロットすれば，その点は，曲線 ALDC 上の $E(\tilde{R}_P) = 8\%$ のところにある点となる。このように，$E(\tilde{R}_P)$ に新しい値を次々に与え，$\sigma(\tilde{R}_P)$ を最小化させる (x_1, x_2, x_3) を探して，$E(\tilde{R}_P)$ と $\sigma(\tilde{R}_P)$ の値をプロットしていけば，その点の集まりが曲線 ALDC を形成するのである。この議論で曲線 ALDC が最小分散フロンティアと称される理由が分ろう。

　以上のことを数学流に表現すると，

$$\underset{x_1, x_2, x_3}{\text{minimize}} \quad \sigma(\tilde{R}_P)$$
$$\text{subject to} \quad x_1 + x_2 + x_3 = 1,$$
$$E(\tilde{R}_P) = \mu^*$$

のように記される。ここの $E(\tilde{R}_P)$ や $\sigma(\tilde{R}_P)$ は，前に示された形の式で，各資産の平均や標準偏差，共分散の値を既知とすると，(x_1, x_2, x_3) という 3 変数の関数とみなせる。最後の μ^* は平均 $E(\tilde{R}_P)$ に与える特定の値である。前で述べた 6% や 8% という値が μ^* を意味する。$\sigma(\tilde{R}_P)$ を 3 変数 (x_1, x_2, x_3) で最小化させるが，(x_1, x_2, x_3) はどんな値でもよいというわけではなく，$x_1 + x_2 + x_3 = 1$ かつ $E(\tilde{R}_P) = \mu^*$ を満たすものに限定される。これが「subject to」の右側にある 2 つの式の意味である。この 2 つの式を制約条件といい，

この問題を制約条件付き最小化問題という。[*2] 制約条件付き最小化問題は，数学ではラグランジェ乗数法を利用して解を導出することになるが，実用でそんなことはしない。

　ところで細かいことをいうなら，この制約条件付き最小化問題を解くことで曲線 ALDC が導出されるわけではない。この問題を解いて導出される曲線は，曲線 ALDC を包み込んだ，上下に若干の拡がりをもった曲線となる。後で登場する図 4.15 を参照願いたい。理由は投資比率 x_i(ただし $i = 1, 2, 3$) が負になることを排除してないからである。この問題から導出される曲線は，第 1 資産を表す点 A や第 3 資産を表す点 C を通らず，点 A の若干上側および点 C の若干下側を通る。点 A と点 C を通る文字通りの曲線 ALDC を導くには，$x_i \geqq 0$(ただし $i = 1, 2, 3$) という制約条件を追加する必要がある。これを非負制約という。非負制約という不等式制約を追加すると，解はキューンタッカー条件から導出されることになるが，これに関するキチンとした分析はほとんど不可能であろうと筆者は思う。

　投資比率の x_i が負とは，その銘柄の株式を空売りしていることを意味する。空売りとは，借りてきた株式の売却である。[*3] 現実の株式市場において，株式の空売りは十分に一般的な取引手法であろうと思われるが，株式の空売りと通常の売却とを同様同列に扱うことにも少々の違和感があるのではなかろうか。通常の売却には存在しないような様々な特性が空売りには付随してくるからである。そこで空売りの可能性を排除した場合のポートフォリオを考察することにも一定の意義はあろう。非負制約を追加して (空売りを排除して)，ポートフォリオの投資比率を計算するのである。この場合，解析的

[*2] (非負制約を追加しない) この制約条件付き最小化問題の解析的分析は古い時代から解明されている。本書では省略するが，その内容については池田 (2000) を参照願いたい。

[*3] 自己の富ではない株式を売却するから投資比率 x_i は負値になる。市場で売却するためには現物が必要であるが，その現物を第三者から借りてくる。売却する株式が元々保有しているものであるなら，その売却は，正値の投資比率 x_i が減少あるいはゼロになることでもって表現される。ところで通常の空売りでは，売却の一定期間後に，購入して入手した (買戻した) 株式でもって当初の借株を返却する必要がある。また空売りした株式に配当金が発生するなら，空売りした投資家は，株の貸主に配当金を支払う必要がある。さらに空売りが個人の信用取引を通じて実行される場合，保証金とその値洗いの問題がある。これら空売りの特性について，ポートフォリオ理論では特段の配慮はない。

な分析は無理であるが，エクセルのソルバーというプログラムを使って，式の形をエクセルに教えて数値的に解いてしまうなら，簡単に投資比率を求めることができる。以下ではこのソルバーを解説しなければなるまい。

4.2.3 ソルバーで解く

ソルバーを使うに際して，図 4.4 のようなシートを用意する。図 4.4 では，分析対象とする銘柄の利回り平均およびその分散共分散の値を記載している。これはシートの表記を簡潔にするためで，本当なら，これら平均や分散共分散を計算する元データがある。しかし，元データは別シートに用意して，そこから引用する形で平均や分散共分散の値を導出するのがよいであろう。

図 4.4 はソルバー実行後の結果までを表示している。実際にはまずソルバーを実行する前の段階までのシートを用意しなければならない。[*4] それが図 4.4 の 10 行目までの記載である。11 行目以降の数字の並びとグラフはソルバー実行後のものである。利用したサンプルの銘柄は，「住友商事」「住友金属鉱山」「住友倉庫」の 3 社である。これら 3 銘柄の利回り平均がセル A5 からセル C5 までの 3 つの値である。セル A5 が住友商事で μ_1 に，セル B5 が住友金属鉱山で μ_2 に，セル C5 が住友倉庫で μ_3 に各々相当している。

次に 3 銘柄の利回りの分散共分散である。これがセル A6 からセル C8 の範囲に並ぶ 3×3 の行列である。分散は，住友商事がセル A6 に，住友金属鉱山がセル B7 に，住友倉庫がセル C8 に記される。このように，分散は正方形の範囲 (今 3×3 の並び) の対角線上に並べる (行列の対角要素)。なおセル A6 の値が σ_1^2, セル B7 が σ_2^2, セル C8 が σ_3^2 に相当する。次に共分散については，2 つの銘柄の利回りが必要で，住友商事と住友金属鉱山との共分散がセル B6 で (数式の $\sigma_{1,2}$ に相当)，住友商事と住友倉庫との共分散がセル C6 で (数式の $\sigma_{1,3}$)，住友金属鉱山と住友倉庫との共分散が C7 で (数式の $\sigma_{2,3}$)，それぞれ計算されている。以上が分散共分散であるが，セル A7 と

[*4] エクセルでソルバーや VBA を利用するには，ちょっとした事前準備をする必要がある。大変恐縮ではあるが，インターネット等で調べていただきたい。

A8，B8 が空白なのは同じ値が入るため，計算を省略しているからである。ちなみにセル A7 にはセル B6 の値が，セル A8 にはセル C6 の値が，セル B8 にはセル C7 の値が入る。要するに対称行列なのであるが，数学については気にする必要はない。

　次はいよいよソルバーの計算に必要な式をエクセルに教えなければならない。その式の形をあらかじめシートに書いておく。これが 10 行目の記述である (セル A10〜セル H10)。まずは $x_1 + x_2 + x_3 = 1$ という数式である。x_1 に相当するセルが A10 である。同様に x_2 をセル B10 で，x_3 をセル C10 で表すものとする。始めはこれら 3 つのセルに適当な値 (例えば 0.3) を入力しておけばよい。問題はこれらの合計値が必要なのであるが，セル D10 に

　　　　「=SUM(A10:C10)」

としておく。これが $x_1 + x_2 + x_3 = 1$ という数式の左辺 $x_1 + x_2 + x_3$ である。数式の右辺は単なる数字の 1 であるから，これを表現するのにセル B9 に数字の「1」を入力しておく。そしてこれら 2 つのセル D10 と B9 が常に等しいということを，ソルバーの「制約条件の対象」として教える必要があるが，これは後述する。

　2 番目の数式は $E(\tilde{R}_P) = \mu^*$ である。この $E(\tilde{R}_P)$ を省略せずに書くと，この数式は

$$x_1\mu_1 + x_2\mu_2 + x_3\mu_3 = \mu^*$$

ということである。μ_1，μ_2，μ_3 はセル A5，B5，C5 で値が与えられている。x_1，x_2，x_3 はセル A10，B10，C10 であったので，平均の数式左辺 $x_1\mu_1 + x_2\mu_2 + x_3\mu_3$ をエクセルに教えるには，

　　　　「=A5*A10+B5*B10+C5*C10」

と打ち込んで，この式がセル G10 に記述されている。平均の数式右辺 μ^* は単なる数値で，制約として与える適当な値 (0.06 とか 0.08 とか) をセル H10 に入力しておく。そしてセル G10 と H10 が常に等しいことをやはり「制約条件の対象」としてエクセルに教える必要がある。

　3 番目の数式が標準偏差 $\sigma(\tilde{R}_P)$ で，これが最小化すべき目的である。標準

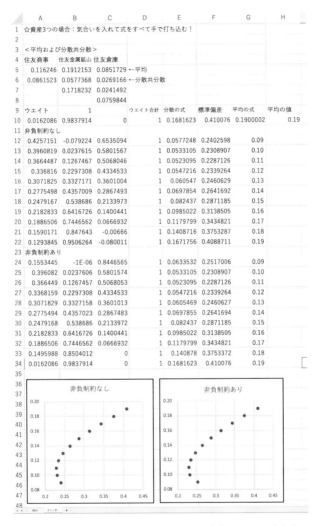

	A	B	C	D	E	F	G	H
1	☆資産3つの場合：気合いを入れて式をすべて手で打ち込む！							
2								
3	<平均および分散共分散>							
4	住友商事	住友金属鉱山	住友倉庫					
5	0.116246	0.1912153	0.0851729	←平均				
6	0.0861523	0.0577368	0.0269166	←分散共分散				
7		0.1718232	0.0241492					
8			0.0759844					
9	ウエイト	1		ウエイト合計	分散の式	標準偏差	平均の式	平均の値
10	0.0162086	0.9837914	0	1	0.1681623	0.410076	0.1900002	0.19
11	非負制約なし							
12	0.4257151	-0.079224	0.6535094	1	0.0577248	0.2402598	0.09	
13	0.3960819	0.0237615	0.5801567	1	0.0533105	0.2308907	0.10	
14	0.3664487	0.1267467	0.5068046	1	0.0523095	0.2287126	0.11	
15	0.336816	0.2297308	0.4334533	1	0.0547216	0.2339264	0.12	
16	0.3071825	0.3327171	0.3601004	1	0.060547	0.2460629	0.13	
17	0.2775498	0.4357009	0.2867493	1	0.0697854	0.2641692	0.14	
18	0.2479167	0.538686	0.2133973	1	0.082437	0.2871185	0.15	
19	0.2182833	0.6416726	0.1400441	1	0.0985022	0.3138505	0.16	
20	0.1886506	0.7446562	0.0666932	1	0.1179799	0.3434821	0.17	
21	0.1590171	0.847643	-0.00666	1	0.1408716	0.3753287	0.18	
22	0.1293845	0.9506264	-0.080011	1	0.1671756	0.4088711	0.19	
23	非負制約あり							
24	0.1553445	-1E-06	0.8446565	1	0.0633532	0.2517006	0.09	
25	0.396082	0.0237606	0.5801574	1	0.0533105	0.2308907	0.10	
26	0.366449	0.1267457	0.5068053	1	0.0523095	0.2287126	0.11	
27	0.3368159	0.2297308	0.4334533	1	0.0547216	0.2339264	0.12	
28	0.3071829	0.3327158	0.3601013	1	0.0605469	0.2460627	0.13	
29	0.2775494	0.4357023	0.2867483	1	0.0697855	0.2641694	0.14	
30	0.2479168	0.538686	0.2133972	1	0.082437	0.2871185	0.15	
31	0.2182833	0.6416726	0.1400441	1	0.0985022	0.3138505	0.16	
32	0.1886506	0.7446562	0.0666932	1	0.1179799	0.3434821	0.17	
33	0.1495988	0.8504012	0	1	0.140878	0.3753372	0.18	
34	0.0162086	0.9837914	0	1	0.1681623	0.410076	0.19	

図 4.4 エクセルのシート～ソルバーの実行 (すべて手入力)

偏差を分散 $\sigma(\tilde{R}_P)^2$ としてその数式を書くと

$$x_1^2\sigma_1^2 + x_2^2\sigma_2^2 + x_3^2\sigma_3^2 + 2x_1x_2\sigma_{1,2} + 2x_1x_3\sigma_{1,3} + 2x_2x_3\sigma_{2,3}$$

であり，分散共分散は A6:C8 という 3×3 のセル範囲で値が与えられている。投資比率 (x_1, x_2, x_3) はセル範囲 A10:C10 であったから，これをエクセルの式にすると

　　「=A10^2*A6+B10^2*B7+C10^2*C8
　　　　+2*A10*B10*B6+2*A10*C10*C6+2*B10*C10*C7」

ということになって，この長い式をセル E10 に打ち込む。本当に知りたい値は，分散の平方根をとった標準偏差であるから，隣のセル F10 に「=SQRT(E10)」としておく。以上でソルバーを実行する準備終了である。

　ソルバーを実行するには，「データ」→「ソルバー」で「ソルバーのパラメーター」という名のウィンドウを呼び出す。このウィンドウに適宜必要な情報を与えて，ソルバーの実行をコントロールする。これが図 4.5 である。まず「目的セルの設定」であるが，ここでは最小化の対象となる標準偏差の式を記したセル F10 を指定する。本当の式は分散の E10 で書かれているが，「目的セルの設定」をセル E10 としても構わない。なおセルのアドレスは，ソルバーでは絶対参照（「$」マークの付いた参照）のみを受け付ける。次に，今の問題は最小化であるから，「目標値」を「最小値」にクリックする。「変数セルの変更」については，(x_1, x_2, x_3) を表したセルを指定する。A10:C10 というセル範囲を記す。そして「制約条件の対象」に 2 つの制約式を持ってくる。一つは，(x_1, x_2, x_3) の合計が 1 になるという制約式で，この式に該当するセルのアドレスを表記する。ここでは D10=B9 である。もう一つの制約は平均の式で，これに該当するのが G10=H10 という式である。

　さて，ソルバーのコントロールでもう一つ注意すべきことは，「制約のない変数を非負数にする」のチェックボックスである。これを有効にした場合（ボックスにチェックを入れる場合），$x_1 \geq 0$，$x_2 \geq 0$，$x_3 \geq 0$ という非負制約を新たに追加したことになる。すなわち，標準偏差を最小化する際，(x_1, x_2, x_3) の各々が負の値になることはない。負になる場合はゼロとして計算する。非負制約なしの場合，(x_1, x_2, x_3) の値が負になると，その資産は空売りされる。今はとりあえずチェックを入れて（有効化して），「非負制約あり」の場合を計算しよう。

図 4.5　ソルバーのコントロール

　以上の準備をした上で，「解決」をクリックすると，2 つの制約条件を満た
し，かつ標準偏差を最小化する (x_1, x_2, x_3) を求めてくれる。この (x_1, x_2, x_3)
を使って計算される $E(\tilde{R}_P)$ と $\sigma(\tilde{R}_P)$ が曲線 ALDC 上の 1 点となる。次に，
セル H10 に記されている平均の数値を適当に変更して，同じことを繰り返
し実行する。何回も繰り返すと多数の点を得ることができ，順にプロットし
ていけば曲線 ALDC ができ上がることになる。

　ただし実際の計算にはもう一工夫必要である。図 4.5 の「ソルバーのパラ
メーター」に同じアドレスを指定して計算を実行させると，新しい計算結果
が古い結果に上書きされる。これでは前の計算結果が消えてしまうので工
夫が必要になる。「ソルバーのパラメーター」に新しい別アドレスを指定す
ればよいと思うかもしれないが，やってみれば分る。このウィンドウは独特
の動き方をするため，この指定を逐一繰り返すのは大変難儀なのである。そ
こで「ソルバーのパラメーター」に指定するアドレスはそのままにしておい
て，計算結果の方をシート上の別の場所にコピペする。ソルバーの実行によ
る直接の計算結果はセル A10 からセル G10 の範囲に出力されるが，このセ
ル範囲 A10:G10 を今の場合，A24:G24 にコピペする。ただしペーストする

ときに「形式を選択して貼り付け」「数値のみ」でペーストしないと，コピペ後の表示が壊れてしまうので注意すること。

　平均として与える適当な数値を，セル H10 に 0.09 から 0.19 まで 0.01 刻みで与えて，都合 11 回ソルバーを実行させ，得られた結果を順次別の場所にコピペしたものが 24 行目から 34 行目までの数字の並びである。これらの F 列が標準偏差 $\sigma(\tilde{R}_P)$, G 列が平均 $E(\tilde{R}_P)$ である。これらのセル範囲をグラフにしたものも掲載してある。曲線 ALDC と似たような絵になっている。刻みが 0.01 と粗いため，グラフは単なる 11 個の点の並びに過ぎないが，与える平均の刻みを 0.002 として 55 個ぐらいの点を計算すれば，点の並びは曲線に見えるようになる。なおその上の 12 行目から 22 行目までの数字の並びは「非負制約なし」の場合の計算結果である。先に述べたように「制約のない変数を非負数にする」のチェックを外して (非負制約を無効化した上で)，前と同じようにして計算したものである。確かに，「非負制約あり」の場合に投資比率ゼロと計算されたものが負の値になっている。ただ，この場合のグラフを見れば一目瞭然であるが，3 資産のケースでは「非負制約あり」と「非負制約なし」の差異はほとんどない。

4.2.4　危険資産が 4 つ以上になると

　以上が 3 資産の場合のポートフォリオである。この程度の作業であれば，気合いを入れて取り組めばすべて手入力で処理しても何とかこなせるであろう。3 資産のケースは，現実的なポートフォリオ構築というより，ソルバーの練習例としての意味合いが強い。現実的なポートフォリオの構築ということになると，危険資産の数が 4 つ以上の場合を検討しておく必要がある。それでは危険資産の数が 4 つ以上になったらどう変化するか。資産数の変更に伴う式表記が変更になるだけで，やっていることの本質は上記した 3 資産の場合と何も変わらない。実は 3 資産以上は，資産の数がどれだけ増えても本質的には同じことをする。ただし作業の手間暇は飛躍的に面倒になる。まずその点を見てみよう。

- 4 資産の場合

$$
\begin{aligned}
1 =& x_1 + x_2 + x_3 + x_4 \\
\mathrm{E}(\tilde{R}_P) =& x_1\mu_1 + x_2\mu_2 + x_3\mu_3 + x_4\mu_4 \\
\sigma(\tilde{R}_P)^2 =& x_1^2\sigma_1^2 + x_2^2\sigma_2^2 + x_3^2\sigma_3^2 + x_4^2\sigma_4^2 \\
& + 2x_1x_2\sigma_{1,2} + 2x_1x_3\sigma_{1,3} + 2x_1x_4\sigma_{1,4} \\
& + 2x_2x_3\sigma_{2,3} + 2x_2x_4\sigma_{2,4} \\
& + 2x_3x_4\sigma_{3,4}
\end{aligned}
$$

- 5 資産の場合

$$
\begin{aligned}
1 =& x_1 + x_2 + x_3 + x_4 + x_5 \\
\mathrm{E}(\tilde{R}_P) =& x_1\mu_1 + x_2\mu_2 + x_3\mu_3 + x_4\mu_4 + x_5\mu_5 \\
\sigma(\tilde{R}_P)^2 =& x_1^2\sigma_1^2 + x_2^2\sigma_2^2 + x_3^2\sigma_3^2 + x_4^2\sigma_4^2 + x_5^2\sigma_5^2 \\
& + 2x_1x_2\sigma_{1,2} + 2x_1x_3\sigma_{1,3} + 2x_1x_4\sigma_{1,4} + 2x_1x_5\sigma_{1,5} \\
& + 2x_2x_3\sigma_{2,3} + 2x_2x_4\sigma_{2,4} + 2x_2x_5\sigma_{2,5} \\
& + 2x_3x_4\sigma_{3,4} + 2x_3x_5\sigma_{3,5} \\
& + 2x_4x_5\sigma_{4,5}
\end{aligned}
$$

- 6 資産の場合

$$
\begin{aligned}
1 =& x_1 + x_2 + x_3 + x_4 + x_5 + x_6 \\
\mathrm{E}(\tilde{R}_P) =& x_1\mu_1 + x_2\mu_2 + x_3\mu_3 + x_4\mu_4 + x_5\mu_5 + x_6\mu_6 \\
\sigma(\tilde{R}_P)^2 =& x_1^2\sigma_1^2 + x_2^2\sigma_2^2 + x_3^2\sigma_3^2 + x_4^2\sigma_4^2 + x_5^2\sigma_5^2 + x_6^2\sigma_6^2 \\
& + 2x_1x_2\sigma_{1,2} + 2x_1x_3\sigma_{1,3} + 2x_1x_4\sigma_{1,4} + 2x_1x_5\sigma_{1,5} + 2x_1x_6\sigma_{1,6} \\
& + 2x_2x_3\sigma_{2,3} + 2x_2x_4\sigma_{2,4} + 2x_2x_5\sigma_{2,5} + 2x_2x_6\sigma_{2,6} \\
& + 2x_3x_4\sigma_{3,4} + 2x_3x_5\sigma_{3,5} + 2x_3x_6\sigma_{3,6} \\
& + 2x_4x_5\sigma_{4,5} + 2x_4x_6\sigma_{4,6} \\
& + 2x_5x_6\sigma_{5,6}
\end{aligned}
$$

4 資産以上の場合について，ポートフォリオ利回りの平均 $\mathrm{E}(\tilde{R}_P)$ と標準偏差 $\sigma(\tilde{R}_P)$ について，結果を形式的に表示する．4 資産から 6 資産の場合の結果を並べてみた．投資比率の式や平均の式は単純であるが，一見複雑そうに

見える分散の式にも，よく見ると一定の「法則性」のあることが分るであろう。この法則性は是非知っておいて欲しい。

　しかしそうであったとしても，これらをどう利用すればよいのか。実際にやってみればよい。例えば 4 資産の場合，計算に必要な分散共分散は 4×4 のセル範囲にその数字を並べることになるが，分散共分散 (今の場合 10 個) の数字を並べるだけでもそれなりに面倒であろう。まだ 10 個ぐらいなら頑張れば何とかなるだろうが，どうしようもないのは分散の式である。この式を入力ミスなしで手で打ち込むのはほとんど至難の業である。ましてや 5 資産・6 資産になってくると，分散共分散の値を並べるだけでもはやお手上げ状態であろう。そこでどうするのかである。

4.3　エクセルマクロを使った計算

　これは VBA(Visual Basic for Applications の略)，通称エクセルマクロを使うしかない。ポートフォリオの計算を行うための VBA プログラムを本書付録 B に収録する。またインターネット上の本書サポートページにこのプログラムを含むエクセルファイル **mk ポートフォリオの計算サンプル**.xlsm を掲載しておく。

　危険資産の数は，(エクセルの制約の範囲内で) いくつでも対応できる。平均や分散共分散の数字を並べたセル範囲を作成し，そしてソルバーの実行に必要な平均の式や分散の式を自動生成する。そこまでやったからにはソルバーを自動的に実行させることができる。最後に計算結果のグラフを表示して，最小分散フロンティアの絵も自動で書いてくれる。以下この VBA プログラムの使い方を説明する。ただしプログラムそのものの説明は，本書の紙幅の関係で割愛せざるを得ない。以下の説明はあくまでも概要だけである。

　マクロを実行させると，図 4.6 のようなウィンドウが出て来るので，[*5] そ

[*5] もちろん，このプログラムの実行は自己責任であることをお願いしたい。筆者のホームページは，https://www.fbc.keio.ac.jp/~tsuji となっている。ところで，そもそもマクロの実行ができない場合は，VBA を利用するための事前準備ができてない可能性が大きい。インターネットで少し調べれば，必要な対処策を見出せるであろう。

図 4.6 マクロの選択

こに表示されている項目 make1_MeanCovTable を選択して「実行」する。この make1_MeanCovTable という名のマクロは，シート data に並んでいる株式銘柄の月次利回りデータを参照し，新しいシート上に平均や分散共分散を必要な形に並べるためのプログラムである。シート data に 10 銘柄の株式データがあれば，この 10 銘柄の利回り平均と分散共分散を並べる。またこのマクロを実行する際，無危険利子率の値を聞かれるので (図 4.8)，適当な数字 (小数の 0.01 など) を入力して欲しい。無危険利子率の値は，図 4.1 の接点ポートフォリオ T を導出するのに必要である。

今, 図 4.7 のようなシート data に 5 銘柄の月次利回りデータがあるとする。先頭 2 行には東証コードと銘柄名が，末尾の 4 行には月次平均と標準偏差およびそれらを年換算した値が記されている。マクロ make1_MeanCovTable を実行した結果，図 4.9 のとおりとなる。MVapp という新しいシートを勝手に作って，そこにフォーカスが移る (そこで作業をする)。シート data の株式データについて，銘柄 1 から銘柄 5 に関する利回りの平均と分散共分散を計算する。なおシート data に並んだ銘柄順に銘柄 1, 銘柄 2, ⋯ とラベルを付ける。シート MVapp のセル A6 からセル E6 の 5 つの横の並びがこの 5 銘柄の利回り平均である。またシート MVapp のセル A7 からセル E11 までの 5×5 の数値並びがこの 5 銘柄の利回りの分散共分散である。さらに実用上とても有益な情報なので，セル J7 からセル N11 までの 5×5 の数値並

	A	B	C	D	E	F
1		5713	4005	7203	8053	9303
2		住友金属鉱山	住友化学	トヨタ自動車	住友商事	住友倉庫
3	1998/01	0.1488372	0.3333333	-0.0534759	0.1808219	0.1244635
4	1998/02	0.1113360	-0.0225000	-0.0141243	0.0185615	0.0572519
5	1998/03	-0.0473588	-0.0051151	0.0209169	-0.0079727	0.0288809
6	1998/04	0.0538462	-0.0885417	-0.0281690	-0.1234141	-0.0388007
7	1998/05	0.0729927	0.0657143	-0.0057971	-0.0355263	-0.0128440
233	2017/03	0.0185778	0.0047923	-0.0334643	0.0086093	-0.0424383
234	2017/04	-0.0454545	0.0112540	-0.0011586	-0.0060080	0.1045752
235	2017/05	-0.1097884	-0.0810811	-0.0170671	-0.0510410	0.0665680
236	2017/06	0.1151560	0.1176471	-0.0065745	0.0346780	-0.0124827
237	2017/07	0.1119254	0.0030960	0.0578653	0.0205198	-0.0070225
238	2017/08	0.1354104	0.0169753	-0.0081809	0.0435657	0.0254597
239	2017/09	-0.0419525	0.0819423	0.1014071	0.0578035	0.0413793
240	2017/10	0.2329828	0.1294452	0.0417288	0.0092650	0.0388220
241	2017/11	-0.0226661	-0.0151134	0.0077253	0.0673195	0.0257732
242	2017/12	0.1889782	0.0358056	0.0239920	0.0980505	0.0251256
243	月次平均	0.0159346	0.0107941	0.0070818	0.0096872	0.0070977
244	標準偏差	0.1199104	0.1005938	0.0768624	0.0849082	0.0797404
245	年次平均	0.1912153	0.1295287	0.0849814	0.1162460	0.0851729
246	標準偏差	0.4153819	0.3484672	0.2662593	0.2941306	0.2762288
247						

図 4.7　シート data の例

図 4.8　無危険利子率の入力

びに各銘柄間の利回り相関係数も計算しておく。

　分散共分散と相関係数の並びの中間に「最小値」「最大値」とあるのは，利回り平均が最小のものと最大のものとを表示している。これは後でソルバーを実行するとき，適当に与える平均の数値を決めるのに使う。というのも，最小値以下あるいは最大値以上の数値を与えると，上手く計算できないことがあるからである。もう一点注意すべき点は，ファイル名 (ブックの名前) がこのマクロを実行することによって，mk ポートフォリオの計算サンプル.xlsm からポートフォリオの計算サンプル.xlsm に変更される。これは

	A	B	C	D	E	F	G	H	I	J	K	L	M	N
1	データ個数	240												
2	銘柄の数	5												
3	無危険利子率	0.01												
4	<平均・分散共分散>													
5	銘柄1	銘柄2	銘柄3	銘柄4	銘柄5		最小値	最大値	<相関係数>					
6	0.19121533	0.12952869	0.08498143	0.11624596	0.08517288	-平均	0.0849814	0.1912153		銘柄1	銘柄2	銘柄3	銘柄4	銘柄5
7	0.17182322	0.06088129	0.03334258	0.05773684	0.02414919	-共分散			銘柄1	1	0.4223648	0.3027333	0.4745464	0.2113487
8	0.06088129	0.12092341	0.04171801	0.05456643	0.03237054				銘柄2	0.4223648	1	0.4515131	0.5346098	0.3377012
9	0.03334258	0.04171801	0.07059862	0.02691657	0.01628554				銘柄3	0.3027333	0.4515131	1	0.3451343	0.2223524
10	0.05773684	0.05456643	0.02691657	0.08615231	0.02896545				銘柄4	0.4745464	0.5346098	0.3451343	1	0.3580013
11	0.02414919	0.03237054	0.01628554	0.02896545	0.0759844				銘柄5	0.2113487	0.3377012	0.2223524	0.3580013	1

図 4.9　マクロ make1_MeanCovTable の実行直後

	A	B	C	D	E	F	G	H	I	J	K	L
1	データ個数	240										
2	銘柄の数	5										
3	無危険利子率	0.01										
4	<平均・分散共分散>											
5	銘柄1	銘柄2	銘柄3	銘柄4	銘柄5		最小値	最大値	<相関係数>			
6	0.19121533	0.12952869	0.08498143	0.11624596	0.08517288	-平均	0.0849814	0.1912153	銘柄1			
7	0.17182322	0.06088129	0.03334258	0.05773684	0.02414919	-共分散	0.0382431	0.0139173	銘柄1	1	0.4223648	0.3027
8	0.06088129	0.12092341	0.04171801	0.05456643	0.03237054		0.0259057	0.0124184	銘柄2	0.4223648	1	0.4515
9	0.03334258	0.04171801	0.07059862	0.02691657	0.01628554		0.0169963	0.0075545	銘柄3	0.3027333	0.4515131	
10	0.05773684	0.05456643	0.02691657	0.08615231	0.02896545		0.0232492	0.0101735	銘柄4	0.4745464	0.5346098	0.3451
11	0.02414919	0.03237054	0.01628554	0.02896545	0.0759844		0.0170346	0.0071102	銘柄5	0.2113487	0.3377012	0.2223
12	<ウエイト>			1 =合計(制約値)			ウエイト	分散の式	標準偏差	平均の式	平均の制約値	
13	0.2	0.2	0.2	0.2	0.2		1	0.0511739	0.2262164	0.1214289		
14												

図 4.10　マクロ make2_preSolver の実行直後

元のファイルを上書きしないため (そのまま残しておくため) にわざわざそうしている。以上がマクロ make1_MeanCovTable の処理内容である。

　平均と分散共分散は揃ったので，次はポートフォリオ利回りの平均と分散を計算するための式の入力である。これが「マクロの選択」のウィンドウにある 2 番目のマクロ make2_preSolver である。これを選択して実行した結果が図 4.10 である。12 行目と 13 行目が新たに追加され，投資比率の合計の式がセル F13 に，分散の式がセル G13 に，平均の式がセル I13 にそれぞれ記述される。また「最小値」と「最大値」とある列の下側セルにも数値が追記されるが，これらは平均や分散を計算するための一時的な記憶域であるから無視して欲しい。[6] このマクロ make2_preSolver から別のマクロ

---

[6] このエクセルマクロが対応できる銘柄数の上限は，分散の式に書き込める文字数で決まってくる。銘柄数が増えると分散の式は飛躍的に長くなる (文字数は増える) が，一つのセルに書き込める文字数にはエクセルの上限がある。この上限は 32bit 版も 64bit 版も

#	A	B	C	D	E	F	G	H	I	J	K	L
1	データ個数	240										
2	銘柄の数	5										
3	無危険利子率	0.01										
4	<平均・分散共分散>											
5	銘柄1	銘柄2	銘柄3	銘柄4	銘柄5		最小値	最大値	<相関係数>	銘柄1	銘柄2	銘柄3
6	0.19121533	0.12952869	0.08498143	0.11624596	0.08517288	←平均	0.0849814	0.1912153				
7	0.17182322	0.06088129	0.03334258	0.05773684	0.02414919	←分散	0.2091288	0.2172807	銘柄1	1	0.4223648	0.3027
8	0.06088129	0.12092341	0.04171801	0.05456643	0.03237054		0.0525343	0.0392863	銘柄2	0.4223648	1	0.4515
9	0.03334258	0.04171801	0.07059862	0.02691657	0.01628554		-0.035235	-0.00968	銘柄3	0.3027333	0.4515131	
10	0.05773684	0.05456643	0.02691657	0.08615231	0.02896545		0.0066634	0.0042958	銘柄4	0.4745464	0.5346098	0.3451
11	0.02414919	0.03237054	0.01628554	0.02896545	0.0759844		-0.012091	-0.003359	銘柄5	0.2113487	0.3377012	0.2223
12	<ウエイト>					ウエイト	分散の式	標準偏差			平均の式	平均の制約値
13	1.09368213	0.40558077	-0.4146212	0.05732154	-0.1419632	1 ←合計(制約値)	0.2478243	0.4978195			0.221	0.221
14												
15	非負制約あり										シャープ値	
16	0	-1E-08	0.90306321	0	0.0969368	1	0.0611401	0.2472652	0.085	0.085	0.303318	
17	0	0	0.49300765	0.06138331	0.44515403	1	0.0429302	0.2071961	0.087	0.087	0.3716287	
18	0	0	0.46030435	0.1260012	0.41369445	1	0.0416748	0.204144	0.089	0.089	0.3869818	
19	0	0	0.42760104	0.1901641	0.38223486	1	0.0410373	0.2025766	0.091	0.091	0.3998487	
20	0.01647205	0	0.4134971	0.1882277	0.37180308	1	0.0408234	0.202048	0.093	0.093	0.4107936	
21	0.03525943	0	0.40200757	0.19840608	0.36432692	1	0.0407254	0.2018053	0.095	0.095	0.4211981	
22	0.05404674	0	0.39051798	0.19858461	0.35685067	1	0.0407394	0.2018401	0.097	0.097	0.4310342	
23	0.07283408	0	0.37902837	0.19876308	0.34937448	1	0.0408656	0.2021524	0.099	0.099	0.4402619	
24	0.0901443	0.0047861	0.36644374	0.19714403	0.34148184	1	0.041102	0.2027364	0.101	0.101	0.4488568	
25	0.10686995	0.01146598	0.35342602	0.19481363	0.33342442	1	0.041444	0.2035779	0.103	0.103	0.4568276	
26	0.12359548	0.01814587	0.34040835	0.19248329	0.32536701	1	0.0418911	0.2046731	0.105	0.105	0.4641547	
27	0.14032112	0.02482578	0.32739059	0.19015289	0.31730962	1	0.0424434	0.206018	0.107	0.107	0.4708327	
28	0.15704683	0.03150573	0.31437278	0.1878225	0.30925215	1	0.0431009	0.2076077	0.109	0.109	0.476861	
29	0.17377245	0.03818563	0.30135503	0.18549218	0.3011947	1	0.0438637	0.2094366	0.111	0.111	0.4822462	
30	0.19049809	0.04486555	0.28833728	0.18316178	0.29313729	1	0.0447316	0.2114985	0.113	0.113	0.4870011	
31	0.20722371	0.05154546	0.27531953	0.18083142	0.28507987	1	0.0457047	0.2137867	0.115	0.115	0.4911438	
32	0.22394934	0.05822539	0.26230179	0.17850103	0.27702245	1	0.0467831	0.2163069	0.117	0.117	0.4946971	

図 4.11　マクロ make3_solver_cntl の実行直後

make_equations(N,pos) を呼び出し，そのマクロの中で投資比率，平均，分散の式をそれぞれ生成する。ここの N は銘柄数，pos は式の出力位置 (シートの行番号) を意味する変数である。

make_equations というマクロの中では，例えば平均なら，「$+x_i\mu_i$」を $i = 1,\cdots,N$ について N 回累積させれば，結果は $x_1\mu_1 + \cdots + x_N\mu_N$ となってポートフォリオ利回りの平均の式ができ上がる。分散なら「$+x_i x_j \sigma_{i,j}$」を $i = 1,\cdots,N$ と $j = 1,\cdots,N$ について $N \times N$ 回累積させればよい。ここの x_i や μ_i，$\sigma_{i,j}$ に該当するセルのアドレスを指し示した式を生成させ，その式をシート MVapp のセルに書き込む。

これでソルバーを実行する準備は整った。いよいよソルバーの実行であ

同じようである。できる限り多くの銘柄数に対応するために，ここでは分散の式を分割して計算している。その計算結果が「最小値」「最大値」の下側セルにストックされる。

	A	B	C	D	E	F	G	H	I	J	K	L
1	データ個数	240										
2	銘柄の数	5										
3	無危険利子率	0.01										
4	<平均・分散共分散>											
5	銘柄1	銘柄2	銘柄3	銘柄4	銘柄5		最小値	最大値	<相関係数>			
6	0.19121533	0.12952869	0.08498143	0.11624596	0.08517288	←平均	0.0849814	0.1912153		銘柄1	銘柄2	銘柄3
7	0.17182322	0.06088129	0.03334258	0.05773684	0.02414919	←共分散	0.2091288	0.2172807	銘柄1	1	0.4223648	0.302
8	0.06088129	0.12092341	0.04171801	0.05456643	0.03237054		0.0525343	0.0392863	銘柄2	0.4223648	1	0.451
9	0.03334258	0.04171801	0.07059862	0.02691657	0.01628554		-0.035235	-0.00968	銘柄3	0.3027333	0.4515131	
10	0.05773684	0.05456643	0.02691657	0.08615231	0.02896545		0.0066634	0.0042958	銘柄4	0.4745464	0.5346098	0.345
11	0.02414919	0.03237054	0.01628554	0.02896545	0.0759844		-0.012091	-0.003359	銘柄5	0.2113487	0.3377012	0.222
12	<ウエイト>		1=合計(制約値)				ウエイト#分散の式	標準偏差	平均の式	平均の制約値		
13	1.09368213	0.40558077	-0.4146212	0.05732154	-0.1419632	1	0.2478243	0.4978195	0.221	0.221		
14												
15	非負制約あり										シャープ値	
16	0	-1E-08	0.903							0.085	0.303318	
17	0		0.493							0.087	0.3716287	
18	0		0.460							0.089	0.3869818	
19	0		0.427							0.091	0.3998487	
20	0.01647205	0	0.41							0.093	0.4107936	
21	0.03525943	0	0.402							0.095	0.4211981	
22	0.05404674	0	0.390							0.097	0.4310342	
23	0.07283408	0	0.379							0.099	0.4402619	
24	0.0901443	0.0047861	0.366							0.101	0.4488588	
25	0.10686995	0.01146598	0.353							0.103	0.4568276	
26	0.12359548	0.01814587	0.340							0.105	0.4641547	
27	0.14032112	0.02482578	0.327							0.107	0.4708327	
28	0.15704683	0.03150573	0.314							0.109	0.476861	
29	0.17377245	0.03818563	0.303							0.111	0.4822462	
30	0.19049809	0.04486555	0.288							0.113	0.4870011	
31	0.20722371	0.05154546	0.275							0.115	0.4911438	
32	0.22394934	0.05822539	0.262							0.117	0.4946971	
33	0.24067498	0.0649053	0.24928403	0.17617062	0.26896507	1	0.0479666	0.2190128	0.119		0.4976877	
34	0.25740053	0.07158518	0.23626634	0.17384024	0.2609077	1	0.0492554	0.2219355	0.121	0.121	0.5001454	
35	0.27412624	0.07826512	0.22324853	0.1715099	0.25285022	1	0.0506493	0.225054	0.123	0.123	0.5021017	
36	0.29085187	0.08494502	0.21023078	0.16917953	0.2447928	1	0.0521484	0.2283603	0.125	0.125	0.5035901	
37	0.3075775	0.09162493	0.19721302	0.16684917	0.23673538	1	0.0537528	0.2318465	0.127	0.127	0.5046443	
38	0.32430313	0.09830488	0.1841953	0.16451874	0.22867796	1	0.0554623	0.2355044	0.129	0.129	0.5052983	
39	0.34102876	0.10498478	0.17117753	0.16218838	0.22062055	1	0.0572771	0.2393263	0.131	0.131	0.5055959	
40	0.35775439	0.11166467	0.15815978	0.15985804	0.21256312	1	0.059197	0.2433044	0.133	0.133	0.5055395	
41	0.37448002	0.11834461	0.14514204	0.15752763	0.2045057	1	0.0612222	0.2474312	0.135	0.135	0.505191	
42	0.39120565	0.12502451	0.13212428	0.15519726	0.1964483	1	0.0633525	0.2516993	0.137	0.137	0.5045703	
43	0.4079312	0.13170439	0.11910659	0.15286687	0.18839094	1	0.0655881	0.2561017	0.139	0.139	0.5037062	

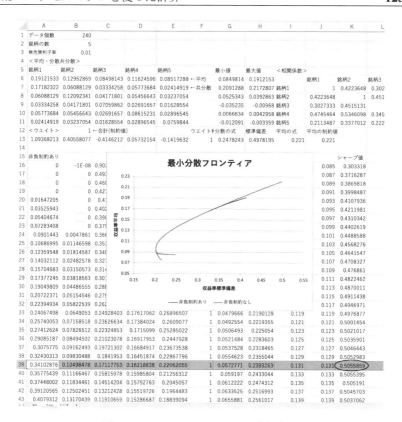

図 4.12　マクロ make4_chart の実行直後

　る。これは「マクロ選択」のウィンドウから 3 行目の make3_solver_cntl を選択して実行する。このマクロでは,「非負制約あり」と「非負制約なし」の両方を計算する。この例の計算時間は約 1 分である。その結果が図 4.11 である。この図では「非負制約あり」の結果が示されているが,この下に「非負制約なし」の場合の結果も記されている。この H 列が標準偏差,I 列が平均である。
　これらの数値を使って最小分散フロンティアを描いてみたい。グラフを自動的に生成するマクロが make4_chart である。「マクロの選択」ウィンドウ

からこれを実行させると，最小分散フロンティアのグラフを描く。図 4.12
にあるとおりである。

4.4　安全資産を含めた有効フロンティア

　$\mu_R - \sigma_R$ 平面上で危険資産の最小分散フロンティアが導出できたので，次
の段階として，図 4.1 で示した安全資産を含む有効フロンティアの接線 $R_F\mathrm{T}$
の導出を考えよう。4.1 節で概説したように，これは安全資産と危険資産を
組合せてできるポートフォリオの利回り平均と標準偏差の機会軌跡である
が，ここではもう少し詳しい検討を与えよう。

　全体の富に対する安全資産の投資比率を w_F で，危険資産の投資比率を
$1 - w_F$ で表す。安全資産の利回りは無危険利子率の R_F であり，危険資産の
利回りは $\tilde{R}_R$ で表し，その平均を $\mathrm{E}(\tilde{R}_R)$, 標準偏差を $\sigma(\tilde{R}_R)$ とする。この投資
比率で構成されるポートフォリオの利回り $\tilde{R}_P$ は，$\tilde{R}_P = w_F R_F + (1 - w_F)\tilde{R}_R$
と書けるから，平均 $\mathrm{E}(\tilde{R}_P)$ は次のとおりである。

$$\mathrm{E}(\tilde{R}_P) = w_F R_F + (1 - w_F)\,\mathrm{E}(\tilde{R}_R) \tag{4.1}$$

　安全資産の場合，その標準偏差はゼロで，他資産との共分散もゼロであ
るから，ポートフォリオの利回り標準偏差 $\sigma(\tilde{R}_P)$ は次のような簡単な式に
なる。

$$\sigma(\tilde{R}_P) = |1 - w_F|\sigma(\tilde{R}_R) = \begin{cases} (1 - w_F)\sigma(\tilde{R}_R) & (1 \geqq w_F \text{ のとき}) \\ -(1 - w_F)\sigma(\tilde{R}_R) & (w_F > 1 \text{ のとき}) \end{cases} \tag{4.2}$$

標準偏差が負値になるのを避けるため，$1 - w_F$ のところには絶対値が付
される。今，安全資産の投資比率 w_F を 1 以下に限定しているのである
なら，$\sigma(\tilde{R}_P) = (1 - w_F)\sigma(\tilde{R}_R)$ とすればよいが，w_F が 1 を超えるなら，
$\sigma(\tilde{R}_P) = -(1 - w_F)\sigma(\tilde{R}_R)$ でなければならない。安全資産と危険資産を組合
せる機会軌跡は，(4.1) 式と (4.2) 式から w_F を消去して $\mathrm{E}(\tilde{R}_P)$ と $\sigma(\tilde{R}_P)$ の関
係式を求めればよいが，これは w_F の値に依存して 2 本の直線から構成され

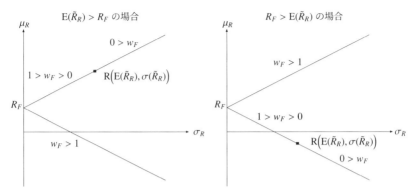

図 4.13　安全資産と危険資産を組合せたポートフォリオ

る。この機会軌跡を導出すると，次のとおりである。

$$\mathrm{E}(\tilde{R}_P) = \begin{cases} R_F + \frac{\mathrm{E}(\tilde{R}_R) - R_F}{\sigma(\tilde{R}_R)} \sigma(\tilde{R}_P) & (1 \geqq w_F \ \text{のとき}) \\ R_F - \frac{\mathrm{E}(\tilde{R}_R) - R_F}{\sigma(\tilde{R}_R)} \sigma(\tilde{R}_P) & (w_F > 1 \ \text{のとき}) \end{cases}$$

安全資産と危険資産を組合せる場合の機会軌跡は，縦軸上の点 R_F を共通の切片とする，傾きが正負対称の 2 本の直線になることが分る。これを描いたのが図 4.13 である。

　任意の危険資産 R の $\mathrm{E}(\tilde{R}_R)$ と $\sigma(\tilde{R}_R)$ を $\mu_R - \sigma_R$ 平面上にプロットしたのが図 4.13 の点 R である。縦軸上の点 R_F は安全資産である。左図は $\mathrm{E}(\tilde{R}_R) > R_F$ の場合を，右図は $R_F > \mathrm{E}(\tilde{R}_R)$ の場合を描いている。どちらの場合であっても，点 R と点 R_F とを結んだ直線は $1 \geqq w_F$ であることを前提にした機会軌跡で，$1 > w_F > 0$ を満たす w_F のポートフォリオは，直線上の点 R と点 R_F の中間に位置し，安全資産と危険資産とがそれぞれ正の投資比率で組合されている。縦軸上の点 R_F はすべてを安全資産で保有するから $w_F = 1$ の点に相当し，点 R はすべてを危険資産 R で保有するので $w_F = 0$ の点である。この直線の点 R より右側は $w_F < 0$ のポートフォリオである。安全資産の投資比率が負とは借入を意味するので，$w_F < 0$ とは，自己資金に借入を加えた金額すべてを危険資産に投資するポートフォリオである。他方，傾きが正負逆になるもう一方の直線は，$w_F > 1$ となる w_F の値におけ

る機会軌跡である。$w_F > 1$ のポートフォリオとは，自己資金だけではなく，自己資金に危険資産を空売りした売却代金を併せた金額すべてを安全資産の購入に当てる。

　今，$E(\tilde{R}_R) > R_F$ であるならば，点 R と点 R_F を結ぶ直線は正の傾きであり，これが $1 \geqq w_F$ の場合の機会軌跡となる。$w_F > 1$ の機会軌跡は負の傾きの直線である。逆に $R_F > E(\tilde{R}_R)$ であれば，点 R と点 R_F を結んで描かれる $1 \geqq w_F$ の機会軌跡は負の傾きになり，このときは正の傾きの直線が $w_F > 1$ を表す機会軌跡となる。このように，危険資産の利回り平均と無危険利子率との大小で，投資比率とそれぞれの直線の位置関係が逆になることを注意して欲しい。

　さて安全資産と危険資産を組合せたときに生成される投資機会の特徴が分ったので，次に安全資産を含める場合の有効フロンティアについて考えよう。有効フロンティアとは，できる限り左上方の投資機会のことであった。もう少し厳密にいうと，同じ利回り平均であれば最小の標準偏差を提供する投資機会，あるいは同じ利回り標準偏差であれば最大の平均を提供する投資機会である。危険資産だけから作られる最小分散フロンティアの曲線 ALD 上のポートフォリオを危険資産の選択対象としよう。図 4.14 の左図のように，曲線 ALD の利回り平均は R_F を超えているものとする。曲線 ALD の最も左側を点 D とし，点 D は大域的最小分散 global minimum variance(略して gmv) と称される。文字どおり，危険資産だけからポートフォリオを構成するとき，平均の値にかかわらず標準偏差が最小となるポートフォリオである。この点 D の利回り平均を $E(\tilde{R}_{gmv})$ と記す。危険資産を曲線 ALD 上のポートフォリオから選び，その危険資産と安全資産を結ぶ機会軌跡が正の傾きの直線となるのは $E(\tilde{R}_{gmv}) > R_F$ のときである。この条件を満たすのが図 4.14 の左図である。

　$E(\tilde{R}_{gmv}) > R_F$ のとき，曲線 ALD 上のポートフォリオの中で，安全資産と組合せてできる機会軌跡が最も左上方に位置するものはどれか。いうまでもなく，それは点 R_F から曲線 ALD への接線である。この接線上にある接点 T のポートフォリオを危険資産として選択し，これを安全資産と組合せる機会軌跡の直線が最も左上方に位置する。従って安全資産と危険資産とから構

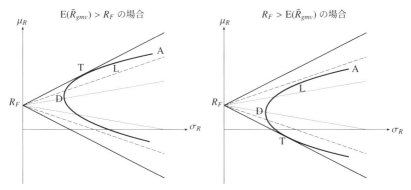

図 4.14　安全資産を含む有効フロンティア

成される有効フロンティアは，点 R_F から曲線 ALD への接線 R_FT である。この接線 R_FT は正の傾きの直線であるから，有効フロンティアは，安全資産の投資比率が $1 \geqq w_F$ であることを意味する。他方 $w_F > 1$ の投資機会は負の傾きの直線であるから，この直線上のポートフォリオは有効ではない。この直線上のポートフォリオと比較し，同じ標準偏差で，より高い平均を持つポートフォリオが接線 F_RT 上に存在するからである。普通，この負の傾きの直線は記載を省略されることが多い。前の図 4.1 でも負の傾きの直線を記載してない。

　逆に $R_F > \mathrm{E}(\tilde{R}_{gmv})$ の場合の有効フロンティアはどう考えればよいか。曲線 ALD には非有効な部分として捨てられた下側の曲線も存在する。$R_F > \mathrm{E}(\tilde{R}_{gmv})$ のとき，点 R_F から曲線 ALD の下側の非有効領域の曲線に接線が引かれる。これが図 4.14 の右側の図である。接点 T は下側の曲線に存在する。接点 T の利回り平均は無危険利子率 R_F よりも小さく，この接点 T を危険資産として選び，これを安全資産と組合せると，接線の方は負の傾きの直線となる。危険資産と安全資産の組合せは 2 本の直線から成る機会軌跡を描くことができ，同じ絶対値で正の傾きの直線も存在する。今の場合，この正の傾きを持つ直線の方が有効フロンティアになる。

　すなわち，$R_F > \mathrm{E}(\tilde{R}_{gmv})$ のときは，危険資産として選択されるポートフォ

リオは非有効であるが，その非有効なポートフォリオを空売りして安全資産への投資比率を $w_F > 1$ とすることで，正の傾きの直線を有効フロンティアとして作り出すことができる。$w_F > 1$ のときの正の傾きの直線は，R_F よりも小さな利回り平均の危険資産次第で無数に存在するが，それらの中でどれが最も左上方に位置し得るか。それは点 R_F から曲線 ALD の下側部分への接点を危険資産として選択するときであろう。従って，$R_F > \mathrm{E}(\tilde{R}_{gmv})$ のときは，非有効な接点ポートフォリオを空売りすることで生成される $w_F > 1$ の機会軌跡の直線が有効フロンティアとなる。この有効フロンティアと投資家の無差別曲線の接するところが最適ポートフォリオである。

　このように安全資産と危険資産から形成される機会軌跡を詳しく検討すると，単なる直線という単純な話を飛び越えて，ポートフォリオの空売りという少なからず技巧的な話となってしまう。特に $R_F > \mathrm{E}(\tilde{R}_{gmv})$ のときは，危険資産の接点ポートフォリオ T を空売りすることになるので，曲線 ALD の形成に際し非負制約を追加することはできない。もし曲線 ALD を形成するのに非負制約を追加して計算した場合，$R_F > \mathrm{E}(\tilde{R}_{gmv})$ となってしまうときは，(危険資産の空売りは不可能で) 正の傾きの直線を作ることができないので，有効フロンティアは存在しないと考えるのが妥当であろう。

4.5　ポートフォリオ理論を使って

　安全資産を含めた場合の有効フロンティアを議論したので，次は，実際にどうやって接線 R_FT を求めるかを考えよう。なお以下の議論は，$\mathrm{E}(\tilde{R}_{gmv}) > R_F$ であることを前提とする。接線 R_FT が正の傾きの直線である場合の話である。

　前の図 4.12 はエクセルマクロの結果であり，その中でシャープ値 (シャープ比率とも称される) という数字の並びがシートの K 列にある。任意の危険資産の利回り平均を $\mathrm{E}(\tilde{R}_R)$，その標準偏差を $\sigma(\tilde{R}_R)$ とすると，$\mu_R - \sigma_R$ 平面上の点 $(\mathrm{E}(\tilde{R}_R), \sigma(\tilde{R}_R))$ と縦軸上の点 R_F を結ぶ直線の傾きがシャープ値で

ある。

$$シャープ値 = \frac{E(\tilde{R}_R) - R_F}{\sigma(\tilde{R}_R)}$$

最小分散フロンティアの曲線 ALD 上の点を危険資産として選択し，そのと
きのシャープ値を計算する。曲線 ALD 上の点に応じて様々なシャープ値が
算出されるであろうが，シャープ値が最大になる直線が，縦軸上の点 R_F か
ら曲線 ALD 上への接線とみなされる。シャープ値が最大となるときが安全
資産と危険資産を組合せた有効フロンティアであり，そのときの危険資産
ポートフォリオが，接点ポートフォリオ T に他ならない。このようにして危
険資産の最適ポートフォリオが求められる。

　図 4.12 の数値を見ると，丸印で示した箇所で確かにシャープ値は最大と
なっていて，そのときの危険資産の組合せが接点ポートフォリオ T である。
図 4.12 では，接点ポートフォリオの利回り平均は 0.131，標準偏差は 0.2393
であることが分り，この接点ポートフォリオを作る方法は，各銘柄の投資比
率が銘柄 1 で 0.3410，銘柄 2 で 0.1050，銘柄 3 で 0.1712，銘柄 4 で 0.1622，
銘柄 5 で 0.2206 となるよう売買することである。なおこの投資比率とは，
前でも述べたとおり，危険資産全体の投資金額に対する，各銘柄の投資金額
の比率のことである。以上の計算が危険資産の最適ポートフォリオの構成方
法である。

　接点ポートフォリオが危険資産の最適なポートフォリオであり，それを構
成するのに必要な，各銘柄の投資比率の数値を計算することができた。図
4.12 の 5 銘柄の例では，銘柄 1 は住友金属鉱山，銘柄 2 は住友化学，銘柄 3
はトヨタ自動車，銘柄 4 は住友商事，銘柄 5 は住友倉庫である。それでは，
最適なポートフォリオを保有するのに，これらの株式銘柄をどのように購入
したら，上記の投資比率を達成することになるか。その計算を表 4.1 にまと
めておこう。

　今，危険資産への購入額が合計 1 億円であるとしよう。もし現実的な実
効性を一切無視するなら，1 億円という金額から接点ポートフォリオ T を
作成する方法は簡単明瞭である。1 億円に上記投資比率を乗じて得る投資金
額だけ各銘柄の株式を購入すればよい。表 4.1 には時系列データの最終時点

表 4.1 接点ポートフォリオの構成方法

	銘柄 1 住友金属鉱山	銘柄 2 住友化学	銘柄 3 トヨタ自動車	銘柄 4 住友商事	銘柄 5 住友倉庫
株価	5178	810	7213	1915	816
投資比率	0.34102876	0.10498478	0.17117753	0.16218838	0.22062055
投資金額	34,102,876	10,498,478	17,117,753	16,218,838	22,062,055
株式数	6586.1110	12961.084	2373.1808	8469.3673	27036.832
購入株式数	6500	12900	2300	8400	27000
購入金額	33,657,000	10,449,000	16,589,900	16,086,000	22,032,000
購入比率	0.340620	0.105744	0.167890	0.162791	0.222965

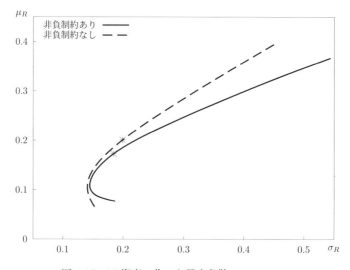

図 4.15 15 資産で作った最小分散フロンティア

2017 年 12 月末における各銘柄の株価も列挙している。投資金額をこの株価で割れば，この時点で購入すべき株式数を知ることができ，これを実際に市場で購入すれば，最適ポートフォリオを構築することになる。原則はそうなのであるが，これはあくまでも「現実的な実効性を無視するなら」という条件付きの話である。それではこの「現実的な実効性」とは何か。それは株式取引の際の最小単位の問題である。

　表 4.1 の株式数は投資金額を株価で除した値で，例えば銘柄 1 ならば 6586.111 株を購入するかのごとく記しているが，もちろん 1 株未満の株式を購入することは不可能である。現実には上場株式の「単元株制度」があり，単元株数未満の株式売買をすることは不可能である。この例で採用された銘柄の単元株はすべて 100 株である。1 株未満どころか 100 株未満の株式でも，実際に購入することは不可能なのである。そこで単元株数未満を切り捨てた株式数を，表 4.1 では「購入株式数」として記しておく。当然のこと，これに株価を乗じた値の「購入金額」は，当初の「投資金額」よりも若干小さな値となる。ここの例の 5 銘柄を合計すると，その値は 1 億円よりも小さな 98,813,900 円となってしまう。この 98 百万円ちょっとの金額に対し，各銘柄の購入金額の比率を再計算したのが表 4.1 の「購入比率」である。この購入比率の値は，当初の投資比率と似たような値ではあろうが，微妙な差異も必ず存在する。これらの差異が現実の世界でどれぐらいの影響度を持つのか，その評価は結構悩ましい。というのは，次に述べるような別の問題があるからである。それが事後的パフォーマンスの差異である。投資比率では似たようなポートフォリオであったとしても，ポートフォリオの事後的パフォーマンスは大きく異なり得ることが分っている。[*7]

　図 4.12 のように，5 銘柄でポートフォリオを作った場合，非負制約ありと非負制約なしの間でほとんど差異が認められなかった。負値の投資比率を持つポートフォリオは，利回り平均が低いエリアと高いエリアの両端に数例見られるだけである。その結果，非負制約ありの場合と非負制約なしの場合とで，最小分散フロンティアの絵はほとんどで重なっている。それでは銘柄の数を増やし，15 銘柄でポートフォリオを作成するとどうなるか。15 銘柄に増えると，最小分散フロンティアは図 4.15 のようになる。非負制約ありと非負制約なしでハッキリと差異が現れる。ただ，絵としては確かに異なるのであるが，最適ポートフォリオということになると，実はそれほど大きな差はないのかもしれない。原点付近からの接線 (シャープ値最大) を考えると，接点はほとんど似たような場所になるからである。図 4.15 の米印は接

[*7] これについての詳細は，辻 (2021) および辻 (2023b) を参照願いたい。

点ポートフォリオ T を表している (有効フロンティアの接線は記載省略)。後
の表 4.4 にあるように，これら 2 つの接点ポートフォリオの事後的パフォー
マンスは大きく異なっている。

4.6　ポートフォリオの事後的パフォーマンス

　それではポートフォリオの事後的パフォーマンスとはどのように計測さ
れ，実際どれぐらいの大きさなのか。ポートフォリオ理論では事前に最適な
はずの接点ポートフォリオは，事後的にも最善なポートフォリオといえるの
かどうか。

4.6.1　事後的パフォーマンスの計測方法

　任意の時点 τ でポートフォリオを構築するとしよう。τ 時点において
は，それよりも過去の時点のデータから株式銘柄の利回り平均と標準偏
差および銘柄間の共分散が推定され，それを用いて計算される投資比率
$\mathbf{x}' = (x_1, \cdots, x_N)$ が既知であるとする。N は危険資産の銘柄数を表し，N 次
元ベクトル $\mathbf{x}$ の各要素は，全危険資産の合計残高に対する各危険資産への
投資金額の比率である。τ 時点で $\mathbf{x}$ を投資比率とするポートフォリオを構築
し，その後の時間経過で，構成銘柄の株価が変化する，あるいは配当金を受
取ることにより，このポートフォリオの時価は刻々と変化していく。例えば
ポートフォリオ構築後の 1 年間を対象にして，この期間のポートフォリオの
利回りはどうやって計算すればよいか。これがここでいうポートフォリオの
事後的パフォーマンスの問題である。

　当然のこと，構築後の保有形態の違いでポートフォリオ利回りの計算方法
は異なるものになる。[*8] ここで想定する保有形態は 2 種類あって，一つはリ
バランス，もう一つは継続保有 buy and hold を考える。これら保有形態を前
提にした，構築後のポートフォリオ利回りをどうやって計算すればよいか。

[*8] 第 2 章では様々な株式利回りを検討したが，それをさらに発展させた話がここの議論で
ある。この節を読む前に 2.7 節を参照いただきたい。

今，構築後，T 月間の保有を考えよう。ポートフォリオを構築する τ 時点以降，$\tau+1$ 時点，$\cdots$，$\tau+T$ 時点の T か月の間，ポートフォリオを保有する。ここの 1 時点とは 1 か月の月次データを想定して欲しい。時間が経過すると，株価の変化等で各銘柄の比率は元の $\mathbf{x}$ から変化する。各銘柄の投資比率を $\mathbf{x}$ に戻すため，適宜銘柄を各時点で売買するのが「リバランス」である。前の時点から投資比率の下った銘柄は買うことで，投資比率の上った銘柄は売ることで，各時点の投資比率を $\mathbf{x}$ に復帰させる。構築時の τ 時点と，その後 $\tau+1$ 時点から $\tau+T-1$ 時点まで $T-1$ 回のリバランスで，合計 T 回の売買を繰り返し，$\tau+T$ 時点に取引を終了する。その間に得る配当金およびキャピタルゲイン・ロスとからポートフォリオ利回りを計算する。$\tau+1$ 時点から $\tau+T$ 時点に至る T 個の時点それぞれで利回りを計算できる。

　対してここでいう「継続保有」とは buy and hold のことであるが，適切な訳語が思いつかないので継続保有と称しよう。意味はその言葉どおり，ポートフォリオ構築後，T 月間が経過するまで一切の途中売買をせずに，$\tau+T$ 時点でポートフォリオを売却して終了する。キャピタルゲイン・ロスが実現するのは $\tau+T$ 時点であるが，$\tau+1$ 時点から $\tau+T$ 時点に至る各時点において，受取った配当金とその時点の時価とから利回りを T 個求めることが可能である。この点はリバランスの場合と同様であり，これら T 個の利回りから計算される平均と標準偏差が，ポートフォリオの事後的パフォーマンスを計測する尺度となり得る。

　まずリバランスの場合の計算過程を，エクセル等で計算が容易になることをイメージして作ったのが表 4.2 である。この表の左領域には，$\tau+1$ 時点から $\tau+T$ 時点までの各時点における，第 1 銘柄から第 N 銘柄までの各銘柄の月次利回り $r_{i,\tau+t}$ が並べられている。ただし $i=1,\cdots,N$ と $t=1,\cdots,T$ である。月次利回り $r_{i,\tau+t}$ は

$$r_{i,\tau+t} = \frac{d_{i,\tau+t} + P_{i,\tau+t} - P_{i,\tau+t-1}}{P_{i,\tau+t-1}}$$

から計算される。$d_{i,\tau+t}$ は $\tau+t$ 時点の 1 か月で受取る配当金，$P_{i,\tau+t}$ は $\tau+t$ 時点の月末株価終値，$P_{i,\tau+t-1}$ は $\tau+t-1$ 時点の月末株価終値である。$r_{i,\tau+t}$ は 1 か月間を単位として計算される利回りである。

	各銘柄	ポートフォリオ		
時点	月次データ	月次データ	平均と分散	1 年単位
$\tau + 1$	$r_{1,\tau+1}, \cdots, r_{N,\tau+1}$	$r_{p,\tau+1}$		
$\tau + 2$	$r_{1,\tau+2}, \cdots, r_{N,\tau+2}$	$r_{p,\tau+2}$		
$\cdots$	$\cdots\cdots\cdots$	$\cdots\cdots\cdots$	平均：$\bar{r}_p$	平均：$\overline{R}_p(\frac{T}{12})$
$\cdots$	$\cdots\cdots\cdots$	$\cdots\cdots\cdots$	分散：v_p^2	分散：$V_p^2(\frac{T}{12})$
$\tau + T$	$r_{1,\tau+T}, \cdots, r_{N,\tau+T}$	$r_{p,\tau+T}$		

表 4.2　ポートフォリオの事後的パフォーマンス：リバランス

　表 4.2 の右領域はポートフォリオにかかわる計算である。まず各時点の N 個の銘柄を投資比率 **x** で組合せてポートフォリオを作る。ポートフォリオの利回りは N 個の銘柄利回りから，

$$r_{p,\tau+t} = \sum_{i=1}^{N} x_i r_{i,\tau+t} \qquad \text{ただし,}\ t = 1, \cdots, T$$

という計算で，$\tau + 1$ 時点から $\tau + T$ 時点までの各時点のポートフォリオ利回り $r_{p,\tau+t}$ が計算できる ($\text{ただし}\ t = 1, \cdots, T$)。これが表にあるポートフォリオの「月次データ」である。今，T 個の月次データがあるから，これらの平均と分散を求めよう。これが表の $\bar{r}_p$ と v_p^2 である。それぞれの定義式は，

$$\bar{r}_p = \frac{1}{T} \sum_{t=1}^{T} r_{p,\tau+t} \qquad\qquad v_p^2 = \frac{1}{T} \sum_{t=1}^{T} (r_{p,\tau+t} - \bar{r}_p)^2$$

である。これら $\bar{r}_p$ と v_p^2 は 1 か月単位の数値であるから，他と比較するには 1 年単位の利回りに換算する必要がある。換算後の数値が表の最右列にある $\overline{R}_p(\frac{T}{12})$ と $V_p^2(\frac{T}{12})$ で，次のとおりに計算される。

$$\overline{R}_p(\tfrac{T}{12}) = 12 \times \bar{r}_p \qquad\qquad V_p^2(\tfrac{T}{12}) = 12 \times v_p^2$$

なお括弧の $(\frac{T}{12})$ は T か月という投資期間を，1 年を 1 という大きさに換算していることを明示した記号である。

　次に継続保有する場合のポートフォリオ利回りの計算過程を，同様のイメージにしたのが表 4.3 である。銘柄 i の株式を τ 時点で購入し，そのまま

t 月間の保有を経て $\tau + t$ 時点になったとき，その時点での利回りは

$$Y_i(\tfrac{t}{12}) = \frac{\frac{12}{t}\left[D_i(t) + P_{i,\tau+t} - P_{i,\tau}\right]}{P_{i,\tau}}$$

の形で定義されるのが本当のところである。$P_{i,\tau+t}$ は $\tau + t$ 時点の月末終値，$P_{i,\tau}$ は τ 時点の月末終値，$D_i(t)$ は銘柄 i が t 月間に受取る配当金合計額で，$D_i(t) = \sum_{l=1}^{t} d_{i,\tau+l}$ という関係にある。このように購入時点とそれ以降の 2 つの時点の株価から計算される利回り $Y_i(\tfrac{t}{12})$ を本書では売買利回りと称している。$Y_i(\tfrac{t}{12})$ の分子では，$\frac{12}{t}$ を乗じることで収益額を 1 年当りに換算しているので，$Y_i(\tfrac{t}{12})$ は 1 年単位の利回りである。ところで今，利用可能なデータが，株価そのものではなく，月次データの利回り $r_{i,\tau+l}$（ただし $l = 1, \cdots, t$）であるなら，この月次利回りデータから売買利回りを算出することができるか。期中の配当金がすべてゼロでない限り，厳密に算出することは不可能である。

厳密に数値を一致させることは無理であるが，近似させることならできる。月次利回りデータから次のように

$$H_i(\tfrac{t}{12}) = \left[(1 + r_{i,\tau+1}) \cdots (1 + r_{i,\tau+t}) - 1\right] \frac{12}{t}$$

という形で月次利回りの累積値を適当に変形させて求められる利回りを $H_i(\tfrac{t}{12})$ で表そう。この $H_i(\tfrac{t}{12})$ を累積利回りと称する。配当金がゼロでない限り，$H_i(\tfrac{t}{12})$ は $Y_i(\tfrac{t}{12})$ と一致しないが，期間が 3 年（$t = 36$）ぐらいまでなら，両者の乖離が大きくなることも少ない。その意味で $H_i(\tfrac{t}{12})$ は $Y_i(\tfrac{t}{12})$ の近似とみなせる。そこで売買利回りの代わりとして累積利回りを代用する。これが表 4.3 に記されている各銘柄の「累積利回り」である。

ポートフォリオを継続保有する場合の利回りとは，各時点における各銘柄の累積利回りを投資比率 **x** で組合せて算出される数値である。これを表 4.3 ではポートフォリオの「累積利回り」と記す。具体的な定義式は

$$H_p(\tfrac{t}{12}) = \sum_{i=1}^{N} x_i H_i(\tfrac{t}{12})$$

時点	各銘柄		ポートフォリオ	
	月次データ	累積利回り	累積利回り	平均と分散
$\tau+1$	$r_{1,\tau+1},\cdots,r_{N,\tau+1}$	$H_1(\frac{1}{12}),\cdots,H_N(\frac{1}{12})$	$H_p(\frac{1}{12})$	
$\tau+2$	$r_{1,\tau+2},\cdots,r_{N,\tau+2}$	$H_1(\frac{2}{12}),\cdots,H_N(\frac{2}{12})$	$H_p(\frac{2}{12})$	
$\cdots$	$\cdots\cdots\cdots$	$\cdots\cdots\cdots$	$\cdots\cdots\cdots$	平均：$\overline{H}_p(\frac{T}{12})$
$\cdots$	$\cdots\cdots\cdots$	$\cdots\cdots\cdots$	$\cdots\cdots\cdots$	分散：$\Upsilon_p^2(\frac{T}{12})$
$\tau+T$	$r_{1,\tau+T},\cdots,r_{N,\tau+T}$	$H_1(\frac{T}{12}),\cdots,H_N(\frac{T}{12})$	$H_p(\frac{T}{12})$	

表 4.3　ポートフォリオの事後的パフォーマンス：継続保有

銘柄数	5 銘柄	15 銘柄		20 銘柄	
非負制約	共通	あり	なし	あり	なし
事前	平均	0.1310	0.1728	0.2008	0.1071	0.1631
	標準偏差	0.2393	0.1842	0.1992	0.1473	0.1977
リバランス	平均	−0.2701	0.0038	−0.0373	0.0200	0.2686
	標準偏差	0.1944	0.1503	0.1788	0.1653	0.2165
継続保有	平均	−0.2216	0.0481	0.0117	0.0751	0.3386
	標準偏差	0.0866	0.1561	0.1932	0.1327	0.1647

表 4.4　接点ポートフォリオのパフォーマンス

である．各時点の $H_p(\frac{t}{12})$ が，$t=1,\cdots,T$ について T 個存在するので，この T 個の値の平均と分散を次のように算出する．

$$\overline{H}_p(\tfrac{T}{12}) = \frac{1}{T}\sum_{t=1}^{T} H_p(\tfrac{t}{12}) \qquad \Upsilon_p^2(\tfrac{T}{12}) = \frac{1}{T}\sum_{t=1}^{T}\left(H_p(\tfrac{t}{12}) - \overline{H}_p(\tfrac{T}{12})\right)^2$$

このように定義される利回りの平均 $\overline{H}_p(\frac{T}{12})$ と分散 $\Upsilon_p^2(\frac{T}{12})$ が，ポートフォリオを T 月間継続保有する場合に得られるパフォーマンスの尺度となる．

4.6.2　実際の計測結果

ここでは，前節で説明した事後的パフォーマンスを実際に計測してみる．適当に抽出した 5 銘柄，15 銘柄，20 銘柄について接点ポートフォリオの投資比率を算出し，その事前および事後的パフォーマンスを計算したのが表 4.4 である．投資比率の計算には，抽出した銘柄各々の平均と分散共分散の

標本統計量が必要であるが，ポートフォリオの構築を 2017 年 12 月末に実行するものとして，1998 年 1 月から 2017 年 12 月までの月次データから標本統計量を推定した。表 4.4 にある「事前」とは，これらの推定値から計算される $\mu_R - \sigma_R$ 平面上の接点の値である。なお無危険利子率には 2017 年 12 月の長期国債利回りを用いている。

　事後的パフォーマンスの計測期間は 1 年間である。2017 年 12 月末にポートフォリオを構築し，その後 1 年間，2018 年 12 月まで保有する場合の利回り平均と標準偏差を計算している。表 4.4 の「リバランス」と「継続保有」の数値である。[*9] この結果を見て直感するのは，接点ポートフォリオが常に事後的に優れたパフォーマンスを記録しているわけではなさそうである。もちろん，たった数例の結果でもって結論することは危いが，筆者は 100 万個超の銘柄組合せをランダムに抽出し，その銘柄でもって様々なポートフォリオを作って事後的パフォーマンスを計算したが，どのようなポートフォリオであっても，特段優れた事後的パフォーマンスを発揮するものは存在しない。

　理論的には接点ポートフォリオが最適な資産選択であるという言説は，学界を中心に今日ほぼ確立された定説であろうが，理論的に最適であるはずのものが，実際には事後的に最善といえないのである。ただ筆者のこの見解をもってして，筆者はポートフォリオ理論の存在意義を否定するつもりはない。ポートフォリオ理論を現実の金儲けのための手段としてそのまま利用しようと思うなら，それはあまりに軽率といわざるをえないが，ポートフォリオ理論の本当の意義は，現実への有用性にあるのではなく，その後に続く資本市場の均衡概念への入口となっていることにある。経済学の個々の理論ツールとはそういうものではないだろうか。他の議論との体系性やそれに至る発展性こそが，経済学における個々の議論の存在意義ではなかろうかと筆者個人は最近強く思うようになっている。

[*9] 事後的パフォーマンスのリバランスの計算方法は，実際にはもう少し簡単化できる。またリバランスの場合，途中時点における予算制約はどうなっているのか。これら技術的問題については辻 (2023b) を参照願いたい。

第5章

CAPM と株式資本コスト

5.1　はじめに

　ファイナンス論で登場する最も重要な理論的ツールは CAPM であろう。[*1]
CAPM の式は，理論的には資本市場均衡におけるリスクとリターンの関係
を記述するものであるが，現実の応用としては，上場企業の株式資本コスト
を推定するための式として利用されることが多い。CAPM の式を利用して
株式の資本コストを推定し，これと負債の資本コストとを合わせて平均資本
コスト WACC の値を算出する。WACC の値は投資の意思決定に利用された
り，あるいは DCF 法の割引率として企業価値の算定に利用されたりする。
この章では，CAPM の式から株式資本コストの値を実際に計算するための
方法をまとめたい。

　CAPM の式から株式資本コストを実際に算出しようとするとき，何が問
題となるのか。具体的な問題点を指摘するためにまず，今日では余りにも有
名な CAPM の式を冒頭に記しておく。

$$E(\tilde{R}_i) = R_F + \left[E(\tilde{R}_M) - R_F\right] \frac{\mathrm{cov}(\tilde{R}_M, \tilde{R}_i)}{\sigma(\tilde{R}_M)^2}$$

[*1] 本章は辻 (2023a) を加筆修正したものである。なお「利回り」という単語と「収益率」と
　　いう単語は，本書を通じて完全に同義である。この章では両方が混在しているが，筆者
　　の使い方のクセであってご容赦いただきたい。

ある株式銘柄 i の利回りを $\tilde{R}_i$ で，マーケットポートフォリオ収益率を $\tilde{R}_M$ で，無危険利子率を R_F で表す。変数の上の~は確率変数であることを示す。$\mathrm{E}(\tilde{R}_i)$ は $\tilde{R}_i$ の平均，$\mathrm{E}(\tilde{R}_M)$ は $\tilde{R}_M$ の平均，$\sigma(\tilde{R}_M)$ は $\tilde{R}_M$ の標準偏差である。式の末尾の分数は，分散 $\sigma(\tilde{R}_M)^2$ に対する共分散 $\mathrm{cov}(\tilde{R}_M, \tilde{R}_i)$ の比率となっている。この比率をベータ係数と称し β_i と表現するのが普通だが，今はこのような分数で記しておく。なおここで登場する平均や標準偏差・分散はすべて無条件期待値である。

　現在のお金と (1 年後の) 将来のお金を比較すると，将来のお金には，現在のお金には存在しない不便益が伴う。「待ち」と「リスク」である。お金から消費の満足を得るのに，現在の (手にしている) お金は「待つ」必要もなければ，「リスク」を被ることもない。対して将来のお金は，将来まで「待つ」必要があるし，(今そのお金を入手しているわけではないから) 本当に入手できるかどうかという「リスク」を伴う。投資とは，現在のお金を手放して現在の消費をあきらめる代わりに，将来のお金の入手見込みでもって将来の消費を期待させる行為である。これは，現在のお金を将来のお金に変換するということであるから，投資とは必然的に「待ち」と「リスク」という 2 種類の不便益を被る。これら不便益を償って余りある報酬が見込めなければ，投資をしてこれら不便益を誰も被ろうとはしないであろう。CAPM の式は，これら不便益に対する報酬を表したものである。式右辺の第 1 項は無危険利子率であるから，「待ち」に対する報酬である。式右辺の第 2 項は「リスク」に対する報酬 (リスクプレミアム) である。これらの和である式右辺は要求利回りである。要求利回りとは，投資で現在のお金を手放す際に求める必要最低限の報酬という意味でそのように称される。他方，式左辺 $\mathrm{E}(\tilde{R}_i)$ は，その株式 (銘柄 i) の利回り $\tilde{R}_i$ の平均であるから期待利回りである。期待利回りと要求利回りの等しいときが均衡状態で，左辺 (期待利回り) と右辺 (要求利回り) の等しいこの式は資本市場均衡を表現していると考える。

　以上が CAPM の概説で，その理論的な導出は後で詳しく説明する。実務的にはこの式を用いて株式資本コストを計算することが多い。資本コストとは，上記の要求利回りと同じ意味の言葉である。株式資本コストの推定とは，この式の右辺に相当するものを関連データを使って計算することであ

る。この計算をする際の問題は 2 つある。

データは？　マーケットポートフォリオ収益率 $\tilde{R}_M$ と無危険利子率 R_F とは。
統計量の計算方法　平均や分散，共分散といった統計パラメタをどうやって
　数値化するか。

　マーケットポートフォリオも無危険利子率も抽象的な理論概念である。実
際に株式資本コストの値を CAPM から推定したいなら，これら理論概念に
近いものを近似物としてデータに使うしかない。マーケットポートフォリオ
の収益率 $\tilde{R}_M$ と無危険利子率 R_F の値をどうやって求めればよいか。結論を
いえば，マーケットポートフォリオとして TOPIX を取り上げ，TOPIX の生
み出す収益率を $\tilde{R}_M$ のデータに，また安全資産を国債とみなし，国債の利回
りでもって無危険利子率のデータとするしかない。実際にそうせざるを得な
いという事情もあるが，本当にその近似が適切な判断なのかどうかあらためて
て検討しておく必要はあろう。これが 1 番目の問題である。[*2]
　2 番目の問題について，平均や分散・共分散の統計パラメタはデータから
推定する必要があり，通常は標本統計量を計算して，その値をもって統計パ
ラメタの推定値とする。問題は，その計算をするのにどのような標本 (サン
プル) を作ればよいかという点である。原則としては，できる限り大きなサ
ンプルであるほど，標本統計量は真の統計パラメタに一致すると考えられて
いる。つまり，データの数は多ければ多いほどよい。しかし，同じデータで

[*2] 株式資本コストを現実データから推定しようとするとき，TOPIX が非常に重要なデータ
である。TOPIX とは東証株価指数とも称され，東京証券取引所第 1 部に上場する全銘柄
の株価を平均した株価指数である。2022 年 4 月に東京証券取引所の再編に伴い，従来の
第 1 部・第 2 部等の区別は廃止され，新たにプライム・スタンダード・グロースという
3 つのグループが設けられた。すなわち，東京証券取引所第 1 部という市場は 2022 年 3
月末をもって消滅したが，その株価指数である TOPIX は，4 月以降も相変わらず算出さ
れ続けている。のみならず再編から 1 年少々経過した現在においても，TOPIX は日経平
均と並ぶ主要な株価指数であり続けている。しかしいずれは，現在のグループに所属す
る銘柄から計算される，新しいグループ別株価指数が TOPIX に取って代わることも明ら
かで，従来の TOPIX をデータとする場合の知見をここでまとめておくことも若干の意
義あることであろうと考えた。従って本章では，旧第 1 部および TOPIX が検討対象で
あって，取引所再編後の新しいグループについての言及は一切ない。

あっても，データベースのデータ収録期間はまちまちであるから，収録データの初期時点の違いでサンプルは異なるものとなる。そうだとすると，利用するデータベースに応じて，計算される標本統計量は異なる値となろう。その差異の大きさはどれほどであろうか。またより重要な問題として，構造変化の問題がある。データの数が多いほどサンプルとして望ましいというのが原則ではあるが，数十年に及ぶ非常に長い期間を一つのサンプルとするのは，途中の構造変化を無視していることを意味する。そこで，一定のサンプルサイズを確保しつつも，サンプルのデータ期間は 10 年間とか 20 年間ぐらいの長さに限定した方が一つのサンプルとしては適切かもしれない。それでは，データベースの初期時点からデータを集めてサンプルにするのと，期間を 10 年 (あるいは 20 年) に限定してサンプルにするのと，どの程度の大きさの差異が結果に表れるのか。これらは実際に計算して結果を見るしかない。

　この章ではまず CAPM の導出を説明し，次に CAPM の式から株式資本コストを実際に推定する際の問題点を整理検討する。5.2 節で比較的詳しく CAPM を導出する。続いて現実適用の検討に際し，まずはマーケットポートフォリオの最有力候補である TOPIX について，5.3 節でその動向を配当利回りという観点から概観する。5.4 節では無危険利子率 R_F に何が相応しいか述べる。5.5 節では，$\bar{R}_M$ のデータを比較的容易に入手するにはどうすればよいか検討する。5.6 節では CAPM を数値化する際の問題点をまとめる。

5.2　CAPM の導出

　ここではまず CAPM の導出を述べよう。CAPM では，個別銘柄の株式のリスクを表すのにベータ係数という尺度が使われる。読者は CAPM を入門書で学んだとき，疑問に思わなかっただろうか。元々のリスク尺度は利回りの標準偏差のはずだったのに，唐突にリスク尺度がベータ係数に変更されてしまう。この理由は何か。また CAPM ではマーケットポートフォリオなる概念が登場するが，これがなぜ市場均衡なのか，等々。ポートフォリオの資産選択までは比較的分りやすい話だったのに，CAPM で「市場均衡云々」

となるやとたんに？？？ではなかろうか。本書では「実践」を標榜しているが，これら考え方 (理論面) の問題にも，できる限り分りやすく答えていきたい。考え方の本質に触れることが，モノゴトの実践の第一歩と筆者は思うからである。

5.2.1 ポートフォリオ理論 (続)：分離定理

CAPM の議論をする前にまずはポートフォリオの話の続きである。ポートフォリオ理論の分離定理というトピックスである。第 4 章で示唆したようにその実用的な利用価値は実はほとんどなく，分離定理の存在意義は CAPM の導出に必須という点にこそ求められると思う。従ってこの章ではポートフォリオの分離定理から議論を始めたい。

前章で，危険資産の最適ポートフォリオは接点ポートフォリオであることを述べた。利回り平均を縦軸に，利回り標準偏差を横軸にした $\mu_R - \sigma_R$ 平面上で，安全資産を表す縦軸上の点 R_F から危険資産のみで構成される最小分散フロンティアの曲線 ALD へ接線を描くと，直線 R_FT 上の接点 T が危険資産の最適ポートフォリオとなる。図 5.1 を参照願いたい。投資家の選好は無差別曲線で表現され，投資家の最適な資産選択は，直線 R_FT と無差別曲線とが接する点である。投資家の危険回避度の大小で，無差別曲線の曲り方は様々であり，図 5.1 には 2 人の投資家の無差別曲線が描かれている。仮にこの直線 R_FT が 2 人の投資家で同一の直線であるなら，投資家は無差別曲線の曲り方に応じて，この直線上のどこかで自分の無差別曲線と接することになり，そこがその投資家の最適な選択点となる。図 5.1 の点 V や点 Y である。

投資家は，危険資産の接点ポートフォリオ T を安全資産といろいろな比率で組合せることで，直線 R_FT 上のポートフォリオを実現することができる。直線 R_FT の縦軸上の点 R_F は富すべてを安全資産で保有し，点 T は富すべてを接点ポートフォリオ T で保有している。点 R_F と点 T の間の線上では，安全資産と接点ポートフォリオ T を各々正の比率で保有するポートフォリオとなる (2 つの比率は 0 超かつ 1 未満で，その合計 1)。点 T に近いほど安

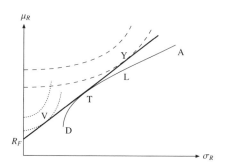

図 5.1　最適ポートフォリオ

全資産の投資比率は小さくなり，点 T で安全資産の投資比率はちょうどゼロ
になる。さらに点 T の右側の線上では安全資産の投資比率が負になるよう
なポートフォリオである。安全資産の投資比率が負とは，投資家は借入をし
ている。直線 R_FT の点 T より右側では，投資家は自分の富 (自己資金) に借
入での調達額を加えた全額を接点ポートフォリオ T の購入に向ける。直線
の右側になるほどハイリスクハイリターンであるが，これは借入を増やして
その分危険資産の購入を増やすことで，よりハイリスクなポートフォリオを
構築している。

　図 5.1 の点 V では，安全資産と危険資産とを正の投資比率で組合せるが，
点 Y は借入と自己資金を併せて危険資産を購入することでハイリスクハイ
リターンを追求する。このように安全資産と危険資産ポートフォリオとの最
適な構成割合は投資家個々の危険回避度の大小で異なることになるが，投資
家の危険回避度に関係なく，投資家全員が危険資産としては接点ポートフォ
リオ T を保有しようとする。これが分離定理である。なお直線 R_FT は最適
な投資機会を提供する軌跡であるから，これが有効フロンティアである。

　さて分離定理とは，危険資産ポートフォリオを作るとき，危険資産相互の
投資比率は投資家の危険回避度とは別に決定されることをいう。危険資産
ポートフォリオを安全資産とどう組合せるかは，投資家の危険回避度 (無差
別曲線の曲り方) に依存して決まるが，危険資産相互の組合せ方は安全資産

との組合せとは無関係に決めることができる。誤解のないよう簡単な例をあげて説明しよう。今, 危険資産が 3 つしか存在せず, これら危険資産の投資比率として資産 A を 0.1, 資産 B を 0.5, 資産 C を 0.4 という比率で組合せたポートフォリオ (比率合計は 1) が接点ポートフォリオ T であるとしよう。これらの投資比率は危険資産だけで見た場合の値で, この 1:5:4 という比率は安全資産との割合に関係なく決められる。実際にはこれに安全資産とが組合されるので, 安全資産を加えた資産全体で見た投資比率は, 投資家により異なる値になる。例えば点 V が安全資産と危険資産全体とを 1:1 で組合せる投資家であるなら, 全体の投資比率は安全資産が 0.5, 資産 A が 0.05, 資産 B が 0.25, 資産 C が 0.2 になる。また点 Y が借入を併せて自己資金の倍の金額を接点ポートフォリオに投入するポートフォリオであるなら, 投資比率は安全資産が –1, 資産 A が 0.2, 資産 B が 1, 資産 C が 0.8 となる。このように安全資産も加えた資産全体で見た投資比率は, 投資家の危険回避度の大小で様々であるが, どちらの場合であったとしても, 危険資産だけで見た場合の投資比率は 1:5:4 になっている。分離定理とは以上のような意味での分離を対象としている。

5.2.2 マーケットポートフォリオとは

ポートフォリオ理論は投資家個人の資産選択の問題であり, 一人の投資家がどのようなリスク・リターンの資産の組合せを選択するかという話である。ここで問題にしたいのは, さらに進んで市場均衡におけるリスク・リターン関係である。市場均衡を達成するようなリスクとリターンとはどのような関係であるか。市場の話であるから, 投資家は多人数存在することが前提で, 彼ら一人一人の資産選択を市場全体で集計した市場需要量が問題となる。他方, この世に存在する現存量をその資産に関する市場全体の供給量とみなすなら, これと市場需要量とが一致するようなときが正に市場均衡であろう。ただ CAPM の議論では普通, このような市場需要量と市場供給量を明示的に取り扱うわけではない。

多人数の投資家を取り扱うことを可能にする方便が「期待の同質性」と

いう仮定である。例えば，資産 A の利回り平均が 15%，利回り標準偏差が
29%，資産 B については利回り平均が 24%，利回り標準偏差が 35%，・・・ と
いう具合に，あらゆる資産に関して，すべての投資家が同じ推定値を予想す
る。異なる投資家が，利回り平均と標準偏差に同じ値を想定するのである。
この期待の同質性を仮定すると，すべての投資家は各々の $\mu_R - \sigma_R$ 平面上で，
寸分違わぬ同じ有効フロンティアの絵を描いていることになる。ということ
は，投資家全員が選択する接点ポートフォリオ T も投資家全員でまったく同
じ位置の点になるはずである。つまり投資家全員が危険資産ポートフォリオ
として，危険資産相互の投資比率をまったく同じ値で保有しようとする。

　ところで図 5.1 では，点 V を選ぶ投資家と点 Y を選ぶ投資家は，共通の
直線 R_FT に直面し，この直線と各々の無差別曲線との接点を最適点として
選んでいる。2 人の投資家が同じ共通の直線 R_FT に直面していることが，期
待の同質性を仮定したことの結果である。図 5.1 は既に「期待の同質性」を
取り込んで描いた絵なのである。仮にもし期待の同質性を仮定しないなら，
危険資産だけの最小分散フロンティア (曲線 ALD) は，投資家によって様々
な曲線になり，無危険利子率 R_F の値が共通であっても直線 R_FT は投資家に
より異なる (傾きの異なる直線となろう)。その結果，接点が最適な危険資産
ポートフォリオであるという特徴は同じであろうが，接点 T 自体が投資家に
より異なる場所に位置する点となり，接点ポートフォリオの中身 (危険資産
相互の投資比率) は投資家により異なるものとなる。

　前の簡単な数値例で説明すると，ある投資家の接点ポートフォリオ T が資
産 A を 0.1，資産 B を 0.5，資産 C を 0.4(比率合計 1) という投資比率で組
合せるものであるなら，分離定理によりすべての投資家が危険資産として接
点ポートフォリオを保有するとして，さらに期待の同質性が仮定されること
で，他の投資家もこれとまったく同じポートフォリオを危険資産として保有
する。すべての投資家が資産 A を 0.1，資産 B を 0.5，資産 C を 0.4 という
投資比率でもって危険資産を組合せる。すべての投資家が 3 つの危険資産
を 1:5:4 という比率で組合せようとするなら，当然 3 つの危険資産の市場需
要量も 1:5:4 という比率になるであろう。すべての投資家が同じ投資比率で
もって資産を需要するために，市場均衡においては資産の現存量もその比率

でしか存在できない。市場需要量と市場供給量 (現存量) の等しいときが市場均衡であるから，3 つの資産の現存量も 1:5:4 にならざるを得ない。

　ところで資産の現存量とは，資産が株式の場合は株価に発行済株式数を乗じた株式時価総額のことで，株価が上昇下落することで時価総額が変動する。もし投資家の市場需要量が時価総額を上回っているなら，株価が上昇して時価総額が増大する。逆に投資家の市場需要量が時価総額を下回っているなら，株価が下落して時価総額は減少する。市場の需給に応じた株価の上昇下落で，投資家の市場需要量に一致すべく時価総額が変化することになる。

　であるなら，$\mu_R - \sigma_R$ 平面上の接点ポートフォリオ T は，市場均衡という条件を付け加えると，単に投資家一人の最適な危険資産の投資比率という意味に留まらず，株式市場に存在するすべての危険資産の現存量の構成比率という意味をも併せ持つことになる。期待の同質性を仮定することで，すべての投資家が同じ投資比率でもって危険資産を組合せようとするなら，危険資産はその比率の現存量でもってしか存在できないことになる。ある資産が実際に非ゼロの価格でもって現存しているのは，投資家がその資産を接点ポートフォリオ T の一部として (非ゼロの比率でもって) その資産を保有しているからである。そこで接点ポートフォリオ T は市場均衡における株式市場全体のミニチュアとなっているはずであるから，その名称にはマーケットポートフォリオ M という特別な名前が与えられる。マーケットポートフォリオの収益率を $\tilde{R}_M$ で表し，点 M はその平均 $E(\tilde{R}_M)$ と標準偏差 $\sigma(\tilde{R}_M)$ を表す。

　$\mu_R - \sigma_R$ 平面が投資家の資産選択の絵であるなら，点 R_F からの直線 R_FT は，最適な投資機会を提供する有効フロンティアと称されたが，$\mu_R - \sigma_R$ 平面が市場均衡の絵であるなら，この直線は資本市場線 capital market line(略して CML) という別名が与えられる。この直線上の任意のポートフォリオ P の利回りを $\tilde{R}_P$ で表し，その平均を $E(\tilde{R}_P)$，標準偏差を $\sigma(\tilde{R}_P)$ とすると，

$$E(\tilde{R}_P) = R_F + \frac{E(\tilde{R}_M) - R_F}{\sigma(\tilde{R}_M)} \sigma(\tilde{R}_P)$$

という式がこの直線を表す。資本市場線上の点 $(E(\tilde{R}_P), \sigma(\tilde{R}_P))$ は，マーケットポートフォリオを表す点 $M(E(\tilde{R}_M), \sigma(\tilde{R}_M))$ と縦軸上の安全資産を表す点

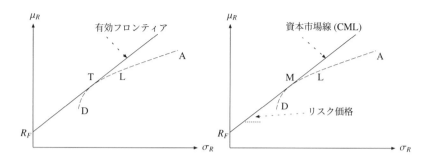

図 5.2　資産選択と市場均衡

R_F を結んだ直線であるから，直線の傾きは $[\mathrm{E}(\tilde{R}_M) - R_F]/\sigma(\tilde{R}_M)$ である。

　前で投資家は，有効フロンティアと無差別曲線の接するところを最適点として選択すると述べたが，これを投資家は資本市場線と無差別曲線の接するところのリスク・リターンを選択するといっても同じことであろう。危険回避度の高い (低い) 投資家は直線上の左側 (右側) の方の点を選ぶ。ただし，マーケットポートフォリオは市場均衡を体現した概念であるから，マーケットポートフォリオから導出される資本市場線の教えるリスク・リターンの組合せは，市場均衡におけるリスク・リターンの組合せであると考えてよい。資本市場線の傾きは，市場均衡下のリスク 1 単位当りのリターン量であるから，それはリスク価格と称される。

　以上のことを図 5.2 でまとめておこう。まったく同じ形をした左右 2 つの図が描かれている。左図の方は投資家の資産選択を表現していて，接点が危険資産の最適選択としての接点ポートフォリオ T であり，接線の直線は最適な投資機会を教える有効フロンティアである。この図に市場均衡を表現させると，右図にあるとおり，接点ポートフォリオはマーケットポートフォリオに，点 T は点 M に変更され，直線は有効フロンティアから資本市場線に名前が変わる。こうして右図は，接点のマーケットポートフォリオが市場のミニチュア (現存量の構成比率) を表し，直線の資本市場線が市場均衡のリスク・リターン関係を教えるものとされる。

5.2.3 システマティックリスク

このように資本市場線とは，マーケットポートフォリオを用いて，市場均衡におけるリスク・リターンの数値的な関係を記述したものである。しかし資本市場線を見ていても，個別資産に関するリスク・リターンの関係は分らない。個別資産はマーケットポートフォリオの中に隠れてしまっているからである。投資家はみんなマーケットポートフォリオが危険資産としての選択対象であって，個別資産そのものを選択したいわけではない。マーケットポートフォリオは現存するすべての危険資産から構成されるので，個別資産はマーケットポートフォリオを構成する一要素として保有されているに過ぎない。

投資家にとって本当に重要なのはマーケットポートフォリオなのであるから，個別資産そのものではなく，それがマーケットポートフォリオに与える影響度が投資家にとって真に重要な問題となろう。であるなら，例えば第 i 銘柄の利回り標準偏差 $\sigma(\tilde{R}_i)$ が個別資産のリスクの尺度であったが，これはあくまでも表面的な数に過ぎず，投資家にとって本当に重要なリスクは，個別資産がマーケットポートフォリオのリスクにどれぐらいの影響を与えるかでもって，真のリスクを測ることができるかもしれない。これをシステマティックリスクという。

マーケットポートフォリオは N 個の危険資産から構成されるとしよう。その i 番目の資産を第 i 銘柄の株式として，その構成比率を x_i で，利回りを $\tilde{R}_i$ で表す。以下で式表記を簡潔にするため，利回り平均は $\mathrm{E}(\tilde{R}_i) = \mu_i$，利回り標準偏差は $\sigma(\tilde{R}_i) = \sigma_i$，第 i 資産と第 j 資産との利回り間の共分散は $\mathrm{cov}(\tilde{R}_i, \tilde{R}_j) = \sigma_{i,j}$ という記号も併用する。マーケットポートフォリオは，危険資産全体に対する各危険資産の現存量の比率を構成比率とするポートフォリオであるから，現存量を時価総額で定義して，第 i 銘柄の株価を P_t，発行済株式数を n_i とすると，

$$x_i = \frac{n_i P_i}{\sum_{k=1}^{N} n_k P_k} \qquad i = 1, \cdots, N$$

がマーケットポートフォリオを構成する第 i 銘柄の構成比率である。

この構成比率から，マーケットポートフォリオ収益率 $\tilde{R}_M$ をあらためて表記しておく。

$$1 = x_1 + x_2 + x_3 + \cdots + x_N \tag{5.1}$$

$$\tilde{R}_M = x_1\tilde{R}_1 + x_2\tilde{R}_2 + x_3\tilde{R}_3 \cdots + x_{N-1}\tilde{R}_{N-1} + x_N\tilde{R}_N \tag{5.2}$$

$$\mathrm{E}(\tilde{R}_M) = x_1\mu_1 + x_2\mu_2 + x_3\mu_3 + \cdots + x_{N-1}\mu_{N-1} + x_N\mu_N \tag{5.3}$$

$$
\begin{aligned}
\sigma(\tilde{R}_M) =& [x_1^2\sigma_1^2 + x_2^2\sigma_2^2 + x_3^2\sigma_3^2 + \cdots + x_{N-1}^2\sigma_{N-1}^2 + x_N^2\sigma_N^2 \\
& + 2x_1x_2\sigma_{1,2} + 2x_1x_3\sigma_{1,3} + \cdots + 2x_1x_{N-1}\sigma_{1,N-1} + 2x_1x_N\sigma_{1,N} \\
& + 2x_2x_3\sigma_{2,3} + \cdots + 2x_2x_{N-1}\sigma_{2,N-1} + 2x_2x_N\sigma_{2,N} \\
& \cdots\cdots\cdots\cdots\cdots \\
& + 2x_{N-1}x_N\sigma_{N-1,N}]^{\frac{1}{2}}
\end{aligned}
\tag{5.4}
$$

これらの式は，前章で説明した多数資産のポートフォリオの議論から明らかであろう。マーケットポートフォリオのリスクは $\sigma(\tilde{R}_M)$ であるが，マーケットポートフォリオに与える第 i 銘柄の影響度は次の微分で測られる。

$$\frac{d\sigma(\tilde{R}_M)}{dx_i} = \frac{x_i\sigma_i^2 + x_1\sigma_{1,i} + x_2\sigma_{2,i} + \cdots + x_N\sigma_{N,i}}{\sigma(\tilde{R}_M)}$$

この微分は，第 i 銘柄の保有をほんの少しだけ増やすなら，マーケットポートフォリオ収益率の標準偏差がどれぐらい変化するかを見たもので，微分のストレートな結果が上式である。これがシステマティックリスクの定義である。この式右辺の分子は，

$$
\begin{aligned}
\mathrm{cov}(\tilde{R}_M, \tilde{R}_i) &= \mathrm{cov}(x_1\tilde{R}_1 + \cdots + x_N\tilde{R}_N, \tilde{R}_i) \\
&= x_1\sigma_{1,i} + x_2\sigma_{2,i} + \cdots + x_i\sigma_i^2 + \cdots + x_N\sigma_{N,i}
\end{aligned}
$$

という共分散の関係式を用いて，さらに相関係数の定義を適用すれば，

$$\frac{d\sigma(\tilde{R}_M)}{dx_i} = \frac{\mathrm{cov}(\tilde{R}_M, \tilde{R}_i)}{\sigma(\tilde{R}_M)} = \frac{\mathrm{cov}(\tilde{R}_M, \tilde{R}_i)}{\sigma(\tilde{R}_M)\sigma(\tilde{R}_i)}\sigma(\tilde{R}_i) = \mathrm{corr}(\tilde{R}_M, \tilde{R}_i)\sigma(\tilde{R}_i) \tag{5.5}$$

という展開が可能である。2 番目の等号の右辺では分子分母に $\sigma(\tilde{R}_i)$ を記し，最右辺では相関係数を用いた表記を得る。

この (5.5) 式から，システマティックリスクとは，元の標準偏差 $\sigma(\tilde{R}_i)$ にマーケットポートフォリオとの相関係数を乗じたものであることが分る。(5.5) 式をシステマティックリスクと命名することの意味は，第 i 銘柄の元々の (表面的な) リスクは $\sigma(\tilde{R}_i)$ であるが，この中のマーケットポートフォリオと共変する部分として，標準偏差に相関係数を乗じて得られる値を算出し，これを真に重要なリスクとして認識するということである。

先に見た資本市場線では，市場均衡におけるリスク 1 単位当りのリターン量をリスク価格と称した。今，真に重要なリスクが上記のシステマティックリスクであるとすると，このリスクに対して市場均衡で求められるリターンは，リスク価格にシステマティックリスクを乗じることで求められよう。つまりリスクプレミアム α は

$$\alpha = \frac{\mathrm{E}(\tilde{R}_M) - R_F}{\sigma(\tilde{R}_M)} \, \mathrm{corr}(\tilde{R}_M, \tilde{R}_i)\sigma(\tilde{R}_i) \tag{5.6}$$

のように記すことができる。「リスク」に対する報酬がリスクプレミアムで，「待ち」に対する報酬が純粋利子率で，両者の和が要求利回り ρ である。純粋利子率とは無危険利子率 R_F のことであるから，要求利回り ρ は次のように定式化できる。

$$\rho = R_F + \alpha = R_F + \frac{\mathrm{E}(\tilde{R}_M) - R_F}{\sigma(\tilde{R}_M)} \, \mathrm{corr}(\tilde{R}_M, \tilde{R}_i)\sigma(\tilde{R}_i)$$

5.2.4 資本市場均衡

資本市場均衡とは，期待利回りと要求利回りとが等しい状況であった。第 i 銘柄の期待利回りは単なる予測値で，これを $\mathrm{E}(\tilde{R}_i)$ と記す。資本市場均衡では $\mathrm{E}(\tilde{R}_i) = \rho$ であるから，

$$\mathrm{E}(\tilde{R}_i) = R_F + \frac{\mathrm{E}(\tilde{R}_M) - R_F}{\sigma(\tilde{R}_M)} \, \mathrm{corr}(\tilde{R}_M, \tilde{R}_i)\sigma(\tilde{R}_i) \tag{5.7}$$

と記すことができる。この式が資本資産評価モデル capital asset pricing model，略称 CAPM である。しかし，この形の CAPM が引用されることは

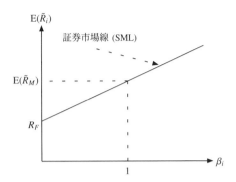

図 5.3　証券市場線 SML

あまりない。相関係数の定義式から (5.7) 式は

$$E(\tilde{R}_i) = R_F + \frac{E(\tilde{R}_M) - R_F}{\sigma(\tilde{R}_M)} \frac{\text{cov}(\tilde{R}_M, \tilde{R}_i)}{\sigma(\tilde{R}_M)\sigma(\tilde{R}_i)} \sigma(\tilde{R}_i)$$
$$= R_F + [E(\tilde{R}_M) - R_F] \frac{\text{cov}(\tilde{R}_M, \tilde{R}_i)}{\sigma(\tilde{R}_M)^2}$$

と書き替えて，この 2 行目の式の右側の分数をベータ係数という。ほとんどの教科書では次の式が CAPM として紹介される。

$$E(\tilde{R}_i) = R_F + [E(\tilde{R}_M) - R_F]\beta_i \qquad \text{ただし}, \ \beta_i = \frac{\text{cov}(\tilde{R}_M, \tilde{R}_i)}{\sigma(\tilde{R}_M)^2} \tag{5.8}$$

この (5.8) 式を証券市場線 security market line(SML) といい，絵に描いたのが図 5.3 である。証券市場線を表した図 5.3 の横軸はベータ係数を測っていて，(従来の) 利回り標準偏差ではないことに注意して欲しい。横軸がベータ係数 β_i ということは，証券市場線の傾きは $E(\tilde{R}_M) - R_F$ である。また $\beta_i = 1$ のとき，$E(\tilde{R}_i) = E(\tilde{R}_M)$ である。つまり証券市場線は図の点 $(1, E(\tilde{R}_M))$ を通る。この図 5.3 も市場均衡におけるリスク・リターン関係を表現したものであるが，横軸の変数が変更されてしまうというのはどういうことか。

　ベータ係数はシステマティックリスクの代理変数とみなされる。真に重要なリスクは本当は $\mathrm{corr}(\tilde{R}_M, \tilde{R}_i)\sigma(\tilde{R}_i)$ なのであるが、これとベータ係数とは共通に、共分散 $\mathrm{cov}(\tilde{R}_M, \tilde{R}_i)$ を通じて第 i 銘柄とマーケットポートフォリオとの共変関係を測っているので、これらは似たような尺度とみなせよう。両者の違いは分母が $\sigma(\tilde{R}_M)$ か $\sigma(\tilde{R}_M)^2$ かの違いに過ぎないので、共変関係ということでは両者は同じ情報量のはずである。であるなら、計算の便宜上はベータ係数の方が便利なので、本来のシステマティックリスクではなく、ベータ係数がその代理変数として、個別資産のリスク量の役割を担うようになった。

　後でも述べるが、ベータ係数の推定は、回帰分析の単純回帰式の係数推定から一発で値を得る。対して、システマティックリスクを求めるには相関係数と標準偏差を算出し、これらの積を計算する必要がある。PC の普及した今日的な観点からすれば、どちらであっても計算の手間暇にさほど差異はあるまいが、CAPM が提唱されたのは 1960 年代のことである。「計算の便宜」といったが、当時の計算環境下でこの差異は結構切実な問題だったのである。こういった事情からか今日ではベータ係数を用いた証券市場線が、個別資産のリスク・リターン関係を表現する手段として広く利用されるに至っている。

　個別資産のリスクをベータ係数で測るのであれば、証券市場線が資本市場均衡のリスク・リターン関係になることは前と同様であろう。ある資産 (第 i 銘柄) の利回り平均 $\mathrm{E}(\tilde{R}_i)$ とそのベータ係数 β_i の推定値が得られたとしよう。これら推定値を図 5.3 にプロットすると、その点が証券市場線上にはなくて、例えば直線の上側にあるならこれは何を意味しているか。これは $\mathrm{E}(\tilde{R}_i) > R_F + [\mathrm{E}(\tilde{R}_M) - R_F]\beta_i$ ということであるから、期待利回りが要求利回りを上回っている状況であり、このとき株価が上昇し、同時に期待利回りは低下する。逆に推定値をプロットした点が証券市場線の下側にあるなら、$\mathrm{E}(\tilde{R}_i) < R_F + [\mathrm{E}(\tilde{R}_M) - R_F]\beta_i$ ということであるから、期待利回りが要求利回りを下回っている状況である。このときは株価が下落し期待利回りは上昇する。このメカニズムの作用する結果、やはり株価の調整を通じて、期待利回りと要求利回りとは等しくなって資本市場は均衡する。このように証券市場線は、市場均衡におけるリスク・リターン関係を記述していると考えられる。

5.3　TOPIX の動向

　CAPM の導出を説明したので，ここからは話を転じて，CAPM の数値化について述べたい。CAPM の式から具体的な数値を把握するため検討すべき第一歩は，やはりマーケットポートフォリオであろう。わが国では比較的広範囲の銘柄に関する株価の平均値として，TOPIX という株価指数が存在する。マーケットポートフォリオと TOPIX とは決して同じものではないが，マーケットポートフォリオ収益率 $\tilde{R}_M$ のデータを得る材料として，TOPIX はその最有力な候補であることは間違いない。そこでまずこの節では，TOPIX の動向についてその時間的推移を検討し，TOPIX から $\tilde{R}_M$ のデータを取得する際の問題点を指摘したい。

　TOPIX とは東証株価指数とも称され，東京証券取引所 (以下，東証と略記) 第 1 部に上場していた全銘柄を対象にした株価指数である。株価指数とは多数の銘柄から成る株価の平均値のことをいう。どのように平均値を求めるかで単純平均型と加重平均型がある。単純平均型とは統計の標本平均と同様の計算をする。つまり，対象個々の値を足し上げ，その合計値を足し上げた個数で割る。TOPIX と並ぶ有名な株価指数に日経平均がある。日経平均は，わが国の代表的企業 225 社を予め選別し，その 225 銘柄の単純平均型の株価指数である。対して TOPIX の方は東証第 1 部全銘柄を対象にした加重平均型の株価指数である。加重平均とは株式数でウエイトして平均値を取る。この株式数とは，かつては発行済株式数であったが，近年では流通株式数という独自概念を東証が算出して TOPIX の計算に用いている。また，TOPIX や日経平均は確かに平均値なのであるが，これらの値が普通の平均値と異なるのは，数値の時間的推移の連続性を保持するために，各々独自の調整を施しているからである。*3 例えば TOPIX であれば，ある時点で新規上場や上

---

*3 株価指数とは，もちろんこれだけの説明では不十分なのであり，代わりに十分詳細な解説が他にあるかと問われれば，若干心許ないのが現状である。肝心要の東証にすら，TOPIX の計算に用いる「流通株式数」に関する詳細な資料は存在しないような印象を受ける。東証の HP で公開されている情報は通り一遍の杓子定規な解説だけで，「流通株式

場廃止があれば，それ以前とは「全銘柄」の中身が異なることになって，その前後の平均値は厳密には比較できない。そこでこの不連続性を排除することを目的にして，平均値を独自の方法で調整するのが株価指数である。

図 5.4 は，TOPIX の値をグラフにしたものである。この図は TOPIX の原系列 (点線) と配当金込み系列 (実線) の 2 つの推移を表現している。両者の比較を容易にするため，1982 年 11 月の値を 100 に基準化してグラフを描いている。TOPIX の原系列では，構成銘柄の生み出す配当金を無視している。もう少し正確にいうと，TOPIX の値を計算する際，その構成銘柄に配当金の権利落ちが発生しても，その権利落ち分の修正は施されない。つまり，配当金の権利落ち日にその金額に相当する分だけ株価が下落するが，TOPIX の算出では配当落ちした株価をそのまま用いる。TOPIX は東証第 1 部上場全銘柄の株価に関する平均値であるから，配当落ちした株価を対象にした TOPIX とは，支払済みの配当金を含まない価格系列と考えることができよう。これに対し，配当金の影響を含んだ価格系列を人為的に作ることもできる。その作り方は後で詳述するが，この図でいう「TOPIX の配当金込み系列 (実線)」とはそのようにして筆者が作った価格系列である。

さて，図 5.4 をよく見ると，配当金を含まない TOPIX 原系列と配当金の分を加味した価格系列との間には，興味深い差異の存在が確認できる。両者の差異は 1990 年代前半ぐらいまではほとんどなく，2 つの系列はほぼ重なっている。1990 年代中頃から両者は徐々に乖離し始めるが，それでもまだ 2000 年過ぎぐらいまで差異は比較的小さかった。この差異が無視できないほどの大きさとなるのは 2000 年代中頃からで，特に 2010 年過ぎからこの差異の大きさは時の経過とともに拡大していく傾向が見て取れる。

ここで指摘した「差異」がどのような意味を持つのか。TOPIX における配当金の影響が無視できないくらい大きくなったということであるが，マーケットポートフォリオ収益率 $\tilde{R}_M$ を具体的に数値化しなければならない場合，TOPIX の動向から $\tilde{R}_M$ のデータを作ろうとしても，TOPIX は権利落ち

数」の算定は謎のベールに包まれている感を筆者は持つ。もっとも，ここの目的は株価指数の妥当性を検討することではないから，株価指数そのものの詳細な検討は省略したい。

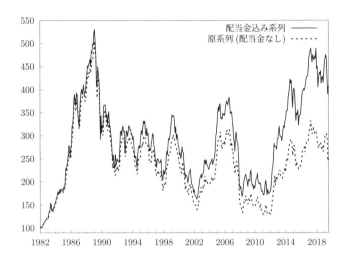

図 5.4　TOPIX：原系列 (配当金なし) と配当金込み系列

した配当金を含んでないから，それは無理な話なのである。通常の収益率と
は，配当利回りと値上り益 (値下り損) 利回りという 2 種類の利回りの合計と
考えられる。権利落ちした配当金とは実際にキャッシュフローとして支払わ
れた金額であり，TOPIX の原系列が権利落ちした配当金を無視して計算さ
れるわけであるから，TOPIX からどれぐらいの配当金が支払われたかを知
ることはできず，TOPIX の原系列を見ていても配当利回りは分らない。当
然である。TOPIX の原系列の変化率を取ることで，マーケットポートフォ
リオ収益率のうち，値上り益 (値下り損) 利回りの部分を知ることはできよ
うが，それは決して配当利回りではない。

　$\tilde{R}_M$ のデータを得るには，近年では配当金の影響を加味することが必要
不可欠であるが，それでは TOPIX に代わるような他の指標が存在するか。
まったく存在しないわけではないが，容易に利用可能な状況ともいい難い。
後の節では，比較的簡単に利用可能なデータを用いて，どうやったら $\tilde{R}_M$ の
値を得ることができるか検討したい。

　次の図 5.5 は，TOPIX の配当利回りについての歴史的な推移である。図

図 5.5　TOPIX 配当利回りと無危険利子率

5.5 では参考として，無危険利子率の値もグラフに描いた。これらのデータの出所は後で詳しく述べる。この TOPIX 配当利回りは東証の発表している月次データで，その定義について実はキチンとした説明資料があるわけではないが，恐らくは TOPIX 構成銘柄 (東証第 1 部上場全銘柄) の直前 1 年間の配当金合計額をそのときそのときの TOPIX の値で割った値であると考えられる。TOPIX の配当利回りは，1980 年代には歴史的に最も低い水準にあって 1% から 1.5% ほどであった。その後，TOPIX 配当利回りはほぼ一貫して上昇基調にあることは間違いないが，それでもその水準は近年において 3% 前後といったレベルである。近年 TOPIX に対する配当金の影響が大きくなったとはいえ，大きさとしてはその程度なのである。実はもっと古い時代，1960 年代から 70 年頃まで，TOPIX 配当利回りの水準は優に 3% を超えていて，5% を超えるような時代もあった。

　そこで重要なのは，他の利回りとの差異である。図 5.5 の無危険利子率とは一般的金利水準を代表するような一つの指標である。配当利回りが同じ 3% であっても，一般的金利水準が 6% から 8% という時代とほとんどゼロ

という時代とでは，配当金の与える影響には当然に差があろう。無危険利子率の歴史的推移を見ると，TOPIX 配当利回りが 3% を超えるような昔の時代，利子率は 6% を優に超えている。これに対し近年では，1990 年代後半からの低金利政策や 2000 年代以降のリーマンショックおよび東日本大震災を契機としてゼロ金利政策あるいはマイナス金利政策が長期間展開され，利子率がゼロあるいは負の値を記録する状況が継続している。そのような経済状況の中で配当利回りは 3% に到達しつつある。近年の配当金の影響の大きさが伺い知れよう。

　以上のように，$\tilde{R}_M$ における配当金の影響の大きさを評価することは，マーケットポートフォリオのデータを取り扱うときに非常に大切な論点である。$\tilde{R}_M$ をデータ化する際の具体的な手続きについては，また後の節で詳しく触れる。

5.4　無危険利子率 R_F について

　この節では無危険利子率 R_F をデータ化するのに何が適切かを検討する。一般的金利水準の中で，リスクのない債券グループの平均的な利回りが，無危険利子率の具体的なデータとなる。

　リスクのない資産とは安全資産のことであり，その安全資産が 1 年間に提供する収益を元本 1 円当りで表示した値が無危険利子率の意味である。リスクのない資産であるから，安全資産の提供する収益にはリスクがない。つまりその収益の値が絶対確実に実現する。無危険利子率という言葉の意味としてはそのとおりなのであるが，実際に無危険利子率に当たるデータを探そうというとき，つまり現実の金融資産で何が安全資産なのかという点は意外と難問なのである。

　一言で利子率といっても現実には様々な利子率があって，リスクよりもまず満期の違いについて説明しよう。満期まで半日から数十年に及ぶものまで，期間の違う様々な利子率が現存する。ここで問題にするファイナンス論の対象は，具体的には資産運用とか資金調達の問題である。このとき念頭にある「満期」は通常，長期であろう。ただ一言で「長期」といっても，1 年

超を長期という場合もあるし，あるいは数年超といった文字どおりの長期を
想定している場合もある。それでは具体的に何年よりも長ければ「長期」な
のか，それ自体は答えようもない話であるから，あまり突き詰めることはせ
ず，今とにかく「長期」が問題なのだとしておく。そこで無危険利子率とは，
とりあえず長期の利子率のことと考えておく。

　本稿では，無危険利子率の値に国債利回りのデータを利用する。図 5.5 や
図 5.6 の無危険利子率とは，財務省が公表している「国債金利情報」の残存
7 年から残存 10 年までの 4 種類の利回りを平均した値である。大雑把にい
えば，この利回りの平均値は長期国債の市場利子率と称してよかろう。ただ
し「国債金利情報」では，昭和 49 年 (1974 年)9 月からの国債利回りを発表
しているが，当時は人為的低金利政策の時代であるから，国債流通市場で自
由な売買はなされていなかった。国債流通市場における自由売買が解禁さ
れたのは昭和 52 年 (1977 年)7 月からである。従ってそれ以前の国債利回り
は，市場の需給で値が決まる市場利子率とはみなせない。その値は政策当局
によって人為的に低位に抑制された利子率であろう。そこで時々の需給を反
映した市場利子率のデータを求めるなら，市場実勢を反映する別の債券の利
回りが必要となる。ここでは利付電電債利回りを採用することにする。電電
債については現在もはやキチンとした資料も残ってないのであるが，国債に
比べて取引量は矮小であるものの，当時比較的自由に (市場実勢を反映して)
取引されていたであろうほとんど唯一の長期債券と考えられる。そこで，本
稿の無危険利子率とは，1978 年以降に長期国債の利回りをあて，1977 年ま
では電電債利回りを採用することにする。図 5.5 の無危険利子率はこれら
データをプロットしたものである。

　さて次に，「無危険」という言葉について検討する。期間が長期の利子率
であったとしても，具体的なデータとして，どの利子率が無危険利子率とし
て相応しいか。この問の答えは簡単なようで難しい。「無危険」とはいって
も，本当にリスクのない資産は厳密には存在しないからである。安全資産の
代表は貨幣 (通貨) であろう。貨幣は現金と預金から成る。紙幣や補助貨と
いった現金は，強制通用力といって額面が公的に保証されている。1 万円と
いう紙幣は必ず 1 万円という金額で相手に受取らせることができる。しかし

そうではあっても，物価が継続的に上昇するインフレーションにわれわれが
直面していたらどうか。1 万円で購入できるモノの量は，物価が上がるなら
時間の経過で少なくなっていく。時間の経過で将来どれぐらい物価が上がる
か，現時点では不確実だから，1 万円という紙幣で将来購入できるモノの数
量は不確かである。すなわち，公的な強制通用力が付与される紙幣であって
も，それは完全に確実な安全資産とはいえない。

　しかも現金は通常，無利子である。貨幣の中で利子が付与されるのは預金
である。預金の利子を支払い，預金元本を返済するのは，預金の発行者であ
る銀行である。銀行はあくまでも民間企業であって，決して公的機関ではな
い。民間企業であるなら，将来銀行が倒産する可能性があろう。つまり預金
はインフレリスクに加えてその発行者 (銀行) の倒産リスク (これを信用リス
クという) にも直面した資産であり，やはり厳密な意味での安全資産とはい
い難い。国債はどうであろう。国債は国家の借金であり，国家は民間企業の
銀行に比べれば，信用リスクは格段と小さいはずである。しかし，厳密には
国も信用リスクがゼロとはいえないし，実際のところ財政破綻する国は周
期的に現れる。だからやはり，国債も厳密な意味での安全資産とはみなせな
い。このように，本当の安全資産はこの世に存在しないと考えるのが正しい
認識なのかもしれない。

　とはいえ，ここの安全資産とは，相対的な程度の問題と考えればどうであ
ろう。確かに国の破綻リスクや銀行の信用リスクは決してゼロではない。し
かし，金融機関ではないイチ民間企業の信用リスクに比べれば，国や銀行の
信用リスクは著しく小さいと考えてもよいのではないか。ちなみに銀行は預
金という貨幣の発行者でもある。貨幣が貨幣であるためには，それが額面ど
おり通用するという社会の信認が必要不可欠である。この社会的信認を人々
から勝ち得るべく，政府は銀行の経営状況に一定の介入をする。認可と検査
という手段でもって，政府が銀行の経営に一定の関与を保つことで，公的な
強制通用力が付与されなくても，銀行の預金には額面通用力の社会的信認が
担保される。

　またインフレリスクも決してゼロとはいえない。しかし，ハイパーインフ
レというごく特殊な状況も考えられないわけではないが，普通の経済状況に

おけるインフレリスクの大きさは，日々市場で成立する証券価格の値動きリスク (これを市場リスクという) に比べれば，遥かに小さいものとみなすことができよう。本稿が問題にしたいのは，主に証券市場の値動きに関する問題であるから，以下ではインフレリスクはゼロとみなして無視される。また国家や銀行が破綻する信用リスクもゼロとしよう。このようにリスクを相対的な程度の問題と考え，今，一つの民間企業に関連するリスクを主な考察対象として想定するなら，その大きさに比べれば，銀行預金や国債に関連するリスクはほとんどゼロと考えて支障ないことも多かろう。ファイナンス論でいう安全資産とはそのような資産と考えるべきである。

　ただ誤解のないようもう少し付言するなら，インフレリスクをゼロとし，国家と銀行の信用リスクもゼロとみなすとしても，それで銀行預金や国債を安全資産とすることができるのか。厳密に考えればまだ不十分なのである。預金利子率や国債利回りには次に述べる不確定要因がまだ存在する。預金や国債の利子や元本返済の金額は，発行者の信用リスクがゼロであるなら，発行時点で値は確定する。しかし，国債は満期前に売却すると，将来の売却価格は現在では未知であるから，国債の利回りは危険資産と同様の市場リスクに直面していて，とても無危険利子率とはみなせない。しかし国債を満期まで保有することを前提にするなら，インフレリスクや信用リスクが無視されるなら，将来の利子や元本返済額は発行時点で確定する。ここで注意すべきことは，そうだとしても，受取者の将来収益の値まで確定するわけではないという点である。将来の再投資収益率が不確かだからである。例えば半年後に受取る利子が 5 万円だとしたら，発行者の信用リスクがゼロなら，半年後に 5 万円を確実に受取ることになる。しかし，この人が受取る 1 年後のお金はいくらになるか。半年後に受取る 5 万円は，さらに半年の間，1 年に至るまで再投資されていくばくかの収益を生むが，その収益率 (将来の再投資収益率) が実際のところいくらになるかまで，当然現在時点で知る由もない。従ってやはり将来収益の値にはリスクが存在する。

　インフレリスクや信用リスクを無視すれば安全資産のように思える銀行預金や国債でも，将来の再投資収益率の不確実さまでも考慮すれば，銀行預金や国債からの将来収益はとても絶対確実な値とはいえない。将来収益にリス

クがあるということでは，銀行預金・国債もやはり安全資産とはいい難い。とはいえ，先に述べたようにモノゴトの相対的な程度が重要で，もっというなら，分析したい問題の種類に応じて，何が安全資産であるか，その見解は異なり得るということではないだろうか。将来の再投資を無視するなら，確かに銀行預金や満期保有の国債は現在時点でその将来収益は確定する。従って，将来の再投資の問題を無視するなら，銀行預金の利子率や国債の利回りを無危険利子率と考えることに一定の妥当性はあろう。

　ところで前で述べたように，国債は満期前に売却するなら，売却価格は将来の市場価格であるから，国債の利回りは危険資産としての市場リスクに直面している。しかし，リスクとは相対的な程度の問題であるとも述べた。それでは国債の利回りは株式のそれに比べ，どれぐらい不確かなのか。いい換えるなら，国債の価格の変動性は株式の価格と比べてどれほどか。国債価格の変動性を長期的な時系列データとしてどうやって測るかは，意外と難しい問題なのであるが，長期的に一貫した数字としては国債先物価格が容易に入手できる。これを国債の価格変動の指標とみなそう。また株式の価格変動性は TOPIX の変化率を求めてみる。国債と TOPIX の前月からの変化率について，各年の標準偏差を計算したのが表 5.1 である。[*4] 若干例外的な年もあるが (2017 年など)，国債の価格変動性は TOPIX に比べ概ね 10 分の 1 ほどなのである。国債の利回りは，国債の途中売却を考慮すれば，確かに危険資産としての市場リスクを含んだ数字ではあるが，そうであっても，株式の価格変動性に比べればごく微細な大きさと考えることはできないだろうか。それ故，株式の市場リスクを分析対象としたい場合，国債は安全資産で，国債の利回りが無危険利子率であると考えてよかろう。

　ところで，安全資産の候補としては他に銀行預金がある。長期国債の利回りとレベル的にどれぐらい異なるのか。満期 7 年以上 10 年以下の自由金利定期預金 (新規受入) の金利の平均を求め，その値と先の国債利回りとをグ

[*4] 表 5.1 の価格変動性は次のように計算されている。月次データの任意の第 t 時点の価格系列を P_t とすると (P_t は TOPIX あるいは国債先物価格の月末値)，$P_t/P_{t-1} - 1$ により毎月の対前月変化率を計算する。この変化率の各年 1 月から 12 月までの 12 個の値から算出される標準偏差に対し，$\sqrt{12}$ を乗じて得られた値が表 5.1 の価格変動性である。

年	2012	2013	2014	2015	2016	2017	2018	2019
TOPIX	0.2113	0.1599	0.1166	0.1825	0.1921	0.0607	0.1535	0.1154
国債先物	0.0138	0.0245	0.0120	0.0105	0.0218	0.0123	0.0115	0.0159

表 5.1 株式と国債の価格変動性

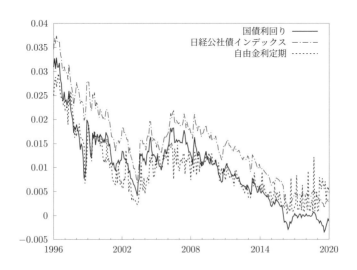

図 5.6 無危険利子率いろいろ

ラフに描いたのが図 5.6 である。この図には他に，日経公社債の長期債イン
デックスも参考値として描いている。図は 1996 年以降から近年までを描い
ているが，2015 年ぐらいまでは，自由金利定期は国債と連動してほぼ同水
準にあった。他方，日経公社債インデックスは，国債に加えて民間企業の社
債を含んでいるので，インデックスの値は民間企業の信用リスクを含んだ利
回りを反映している。そのためか日経公社債インデックスと国債利回りとの
間には，一定のスプレッド (差異) の存在が見て取れる。しかし大変興味深
いことに，2015 年までは国債利回りに連動して同水準にあった自由金利定
期の金利がそれ以降徐々に乖離していって，近年ではむしろ公社債インデッ
クスの方に近くなっているように見える。これはこの時期に実施された異次

元金融緩和により，国債利回りがより低位に誘導されたことの証左かもしれ
ないが，これについてここでこれ以上の言及はしない。

　ここでいいたいことは，何を無危険利子率として選ぶかは，やはりそのと
きどきの状況に依存して決めるべきであることをこの図は示唆しないだろう
かという点である。無危険利子率として普遍的な選択肢はないということで
ある。ここでは以下，長期の国債利回りを無危険利子率のデータとしている
が，代わりに銀行の自由金利定期預金の金利であっても，あるいは公社債イ
ンデックスを代用したとしても，恐らくは結果に大きな差異は生じないであ
ろう。

5.5　マーケットポートフォリオ収益率 $\tilde{R}_M$

　ここではマーケットポートフォリオ収益率をどうやって計算すればよいか
を検討しよう。CAPM の式に登場する $E(\tilde{R}_M)$ や $cov(\tilde{R}_M, \tilde{R}_i)$ の $\tilde{R}_M$ のデー
タをどうやって求めればよいかという問題である。

　マーケットポートフォリオとは，すべての危険資産について，その存在量
の総合計に対する各資産の現存量の比率を，投資比率として構成されるポー
トフォリオのことであるが，この世に現存するあらゆる危険資産を含んだ
ポートフォリオなど実在しないのは，想像に難くない。不動産や社債等の債
券を無視し，危険資産を株式に限定したとしても，そしてその株式をわが国
株式市場に上場している株式銘柄に限定したとしても，それでもわが国の全
銘柄を対象にした株価指数は実在しない。マーケットポートフォリオをス
トレートに体現したとみなせるデータはこの世に存在しないのである。確
かにそうなのであるが，危険資産が株式のみから成ると考えているなら，そ
してわが国の株式市場だけを分析対象にしているのであれば，実質的には
マーケットポートフォリオは TOPIX で近似できる。であるなら，マーケッ
トポートフォリオ収益率 $\tilde{R}_M$ は TOPIX の値から計算される収益率を当てれ
ばよい。

　前でも述べたが，TOPIX は，東証第 1 部上場全銘柄の平均株価を時系
列的な比較ができるよう (連続性を維持するよう) に調整を施した数字であ

る。ただし TOPIX の計算に配当金の権利落ちに関する調整は施されない。
TOPIX の値動きから計算される利回りでは，それは収益率の中の値上り益
(値下り損) 利回りの部分に相当し，配当利回りを含まないことになる。近年
の配当利回りの役割の大きさからして，配当金を含むようにして TOPIX 収
益率を計算しないと，マーケットポートフォリオ収益率のデータとしては大
変に都合が悪い。それでは配当金込みの TOPIX 収益率をどうやって求めれ
ばよいか。ここでは 3 つの方法によって得た収益率の数字を相互に比較検討
したい。

系列 1：自分で作る　TOPIX の配当利回りに該当する別のデータを使って，
　　配当金込みの TOPIX 収益率を自作する。
系列 2：NPM データ　FDS(金融データソリューションズ) 社の作成した「日
　　本上場株式月次リターンデータ」(NPM 関連データ) に収録されてい
　　る TOPIX の配当金込み収益率を利用する。
系列 3：FF3 モデル　同じく FDS 社が提供している Fama-French 3 ファク
　　ターモデルにおけるマーケットファクターのデータ Rm を利用する。

　系列 1 は，TOPIX のデータに配当利回りのデータを併せて，自分で TOPIX
収益率を作ろうというものである。TOPIX の値動きから求められる価格変
化率を値上り益 (値下り損) 利回りとみなし，これに別データの TOPIX の
「配当利回り」を加え，その合計値をもって TOPIX 収益率と考える。系列 2
は FDS 社が独自に計算したもので，TOPIX 構成銘柄すべてについて各期の
配当金を加味して計算された TOPIX 収益率である。本物の TOPIX 収益率
として，現在入手可能な最も正確なデータと考えられる。系列 3 も FDS 社
が独自に作成して発表しているデータで，東証第 1 部市場のみならず，東証
第 2 部市場や JASDAQ 他，わが国すべての株式市場を対象にしている点で，
本当のマーケットポートフォリオに近い構成になっている点が特徴である。
各市場の株価指数をそれぞれの時価総額で加重平均した値から値上り益 (値
下り損) 利回りを計算し，さらにすべての構成銘柄の配当利回りを考慮して
いる。わが国株式市場のデータを用いて，Fama-French モデルのマーケット
ファクターを体現した数値と考えてよい。

　系列 2 と系列 3 を比較すれば，TOPIX のマーケットポートフォリオに対する近似の善し悪しが判明しよう。本当はマーケットポートフォリオではない TOPIX を，あたかもマーケットポートフォリオとみなすことがどの程度の差異をもたらすのか。この差異が十分に小さいなら，マーケットポートフォリオの指標をわざわざ作らずとも，TOPIX でもってマーケットポートフォリオの代理指標とすればよかろう。また系列 2 や系列 3 が，TOPIX あるいはマーケットポートフォリオの収益率として利用するに最も信頼に足るデータではあろうが，これらは有料データベースであるから利用するには当然お金がかかる。のみならず，誰でも容易にアクセスできるかという意味で，データベース自体がそれほど汎用性の高いものとはいえない。系列 2 や系列 3 は，データ環境に恵まれた一部の人々のみが利用できるデータと考えた方がよい。それでは，それ以外の多くの人々はどうやってマーケットポートフォリオ収益率を入手すればよいのか。対してここの系列 1 は，比較的に入手が容易なデータから値を算出できる。そして系列 1 が系列 2 あるいは系列 3 と大差ないことを示せるなら，容易に入手可能な系列 1 の値でもってマーケットポートフォリオ収益率の近似値として利用すればよい。そこで系列 1 について以下若干詳しく検討してみよう。

　系列 1 から系列 3 のデータベース上の収録期間の先頭 (これを「初期時点」と称す) は，系列 1 は 1955 年 1 月，系列 2 が 1982 年 11 月，系列 3 が 1977 年 9 月である。系列 1 では，配当利回りを意味する「東証 1 部平均利回り (有配会社)」が 1955 年 1 月から利用でき，これが実際の初期時点となる。系列 2 と系列 3 の依拠する FDS 社の NPM 関連データでは，個別銘柄の利回りは 1977 年 1 月から収録されているが，系列 2 の TOPIX 配当金込み収益率は 1982 年 11 月が初期時点である。[*5] Fama-French の 3 ファクター

[*5] 図 5.4 にある TOPIX の「配当金込み系列」とは，この系列 2 の月次データを使って算出される。今，T 個の月次収益率データがあって，これらを R_t (ただし $t = 1, \cdots, T$) で表す。初期時点の 1982 年 11 月を基準時とし，そのときの価格 P_1 を 100 に基準化する。1982 年 12 月が P_2，1983 年 1 月が P_3，$\cdots$ とすると，第 T 時点の価格 P_T は

$$P_T = 100 \times \prod_{t=2}^{T} (1 + R_t)$$

	A	B	C	D	E	F	G	
1		TOPIX	変化率	TOPIX配当利回り		TOPIX収益率	年平均	
620	200607	1572.01	-0.0094205	1.23	0.001025	-0.008396		
621	200608	1634.46	0.03972621	1.18	0.0009833	0.0407095		
622	200609	1610.73	-0.0145186	1.21	0.0010083	-0.01351		
623	200610	1617.42	0.0041534	1.22	0.0010167	0.0051701		
624	200611	1603.03	-0.0088969	1.24	0.0010333	-0.007864		
625	200612	1681.07	0.04868281	1.19	0.0009917	0.0496745	0.03721757	
626	200701	1721.96	0.02432379	1.16	0.0009667	0.0252905		
627	200702	1752.74	0.01787498	1.15	0.0009583	0.0188333		
628	200703	1713.61	-0.022325	1.18	0.0009833	-0.021342		
629	200704	1701	-0.0073587	1.18	0.0009833	-0.006375		
630	200705	1755.68	0.0321458	1.18	0.0009833	0.0331291		
631	200706	1774.88	0.01093593	1.25	0.0010417	0.0119776		
632	200707	1706.18	-0.0387068	1.29	0.001075	-0.037632		
633	200708	1608.25	-0.0573972	1.38	0.00115	-0.056247		
634	200709	1616.62	0.00520441	1.37	0.0011417	0.0063461		
635	200710	1620.07	0.00213408	1.38	0.00115	0.0032841		
636	200711	1531.88	-0.0544359	1.47	0.001225	-0.053211		
637	200712	1475.68	-0.0366869	1.55	0.0012917	-0.035395	-0.1113417	
638	200801	1346.31	-0.0876681	1.69	0.0014083	-0.08626		
639	200802	1324.28	-0.0163632	1.72	0.0014333	-0.01493		
640	200803	1212.96	-0.0840608	1.84	0.0015333	-0.082527		
641	200804	1358.65	0.12011113	1.71	0.001425	0.1215361		
642	200805	1408.14	0.03642586	1.63	0.0013583	0.0377842		
643	200806	1320.1	-0.0625222	1.8	0.0015	-0.061022		
644	200807	1303.62	-0.0124839	1.82	0.0015167	-0.010967		
645	200808	1254.71	-0.0375186	1.89	0.001575	-0.035944		
646	200809	1087.41	-0.1333376	2.16	0.0018	-0.131538		
647	200810	867.12	-0.2025823	2.58	0.00215	-0.200432		
648	200811	834.82	-0.0372497	2.57	0.0021417	-0.035108		
649	200812	859.24	0.02925181	2.48	0.0020667	0.0313185	-0.4680892	
650	200901	794.03	-0.0758926	2.66	0.0022167	-0.073676		

◀ ▶　NEEDS株価指数_月末値　　NEEDSマクロから　　TOPIX変動性　　compJINDEX　　TOPIX&Rf　　グラフ1　　グラフ2　＋

図 5.7　TOPIX の計算方法

モデルの各ファクターは 1977 年 9 月から収録されていて，これが系列 3 の
データベース初期時点である。系列 1 から系列 3 までの 3 系列を比較する
のに，1982 年 11 月以降であればこれら 3 つのデータが揃う。

　図 5.7 は系列 1 を実際に計算したエクセルシートである。TOPIX データ

として計算されている。

と TOPIX の配当利回りから TOPIX 収益率を計算している。シート B 列は
TOPIX の原系列である。これは新聞誌上などから容易に入手できる数字で
ある。月次データとして，このシート B 列の数字は TOPIX の毎月末終値で
ある。他方，配当利回りの方であるが，シート D 列の数値が原系列で，こ
れは NEEDS マクロデータベースに収録されている「東証 1 部平均利回り
(有配会社)」(コード JSAY) と称されるデータである。東証の HP でも発表
されているので誰でも入手可能な数字といえよう。本稿では，これを毎月の
東証第 1 部上場全銘柄の配当利回りとみなす。このデータの計算方法は，東
証 HP 上の資料によると，各銘柄の配当利回りをすべての銘柄について平均
したものであることが記されているが，それ以上の詳細は明らかにされてい
ない。恐らくは，(各月から見て) 過去 1 年間に支払われた配当金をその月末
の TOPIX で割った数字をパーセント表示したものと考えられる。その月次
データの系列なら古くからデータが存在し，1955 年 1 月から利用可能であ
る。これらのデータは，大学等の NEEDS マクロデータベースが利用可能で
あれば，容易に一括入手できる。

　さて，図 5.7 のシート C 列では，B 列の TOPIX の値の変化率を計算して
いる。当月の値を P_t，前月の値を P_{t-1} とすると，$\frac{P_t}{P_{t-1}} - 1$ を計算したのが C
列の値である。この価格変化率は，値上り益 (値下り損) 利回りを意味して
いる。この数値は前月末から今月末への変化率であるから，1 か月単位の価
格変化率であることを注意しておく。配当利回りの方は，D 列の利回りを
100 で割って小数点表示にし，さらに 12 で割って 1 か月当りに換算した数
値を E 列に記しておく。このように両方とも 1 か月当りの数値にした上で，
これら C 列と E 列を加えた値が F 列の TOPIX 収益率となる。すべての月
で同様な計算をして F 列に値が並ぶ。こうしてできた F 列の数値が TOPIX
収益率の月次データである。これで $\tilde{R}_M$ に該当する毎月のデータは用意でき
た。次に求めたいのは $\tilde{R}_M$ の平均 $E(\tilde{R}_M)$ や標準偏差 $\sigma(\tilde{R}_M)$ である。複数個
の月々の $\tilde{R}_M$ をデータとするサンプルから，標本平均や標本標準偏差を計算
すればよいが，それではどのようにして複数個の月々を取り上げればよいの
か。これを今，サンプルの抽出方法と称しよう。

　サンプルの抽出方法には 2 つの考え方がある。どちらがよいかの定説はな

い。一つはできる限り多くのデータをサンプルに入れるべきという考え方である。もう一つは一定の期間に限定してサンプルを抽出すべきという考え方である。前者については，統計理論における「一致性」の概念に依拠して，サンプルサイズ (サンプルを構成するデータの個数) を大きくすればするほど，標本統計量は真の値に近付いていくと考える。サンプルを構成するデータの数をできる限り多くしたいのであれば，データベースのデータが収録されている初期時点をサンプルの先頭としていつも使うようにすればよい。ここでは計算に用いる先頭データのことをサンプルの開始時点と称する (「初期時点」と意味が異なる。初期時点はデータベース上の収録先頭データをいう)。この考え方に沿うなら，サンプルの開始時点はデータベースの初期時点に固定されることになる。

これに対し，何事にもサンプル期間の途中に構造変化があるから，あまり古いデータをサンプルに入れてしまうと，標本統計量はかえって真の値に近付かない。構造変化で真の値そのものが変化したかもしれないからである。これが後者の立場の考え方で，サンプル抽出されるデータ期間は適当な長さに限定した方がよいということになる。その結果サンプルサイズは，ある程度の大きさを確保しながらも一定の値に固定される。標本統計量を推定する際のデータのサンプル開始時点は (想定上の) 計算時点に応じて変化していく。

もう少し具体的に述べた方が分りやすかろう。図 5.7 のシート F 列には，全体で 1982 年 11 月から 2016 年 12 月までの期間 (34 年 2 か月あるいは 410 か月) の各月について TOPIX 収益率 $\tilde{R}_M$ の値が並んでいるとしよう。今欲しいのは，$E(\tilde{R}_M)$ や $\sigma(\tilde{R}_M)$ の標本統計量である。例えば，2007 年 12 月時点の標本平均・標本標準偏差を求めたいとする。前者の考え方 (サンプルサイズはできる限り大きい方がよい) によれば，標本統計量の計算には 1982 年 11 月から 2007 年 12 月までの $\tilde{R}_M$ の値を用いる。1 年後の 2008 年 12 月時点の標本平均・標本標準偏差は，1982 年 11 月から 2008 年 12 月までの $\tilde{R}_M$ を用いる。…… このようにサンプルの開始時点はデータの初期時点 1982 年 11 月に固定される。他方，後者の考え方 (サンプルサイズは固定すべき) によれば，例えばサンプルのデータ期間を 3 年間に固定するなら，2007 年

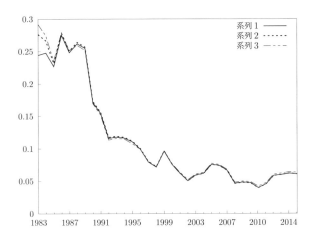

図 5.8 系列間の比較：最長収益率平均

12 月時点の標本統計量は，2005 年 1 月から 2007 年 12 月までの $\tilde{R}_M$ のデータを用いて計算する。2008 年 12 月時点なら，2006 年 1 月から 2008 年 12 月までのデータから推定する。

　当然のこと，後者の考え方による標本統計量は前者のそれに比べ，値の変動性は大きくなる。また同じ後者の考え方であっても，サンプルのデータ期間が長いほど変動性は小さくなっていく。どの抽出方法が優れているかに関する学問上の定説は存在しない。がしかし，筆者の個人的な印象では，後者の考え方では，データ期間の長さ次第で標本統計量は大きく変化し得るので，どれを選ぶかで分析者の恣意性が入り込む余地を排することはできない。そういう意味で，前者の考え方が好ましいように筆者個人は思うが，分析の目的に応じてケースバイケースで決めて構わないであろう。

　まとめると，前者の考え方に基づく方法では，サンプルの開始時点をデータ先頭の 1982 年 11 月に固定し，標本統計量を計算する各時点までのデータをサンプルとする。このサンプルを用いて標本平均を推定するなら，これを今，最長収益率平均と称しておく。もう一つは，後者の考え方に基づいてサンプルのデータ期間を 1 年に固定する。このサンプルから標本平均を推定

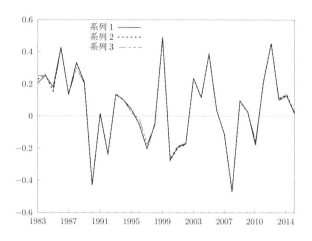

図 5.9　系列間の比較：1 年固定収益率平均

する場合，これを 1 年固定収益率平均と称しよう。今ここの分析目的は，先に述べた 3 つのデータ，系列 1 と系列 2，系列 3 をそれぞれ $\tilde{R}_M$ のデータとみなす場合，それぞれの $E(\tilde{R}_M)$ や $\sigma(\tilde{R}_M)$ の標本統計量はどれぐらい異なるのかという問題である。3 つの系列における，1983 年から 2016 年までの各年 12 月における標本統計量をグラフに記して比較してみる。サンプル抽出方法を最長収益率平均として計算した場合が図 5.8，1 年固定収益率平均として計算した場合が図 5.9 である。

　1 年固定収益率平均は最長収益率平均に比べて，年ごとの値はかなり変動している。これら 2 つの図は，サンプルの抽出方法いかんで，分析結果は少なからず影響を受けることを示唆するものである。しかしそうではあっても，系列 1 から系列 3 までの差異はほとんどないようである。最長収益率平均で見ても 1 年固定収益率平均で見ても，初期の 2 年間ほどを除けば，それ以後の 3 つの系列はグラフ上でほとんど一致して重なっている。次に標本標準偏差はどうであろうか。同じ期間の 3 つの系列について，サンプル抽出方法を 1 年固定収益率とした場合の標本標準偏差をグラフにプロットしたの

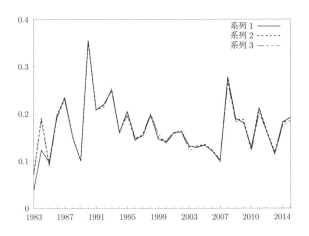

図 5.10　系列間の比較：1 年固定収益率標準偏差

が図 5.10 である。標本標準偏差も，初期の数年間を除いて，以後の期間で 3
つの系列はほぼ完全に一致している。最長収益率で標本標準偏差を推定して
も事情はまったく同じで，グラフの掲載は省略する。

　以上の図から分ることは，まず系列 2 と系列 3 の標本統計量がほとんど一
致しているということで，それは TOPIX がマーケットポートフォリオの代
理変数として十分であるということを意味している。TOPIX と，TOPIX 以
外の株価指数を考慮した加重平均とが実質的に同じ動きをするというのは，
ある意味当然のことではある。TOPIX の時価総額は，わが国株式市場にお
いては他のどの市場と比べて極めて圧倒的な大きさである。従って TOPIX
に加えてわが国のあらゆる株式市場を時価総額で加重平均しても，その平
均値は事実上 TOPIX そのものということなのである。従って，マーケット
ポートフォリオの指標としては，TOPIX を取り上げれば十分であろう。

　次に，それでは TOPIX の収益率をどうやって計算するか，特に配当利回
りをどう加味すればよいかという問題である。TOPIX は東証第 1 部全銘柄
を対象にしているから，2000 社超の企業の配当金をカバーしていく必要が
あるが，TOPIX の構成銘柄すべての企業一つ一つについて，その配当金を

調査・把握し，その結果として TOPIX 収益率を算出したのが系列 2 である。しかし，イチ個人がこれをマネするのは事実上無理であまり現実的な手法ではない。そこで，上記の系列 1 で示したように，配当利回りについては，東証が発表している「東証 1 部平均利回り (有配会社)」を用いれば，比較的簡単な手間暇でイチ個人であっても TOPIX 収益率の十分なデータを計算することができる。いわば系列 1 は TOPIX 収益率の簡便法であるが，上記のグラフを見る限り，系列 1 は系列 2 とほとんど一致しているから，簡便法であっても十分使いものになると判断できよう。以上のことから，系列 1 の計算方法による TOPIX 収益率は，マーケットポートフォリオ収益率の代理変数として利用に耐え得ると考えられる。

5.6 CAPM の数値化について

CAPM に登場する変数は，無危険利子率 R_F を除いて他はすべて平均等の統計パラメタとして登場する。$E(\tilde{R}_i)$ や $E(\tilde{R}_M)$, $\sigma(\tilde{R}_M)$, $\text{cov}(\tilde{R}_M, \tilde{R}_i)$ である。これら統計パラメタはデータから推定する必要がある。例えば平均の推定量は標本平均を計算するが，前で述べたように，サンプル抽出方法について確固たる手法が存在するわけではないというのが現状である。唯一サンプルサイズの大きいことが必要条件ではあろうが，どれぐらいの大きさで十分となるのか。CAPM を数値化して株式資本コストを推定しようとするとき，サンプルの抽出方法いかんで，推定結果にどれぐらい差異が生じるかを知っておくことは，CAPM を実用に供する上で必要不可欠な情報のはずである。

5.6.1 標本統計量からの CAPM 推定

CAPM の式右辺に登場する平均 $E(\tilde{R}_M)$ と分散 $\sigma(\tilde{R}_M)^2$ および共分散 $\text{cov}(\tilde{R}_M, \tilde{R}_i)$ は，その値を各々の標本統計量から推定する必要がある。標本統計量を計算する際，その依拠するサンプルを次のように表現しよう。マーケットポートフォリオ収益率 $\tilde{R}_M$ のデータには，配当金込み TOPIX 収益率を当てる。前節の系列 1 である。t 時点の配当金込み TOPIX 収益率の値を，

t 時点のマーケットポートフォリオ収益率のデータとみなし，添字 t を付けて $R_{M,t}$ と記す。$\tilde{R}_M$ は確率変数であるが，t という添字を付けて $R_{M,t}$ と記すことで確率変数の実現値，つまりデータであることを表している。また銘柄 i の株式利回り $\tilde{R}_i$ の t 時点におけるデータの値を $R_{i,t}$ と記す。今，データの時点が始めから終わりまで全部で T 個あるものとし，$t = 1, \cdots, T$ とする。今現在は T 時点にいて，われわれは 1 時点から T 時点までの値が既知のデータであると考える。

　$\mathrm{E}(\tilde{R}_M)$ の標本平均を $\overline{R}_M$ で，$\mathrm{E}(\tilde{R}_i)$ の標本平均を $\overline{R}_i$ で表す。具体的には

$$\overline{R}_M = \frac{1}{T} \sum_{t=1}^{T} R_{M,t} \qquad\qquad \overline{R}_i = \frac{1}{T} \sum_{t=1}^{T} R_{i,t}$$

が T 個のデータから成るサンプルを使って計算される標本平均である。次に，分散 $\sigma(\tilde{R}_M)^2$ の標本統計量を $\widehat{\sigma}(\tilde{R}_M)^2$ で，共分散 $\mathrm{cov}(\tilde{R}_M, \tilde{R}_i)$ の標本統計量を $\widehat{\mathrm{cov}}(\tilde{R}_M, \tilde{R}_i)$ で表すと，これらは次のように

$$\widehat{\sigma}(\tilde{R}_M)^2 = \frac{1}{T} \sum_{t=1}^{T} (R_{M,t} - \overline{R}_M)^2$$

$$\widehat{\mathrm{cov}}(\tilde{R}_M, \tilde{R}_i) = \frac{1}{T} \sum_{t=1}^{T} (R_{M,t} - \overline{R}_M)(R_{i,t} - \overline{R}_i)$$

と定式化しておけばよい。この定式化のように T で割ると不偏性は成り立たないが，そのことが問題を引き起すことはない。

　CAPM から株式資本コストを推定する際，残る無危険利子率 R_F をどう取り扱えばよいか。R_F のみ統計量を推定する必要はない。T 時点の R_F のデータを $R_{F,T}$ で表すと，T 時点における CAPM からの推定は，式右辺の統計パラメタに標本統計量を当てて

$$R_{F,T} + [\overline{R}_M - R_{F,T}] \frac{\widehat{\mathrm{cov}}(\tilde{R}_M, \tilde{R}_i)}{\widehat{\sigma}(\tilde{R}_M)^2}$$

として計算すればよい。これが銘柄 i の株式資本コストの推定値である。

ところで CAPM の式右辺に登場する分数, 分散に対する共分散の比率 (ベータ係数) は, 次のような回帰分析の回帰係数と考えることもできる。

$$R_{i,t} = a_i + b_i R_{M,t} + \epsilon_{it} \quad t = 1, \cdots, T$$

という単純回帰の式を想定する。ここの ϵ_{it} は攪乱項である。この回帰式を ファイナンス論ではマーケットモデルと称することが多い。この回帰式の係数 b_i の推定値 $\hat{b}_i$ は

$$\hat{b}_i = \frac{\widehat{\mathrm{cov}}(\tilde{R}_M, \tilde{R}_i)}{\widehat{\sigma}(\tilde{R}_M)^2}$$

として計算されるから, 回帰分析で得られる係数推定値 $\hat{b}_i$ は, ベータ係数の 推定値になっていることが分る。

ベータ係数は, 共分散と分散の比率から計算しても, 回帰分析の係数推定 値を当てても, CAPM の場合ならばどちらでも同じである。両者の計算の 手間暇も大差ない。ここの目的は, CAPM の推定結果がどれぐらい異なる 値になるかを調べることにあるが, CAPM の推定結果と比較するため, 有名 な Fama-French の 3 ファクターモデルにも簡単に言及しておこう。3 ファ クターモデルの場合は, ベータ係数が簡単な比率で書けなくなり, もっぱら 回帰分析における重回帰式の係数推定値を利用することになる。

Fama-French の 3 ファクターモデルは,

$$\mathrm{E}(\tilde{R}_i) = R_F + \beta_{M,i}[\mathrm{E}(\tilde{R}_M) - R_F] + \beta_{SMB,i}\,\mathrm{E}[\widetilde{SMB}] + \beta_{HML,i}\,\mathrm{E}[\widetilde{HML}]$$

という式から株式資本コストを定式化するものである。マーケットスプレッ ドの $\mathrm{E}(\tilde{R}_M) - R_F$ が 1 番目のファクターで, これはマーケットファクター とも称される。$\mathrm{E}(\widetilde{SMB})$ は 2 番目のファクター, $\mathrm{E}(\widetilde{HML})$ は 3 番目のファク ターである。$\widetilde{SMB}$ は次のように定義される値を表す。時価総額の大きい企 業から小さい企業まで, 例えば 3 つのグループに分割して, 時価総額の小さ いグループに所属する企業の株式利回りの平均から時価総額の大きいグルー プの企業の株式利回りの平均を引いた, 両者の差を $\widetilde{SMB}$ として表している。 また $\widetilde{HML}$ の方は分類に簿価時価比率 (book to market ratio) を用いる。この 比率の高いものから低いものに 3 分割し, 簿価時価比率の高い企業に関する

株式利回りのグループ平均から低い企業に関する株式利回りのグループ平均
との差を取ったものが $\widetilde{HML}$ である。

これら $\widetilde{SMB}$ や $\widetilde{HML}$ のデータを自分で作るなら，少なからず大変な作業
なのであるが，わが国なら FDS 社の NPM 関連データの中に，$\widetilde{SMB}$ や $\widetilde{HML}$
の月次データが公開されている。t 時点のデータであることを表すのに添字
を付け，SMB_t や HML_t と記す。またマーケットスプレッド $E(\tilde{R}_M) - R_F$ の
データには，$X_{M,t} = R_{M,t} - R_{F,t}$ で定義される超過収益率 $X_{M,t}$ を t 時点のデー
タとする。被説明変数の方は，$X_{i,t} = R_{i,t} - R_{F,t}$ から計算される超過収益率
$X_{i,t}$ を t 時点のデータとしよう。[*6] これらを用いて次のような重回帰式を推定
する。

$$X_{i,t} = \alpha_i + \beta_{M,i}X_{M,t} + \beta_{SMB,i}SMB_t + \beta_{HML,i}HML_t + \epsilon_{it}^{(3f)} \quad t = 1, \cdots, T$$

$\epsilon_{it}^{(3f)}$ は攪乱項である。この重回帰式における回帰係数の推定値を $\hat{\beta}_{M,i}$ と
$\hat{\beta}_{SMB,i}$，$\hat{\beta}_{HML,i}$ として，さらに $X_{M,t}$ と SMB_t，HML_t の標本平均を

$$\overline{X}_M = \frac{1}{T}\sum_{t=1}^{T}X_{M,t} \qquad \overline{SMB} = \frac{1}{T}\sum_{t=1}^{T}SMB_t \qquad \overline{HML} = \frac{1}{T}\sum_{t=1}^{T}HML_t$$

で表すとすると，3 ファクターモデルによる株式資本コストの推定値は，次
のように求められる。

$$R_{F,T} + \hat{\beta}_{M,i}\overline{X}_M + \hat{\beta}_{SMB,i}\overline{SMB} + \hat{\beta}_{HML,i}\overline{HML}$$

5.6.2　推定結果の差異

「サンプル抽出方法」の差異で推定結果がどれぐらい異なるかをこの節で
まとめる。ここの「サンプル抽出方法」とは前でも説明したが，この問題は，
この節での記号を使うなら，t 時点の $t = 1, \cdots, T$ にある，1 時点や T 時点
をどうすればよいのかという議論に他ならない。できる限り長い最長期間の

[*6] 被説明変数は超過収益率ではなく，$R_{i,t}$ をそのまま使っても結果に大差ない。この差異は
　　 α_i の推定値の差となるが，今の場合，α_i の推定値は利用しないからである。

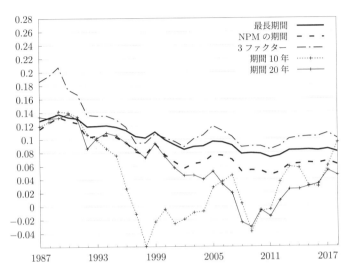

図 5.11 全 415 社の平均

サンプルを取るべきか，それとも一定の長さに制限した期間をサンプルにするべきか。最長期間のデータを取るなら，データベースの初期時点がサンプルの開始時点となるが，データベースに応じて初期時点が異なるなら，データベースいかんでサンプルの開始時点も異なるので，標本統計量も異なる値になる。それではその差の影響はどれぐらいか。

　株式利回りの代表的なデータベースである，FDS 社作成の NPM 関連データでは，月次データの収録の初期時点が 1977 年 1 月となっている。また FDS 社は，Fama-French の 3 ファクターモデルの各ファクターも算出していて，ファクターの月次データが 1977 年 9 月を初期時点としている。本稿では，この 3 ファクターのデータに合わせて，NPM 関連データの初期時点を 1977 年 9 月とみなそう。他方，株価を収録した電子媒体として最も古い歴史を持つのは，東洋経済新報社『株価 CD-ROM』であり，その月次データの収録は 1964 年 1 月が初期時点である。『株価 CD-ROM』には基本的に株価しか収録されていないが，筆者は，この『株価 CD-ROM』をベースに配当

年月	最長	NPM	10 年	20 年	FF3f
198712	0.1277	0.1152	0.1195	0.1334	0.1863
198812	0.1322	0.1247	0.1260	0.1312	0.1945
198912	0.1374	0.1333	0.1417	0.1319	0.2074
199012	0.1328	0.1276	0.1398	0.1378	0.1745
199112	0.1309	0.1240	0.1335	0.1294	0.1669
199212	0.1191	0.1027	0.1069	0.0864	0.1361
199312	0.1196	0.1050	0.0991	0.1019	0.1348
199412	0.1205	0.1058	0.0860	0.1095	0.1349
199512	0.1180	0.1028	0.0756	0.1053	0.1291
199612	0.1132	0.0953	0.0261	0.0949	0.1182
199712	0.1042	0.0812	−0.0115	0.0846	0.0941
199812	0.1018	0.0768	−0.0596	0.0725	0.0946
199912	0.1106	0.0935	−0.0231	0.0934	0.1079
200012	0.0993	0.0770	−0.0046	0.0745	0.1020
200112	0.0917	0.0661	−0.0257	0.0575	0.0967
200212	0.0847	0.0566	−0.0192	0.0457	0.0887
200312	0.0888	0.0635	−0.0091	0.0463	0.1003
200412	0.0897	0.0656	−0.0074	0.0401	0.1058
200512	0.0965	0.0766	0.0281	0.0520	0.1195
200612	0.0955	0.0756	0.0370	0.0324	0.1122
200712	0.0909	0.0696	0.0461	0.0197	0.1038
200812	0.0782	0.0522	0.0043	−0.0239	0.0881
200912	0.0791	0.0538	−0.0375	−0.0309	0.0895
201012	0.0782	0.0533	−0.0069	−0.0055	0.0896
201112	0.0727	0.0464	−0.0046	−0.0151	0.0845
201212	0.0757	0.0512	0.0366	0.0085	0.0898
201312	0.0832	0.0623	0.0589	0.0251	0.1004
201412	0.0834	0.0633	0.0570	0.0253	0.1026
201512	0.0840	0.0648	0.0305	0.0294	0.1036
201612	0.0830	0.0638	0.0290	0.0331	0.1037
201712	0.0851	0.0672	0.0602	0.0532	0.1088
201812	0.0808	0.0618	0.0949	0.0460	0.1007

表 5.2　株式要求利回り (全 415 社の平均) の差異

金および資本移動の情報を独自に付け加えることで，月次利回りを計算している。いわば筆者の手作りデータベースであるが，その初期時点が 1964 年 10 月であり，FDS 社の NPM 関連データよりも 10 年以上昔のデータを追加している。

　FDS 社の NPM 関連データは全上場企業 (約 3000 社) を収録しているが，筆者作成のデータベースには 800 社ほどが存在する。この 800 社を NPM 関連データと接合し，NPM 関連データよりも古い期間について，月次利回りのデータ期間を延長できたものが 415 社である。この 415 社を本稿の共通の企業群として，サンプル期間など条件をいろいろ変更することで，415 社の株式資本コストがどれぐらい異なるかを比較する。415 社の結果を平均したのが表 5.2 である。表の「年月」とは T 時点に相当し，その時点までのデータをサンプルにして推定した結果であることを表す。表 5.2 は T 時点として，1987 年 12 月から 1 年毎に 2018 年 12 月まで，32 個の T 時点を取り上げる。また次のような名称でサンプル期間を区別しよう。サンプルの開始時点 ($t = 1$) を 1964 年 10 月に固定する場合を「最長」と称し，開始時点を 1977 年 9 月に固定する場合を「NPM」と称する。表 5.2 の「FF3f」は，Fama-French の 3 ファクターモデルの推定結果で，開始時点を 1977 年 9 月に固定したサンプルを用いている。

　以上のことを具体例で説明しよう。1987 年 12 月における「最長」の値は，1964 年 10 月から 1987 年 12 月までをサンプルとして CAPM を推定した値であり，最下行の 2018 年 12 月は，開始時点を同じ 1964 年 10 月に固定し，2018 年 12 月までをサンプルとした推定値である。1987 年 12 月の「NPM」は，1977 年 9 月から 1987 年 12 月の利回りをサンプルとする推定値で，最下行の 2018 年 12 月は，開始時点 1977 年 9 月から 2018 年 12 月までをサンプルとする推定値である。このように「最長」と「NPM」との違いは，サンプル期間の開始時点を 1964 年 10 月にするか，1977 年 9 月にするかの差である。

　次の「10 年」と「20 年」は，開始時点を固定するのではなく，サンプル期間の長さを固定して計算する。10 年はサンプル期間を 10 年に固定し，「年月」が 1987 年 12 月の場合，そのサンプル期間は 1978 年 1 月から 1987

年 12 月のデータから成り，最下行 2018 年 12 月の場合は 2009 年 1 月から 2018 年 12 月がサンプル期間である。期間を 10 年に固定してサンプルを形成するので，「年月」の変化でサンプルの開始時点 ($t = 1$) も逐次変更される。「20 年」というのは，サンプル期間の長さを 20 年に固定する場合であり，「年月」が 1987 年 12 月であれば，そのサンプル期間は 1968 年 1 月から 1987 年 12 月のデータである。

　表 5.2 をグラフにしたのが図 5.11 である。開始時点を固定する「最長」および「NPM」が，期間固定の「10 年」および「20 年」よりも，推定値が安定して推移している。そして期間固定の「10 年」は「20 年」よりも，推定値の振幅はかなり激しい。

　それではもう少し細かく見てみよう。まず開始時点を固定する場合である。興味深い点は，「最長」と「NPM」は比較的一定幅の差異 (スプレッド) でもって連動しているように見える点である。スプレッドは当初 1% 少々であるが，90 年代後半から徐々に拡大し，3% ほどの大きさを長期間維持している。サンプルの開始時点を 1964 年とするか 1977 年とするかで，CAPM の推定値には 3% ほどの差が発生するということである。また 3 ファクターモデルの推定値は，当初の 90 年代前半までの間，CAPM 推定値から乖離しているが，90 年代後半以降は概ね 2% ほどのスプレッドを維持して連動している。

　サンプル期間を固定する場合，開始時点を固定する場合より，変動性が大きくなるのは当然としても，10 年固定の場合と 20 年固定の場合とで，両者の差は看過できないほど大きい。2000 年頃の推定値では，株式資本コストが 10% を超えているときに，10 年固定で計算すると負値となってしまう。2009 年でも同様である。固定期間を 20 年とする場合は，10 年固定よりも変動具合は穏やかであるが，例えば 2009 年で負の推定値の株式資本コストを算出する。もちろん，開始時点を固定すべきか，サンプル期間を固定すべきか，どちらがよいのか確たる根拠は存在しないのであるが，実用上の使い辛さということを勘案するなら，サンプル期間固定よりも開始時点固定の方が使い勝手がよいのは間違いないだろう。

　以上の表 5.2 と図 5.11 は，1964 年からデータを確保できる 415 社すべて

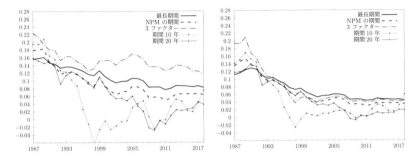

図 5.12　左：大林組 (1802)・右：日本ハム (2282)

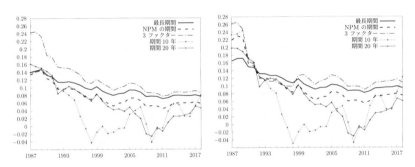

図 5.13　左：旭化成 (3407)・右：住友化学 (4005)

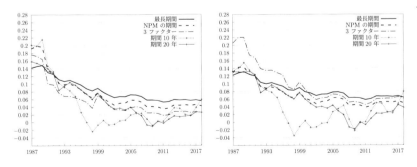

図 5.14　左：武田薬品工業 (4502)・右：ブリヂストン (5108)

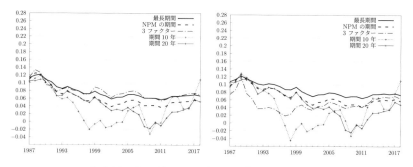

図 5.15 左：デンソー (6902)・右：ヤマハ (7951)

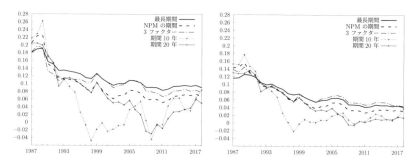

図 5.16 左：三菱商事 (8058)・右：近鉄 GHD(9041)

の平均であるが，個別の企業で見るとどうであろうか。紙幅の都合ですべて
を掲載するわけにはいかないが，適当に抽出した 10 社の結果を図に描いて
みよう。図 5.11 と同じ書式で，次の 10 企業に関する推定値である。大林
組 (図 5.12 の左図)，日本ハム (図 5.12 の右図)，旭化成 (図 5.13 の左図)，住
友化学 (図 5.13 の右図)，武田薬品工業 (図 5.14 の左図)，ブリヂストン (図
5.14 の右図)，デンソー (図 5.15 の左図)，ヤマハ (図 5.15 の右図)，三菱商事
(図 5.16 の左図)，近鉄 GHD(図 5.16 の右図) の 10 社である。細かく見れば
異なる点も確かに見受けられるが，先に指摘した 415 社すべての平均のケー
スとほとんど似たような形に見えないだろうか。全体の平均に関する先の指
摘が，この 10 社についてもほとんど当てはまる。実はここに掲載した 10 社

のみならず，他の405社についてもだいたい同じ感じなのである。まったく別々の企業の株式資本コストがほぼ同じ動きで連動・推移しているということである。

CAPM においては，企業間の差異はベータ係数の違いで把握されるが，どの企業で見ても同じような株式資本コストが推定されるということは，ベータ係数の企業間の差異に余り意味がないということかもしれない。だとするなら，株式資本コストの推定はベータ係数を 1 と想定して，$E(\tilde{R}_M)$ の値を当てればよいということになってしまう。なぜ企業間の差異が顕著に表れないのだろうか。この点をむしろ筆者は興味深く感じるが，より詳細な検討は別の機会が必要であろう。

もう一つ特徴的な点は，Fama-French の 3 ファクターモデルとの差異である。3 ファクターモデルによる株式資本コストの推定値は，サンプル開始時点を固定する場合と概ね連動している。サンプル開始時点を 1964 年に固定する場合 (最長) と 1977 年に固定する場合 (NPM)，3 ファクターモデルの 3 つの値の大小関係は，時期によって，また企業によってまちまちであるが，それでもこれら 3 つが大きく乖離する動きとはならない。3 ファクターモデルのうち 2 つのファクターは CAPM(のマーケットファクター) とはまったく無関係であるから，株式資本コストの推定値は大きく乖離し得るのであるが，それでも両者は概ね連動して動いている。これも筆者には非常に興味深く思う点である。

5.7 結びに代えて

本稿の議論により，CAPM を用いた株式資本コストの推定は次のように行うべきである。

無危険利子率 R_F には，国債利回りを用いる。満期までの残存期間が 7 年〜10 年の利回りの平均値を当てる。なお，1977 年以前の無危険利子率には電電債利回りを代用する。

マーケットポートフォリオ収益率 $\tilde{R}_M$ には，マーケットポートフォリオを TOPIX で代用し，収益率の値は次のような計算をする。TOPIX の値の変化

率でもって，収益率の中の値上り益 (値下り損) 利回りとみなし，これに加え
て，東証発表の「東証 1 部平均利回り (有配会社)」を TOPIX 構成銘柄全体
の配当利回りとみなして，両者の和を取り TOPIX 収益率を計算する。この
TOPIX 収益率の値が $\tilde{R}_M$ のデータとなる。

　平均・分散および共分散の統計パラメタの標本統計量の計算は，どうやっ
てサンプルを作るべきか，サンプル抽出方法に関する理論的な定説は存在し
ないが，実用上は，サンプルの開始時点をデータベース初期時点に固定する
ことで，最長期間のサンプルを作るべきである。サンプル期間を固定したと
すると，いつの時点を計算対象とするかで，サンプル開始時点は動くから，
標本統計量の推定値も大きく変化し得る。この恣意性を排除するため，サン
プル開始時点を固定しておく方が好ましい。

　サンプル開始時点をデータベース初期時点に固定するとして，データベー
スの初期時点が異なると，それに依拠する標本統計量の推定値も変化する。
サンプル開始時点を 1977 年とする場合と比べて，もっと古い 1964 年を開
始時点とすると，株式資本コストの推定値は 3% ほど大きくなる。

　Fama-French の 3 ファクターモデルによる株式資本コストの値は，サンプ
ル開始時点が 1964 年の場合 (最長) の推定値と 1977 年の場合 (NPM) の推
定値と比べ，大きく乖離して変動することはない。

　本稿では 415 社個々について，推定を行ったが，すべての企業で概ね同じ
ような傾向が観察される。ということは，CAPM における企業間の違い，つ
まりベータ係数の違いは実用上それほど重要ではないのかもしれない。

第 6 章

企業金融論の基礎概念

6.1　はじめに

　上場企業なら，株式資本コストの値を知りたければ，株式市場の株価と配当金から計算される株式利回りの月次データを使って，CAPM を推定すればよい。当然のことであるが，現実データを使って得られる株式資本コストは，今現在の企業の負債依存度を前提にした推定値である。もし企業がこれから負債依存度を変更しようとするとき，変更後の新しい株式資本コストがいくらになると考えるのが妥当か，変更前の現実データだけではどうしようもない。企業の負債依存度が変われば，その企業の株式資本コストの妥当な値も変化する。

　この問に一定の答えを与えられるかもしれないツールが修正 MM 命題といわれる理論仮説である。修正 MM 命題が提供する関係式は，CAPM と並んで実務で利用可能な単純な形の式であり，単純な形ゆえに広く利用され得るように思う。ただし，修正 MM 命題あるいはその元の MM 命題とは，本当は大変に抽象度の高い理論モデルなのであって，私個人の印象では，実務の現場で実用に耐えるようにはとても思えないのであるが，他に代わりのツールもないという事情ゆえに，仕方なく利用されているのであろうか。本章では，修正 MM 命題の諸議論の現実的な使い途について，理論モデルゆえの限界ができる限り明確になるよう配慮して説明していきたい。

　6.2 節では，企業金融論の最も中心的な概念である企業価値について説明する。6.3 節では企業金融論でよく利用される，単純な形の株価の定式化を導く。以上が企業金融論の準備段階の話であり，これを踏まえて 6.4 節で修正 MM 命題の諸議論を展開する。6.5 節では実務で広く利用される平均資本コストを取り上げる。6.6 節は以上の議論の現実的な使い途について言及する。

6.2　企業価値とは

　企業価値の形式的な定義は，株式価値と負債価値の和である。

　企業価値 = 株式価値 + 負債価値 = (株価) × (発行済株式数) + 負債価値

が企業価値の定義式である。株式価値とは，株価に発行済株式数を乗じた値であり，その企業の発行株式全体の市場価値ということである。株式は企業の純資産に対する持ち分と考えられるので，株式価値は純資産の時価とみなすことができよう。なお純資産は自己資本と称されることも多い。他方，負債価値とは負債の市場価値のことである。仮に貸倒れリスクを無視できるなら，負債価値は負債の額面のことであると考えてよいが，貸倒れリスクを考慮するなら，将来に受取る負債からのキャッシュフローは現在時点で確定しないので，負債も株式と同様の危険資産であり，負債価値は負債の額面から乖離し得る。

　企業価値の定義式をバランスシート (以下 B/S と称する) 流に見るならば，企業価値は B/S の右側，つまり負債と純資産を時価評価したものと考えることができる。そこで架空のイメージとして，すべての項目を市場価値で評価した B/S を想像してみよう。図 6.1 は全項目を時価評価 (それが可能と空想) した架空の B/S である。まず企業価値の値は架空 B/S の右側の大きさを与える。次に企業価値は，この架空 B/S の左側，つまりすべての資産を時価評価した資産合計の値と同じであろうか。仮に個々の資産すべてが時価評価されて計上されたとしても，この資産合計が個々の資産すべての単純合計であるならば，恐らくは，企業価値と資産合計はまったく異なる値となろう。こ

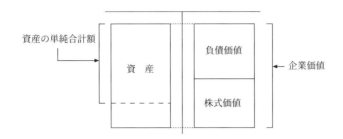

図 6.1　市場価値で評価した架空 B/S

れらの間の差は一体何を意味するか。

　株価は将来の配当金によって決まる。将来の配当金は，企業のあげる将来
の収益から決まる。企業はどのようにして収益をあげるのかというと，保有
する個々の資産を適材適所かつ効率的に組合せて活動することで，その成果
として収益を獲得する。企業とは個々の資産を単純に積み上げたものではな
く，これらをいかに創意工夫して組合せ有効に活用するかが，企業活動の成
否の鍵であろうから，企業とは個々の資産の有機的な構成物であるといえ
る。個々の資産を有機的に構成して活動した結果が企業の収益なのであるか
ら，この収益を基にして価値評価したものには，資産の有機的構成という点
も価値評価の中に反映されているはずである。

　従って株価は，資産時価の単純合計ではなく，この有機的構成という点が
含まれて評価されていることになり，これが企業価値が架空 B/S の資産合計
から乖離する理由である。両者の差額は，資産の有機的構成という点を評価
した価値額と考えられる。仮にまったく同じ資産を保有していたとしても，
保有する資産を上手く活用した企業は，そうでない企業に比べて，将来高い
収益をあげ，将来高い配当金が見込めるので，今の株価は高くなり，企業価
値は大きく，その結果，資産の有機的構成の価値額は大きくなる。つまり企
業価値と資産合計の差額は大きい。

　この説明から，株価や企業価値の評価には，企業の収益が最も基本的な源

であることが分る。それではここでいう企業の収益とは具体的に何であろう
か。企業金融論で問題にされる収益とは，会計上の利益とは多少異なってい
て，企業金融論における一般的な考え方を説明しよう。

　企業は様々な収入を得て，様々な費用を負担する。これらの差額が収益で
あるが，どのような収入と費用を計算対象として考慮するかに応じて様々な
収益の概念があり得る。そこで，すべての収入から費用などの控除すべきも
のをすべて控除して計算された，最終的な収益を今，「残余利益」と呼ぼう。
これは株主のものである。株主は，この「残余利益」に対する請求権と引き
換えに出資しているといってよい。企業は「残余利益」の中から配当金を株
主に支払い，残りを内部留保する。内部留保は投資に回り，投資は将来に収
益を生み出し，将来の収益は将来の配当金として株主へ分配される。株主は
永久の将来まで配当金を受取ることができるので，内部留保される分もやは
り株主のものである。従って企業のあげるこの「残余利益」こそが株主に帰
属する利益である。それ故，株主は「残余利益」に対する請求権者であるか
ら，残余請求権者 residual claimer と称される。

　他方，負債の方はどうであろうか。債権者は資金を提供した報酬として利
子を受取ることができるので，企業の利子支払に相当する金額が債権者に帰
属する利益である。企業金融論の中心的問題の一つは，負債か株式かといっ
た点にあるから，企業金融論の対象とする利害関係者は主に債権者と株主と
いうことになる。従って債権者に帰属する利益と株主に帰属する利益とが，
企業にとっての重要な収益であると企業金融論では考える。利子支払額は残
余利益を求める際，既に費用として控除されてしまっているので，企業の収
益とは，債権者に帰属する利益の利子支払額と，株主に帰属する利益の残余
利益との合計額である。また企業金融論における理論展開では法人税の果た
す役割が大きい。そこでこの合計額に法人税額を加えたものを，企業の生み
出す収益であると考える。

　一般的な呼称として，残余利益に利子支払額と法人税額を加えたものは，
EBIT (earnings before interest and taxes を略記) と称され，これが投資家 (株
主と債権者) と政府に分配される企業の収益である。EBIT の値を具体的に
求めるには，計算上 3 つの和を求めることになるが，考え方としては，EBIT

という英語名の示すとおり，利子と法人税を控除する前 (before) の収益，すなわち，利子と法人税以外のすべて控除すべきものを控除し，利子と法人税だけまだ控除していないという意味での収益である。本書では以下，企業の収益とは EBIT のことを指す。

　以上の議論を整理すると，企業金融論で問題にされる企業の収益とは EBIT で，これが企業の根源的な稼ぎである。この中からまず政府に分配され (法人税)，債権者に帰属する利益が利子として債権者に分配され，最後に株主に帰属する利益が株主に分配される。債権者に帰属する利益は負債のキャッシュフローを，また株主に帰属する利益は株式のキャッシュフローをそれぞれもたらし，これらキャッシュフローの将来値の予想が負債価値および株式価値の根拠になる。注意すべきことは，ここで述べた「帰属する利益」は必ずしもキャッシュフローと同じではない。負債についていうと，負債の価格である負債価値を算出する際，負債のキャッシュフローの中には利子支払額のみならず元本返済額も含まれるのが通常である。元本返済額は元々債権者のお金だったものが返ってくるだけであるから，これを「債権者に帰属する利益」と称するのは奇妙である。事実，元本返済に相当する金額を受取っても課税されないのが原則である。株式については，前でも述べたが，株主に帰属する利益である残余利益の一部のみが配当金として株式のキャッシュフローとなるに過ぎない。このように債権者に帰属する利益がそのまま負債のキャッシュフローになるわけではないし，株主に帰属する利益がストレートに株式のキャッシュフローになるわけでもない。そして，負債価値や株式価値の計算根拠はあくまでもそれぞれのキャッシュフローの方である。

　ところで企業とは個々の資産の有機的構成物と考えることができるので，企業というもの自体をあたかも一つの架空の資産であるかのごとくにみなそう。企業という仮想的な一つの資産の生み出す将来キャッシュフローは，株主へのキャッシュフローと債権者へのキャッシュフローの合計額になるはずである。そして企業価値は，この合計額を適切な要求利回りで割引いて価値評価することでも導出できるはずである。株主と債権者へのキャッシュフローの合計額のことを以下では投資家へのキャッシュフローと称することがある。株主と債権者をまとめて「投資家」と称する。

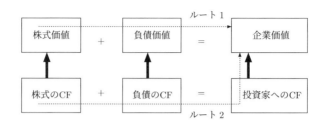

図 6.2　企業価値の計算

　今述べた点を模式的に表現したのが図 6.2 である。なお図 6.2 の CF とは
キャッシュフローの略である。企業価値の計算には 2 つのルートがある。株
式のキャッシュフローと株式の要求利回りから得られる株式価値と，負債の
キャッシュフローと負債の要求利回りから得られる負債価値とを合計するこ
とで企業価値を得る手法。この手順がルート 1 である。あるいは別のルー
トも存在し，株式と負債のキャッシュフローを合計した投資家へのキャッ
シュフローを求め，これを適切な要求利回りで割引いてストレートに企業価
値の値を得る手法が別ルートである。図 6.2 ではこれをルート 2 と称して
いる。ルート 2 の適切な要求利回りに相当するのが平均資本コスト wighted
average cost of capital(通称 WACC) である。平均資本コストについては後の
節で詳しく説明したい。
　このことから企業価値とは，定義こそ株式価値と負債価値を加えたもので
あるが，その経済的な意味は，企業をあたかも一つの仮想的な資産とみなし
た場合の価値評価なのであり，企業という資産に対する市場価格ということ
ができる。企業価値とは企業につけられる値段なのであって，実用上は企業
を買収しようとするとき，非常に重要な尺度となる。

6.3 株価の式の単純化

3.6 節で DDM として株価を定式化した。(3.13) 式のとおり，株価は無限の将来にわたる配当金の現在価値合計であった。実際問題として，無限個の和を取り扱うことは難しく，必ずしも使いやすいものではない。そこで簡単な式で株価を定式化できるようにするため，さらに強い仮定を課すことが必要である。企業金融論の議論でよく使われる仮定が定常状態である。MM 命題や修正 MM 命題のオリジナル論文 Modigliani-Miller(1958) や Modigliani-Miller(1963) は定常状態を仮定した世界で成立する議論である。定常状態を仮定すると，株価は一つの分数で表現されるので，計算は格段に単純になる。また厳密には定常状態とはいえないが，定率成長モデルも実務等でよく利用される株価の定式化である。この節ではまず定率成長モデルの株価を説明し，その後に定常状態の株価を導く。定常状態とは，企業金融論の議論の土台となる大変重要な設定であるから，定常状態とはどのような世界なのか詳しく紹介したい。

6.3.1 定率成長モデルの株価

厳密な意味で，後で述べる定常状態ではないのであるが，非常に単純な形に帰着する株価の定式化がある。それは，配当金が定率成長する場合を想定した株価である。配当金が毎年 g という一定の成長率で永久に大きくなっていくことが予想されるとする。これを定率成長モデルと称する。各将来時点の配当金に関する現在時点 (t 時点) での予測値は順番に，$\mathrm{E}_t(\tilde{d}_{t+1})$, $\mathrm{E}_t(\tilde{d}_{t+2}) = (1 + g)\,\mathrm{E}_t(\tilde{d}_{t+1})$, $\mathrm{E}_t(\tilde{d}_{t+3}) = (1 + g)\,\mathrm{E}_t(\tilde{d}_{t+2}) = (1 + g)^2\,\mathrm{E}_t(\tilde{d}_{t+1})$, $\cdots$ である。これらを (3.13) 式の DDM に代入すると，

$$
\begin{aligned}
P_t &= \sum_{k=1}^{\infty} \frac{\mathrm{E}_t(\tilde{d}_{t+k})}{(1 + \rho)^k} \\
&= \frac{\mathrm{E}_t(\tilde{d}_{t+1})}{1 + \rho} + \frac{(1 + g)\,\mathrm{E}_t(\tilde{d}_{t+1})}{(1 + \rho)^2} + \frac{(1 + g)^2\,\mathrm{E}_t(\tilde{d}_{t+1})}{(1 + \rho)^3} + \cdots = \frac{\mathrm{E}_t(\tilde{d}_{t+1})}{\rho - g}
\end{aligned} \tag{6.1}
$$

が得られる。これは初項 $\frac{E_t(\tilde{d}_{t+1})}{1+\rho}$，等比 $\frac{1+g}{1+\rho}$ の無限等比数列の和の公式を適用して導かれる。

　この定式化が重宝されるのは，支払配当金が小さいにもかかわらず，高い株価をつける銘柄が実際に少なからず存在するからである。配当金が小さいにもかかわらず株価が高いのは，企業が将来成長して値上り益を見込めるからであるとされる。この式を見れば確かに，g が大きいほど (もちろん $\rho > g$ が前提)，株価 P_t は大きくなる。容易に確認できるが，このモデルにおいて，将来の株価は g の率で高くなっていくことが期待されているといえる。例えば，$t+1$ 時点の株価 P_{t+1} は上と同様な展開をすれば，$P_{t+1} = E_{t+1}(\tilde{d}_{t+2})/(\rho-g)$ のように書けるが，P_{t+1} と P_t の比に t 時点での条件付き期待値を取って，その性質を適用すると，

$$E_t\left(\frac{\tilde{P}_{t+1}}{P_t}\right) = E_t\left(\frac{E_{t+1}(\tilde{d}_{t+2})}{E_t(\tilde{d}_{t+1})}\right) = \frac{E_t\left(E_{t+1}(\tilde{d}_{t+2})\right)}{E_t(\tilde{d}_{t+1})} = \frac{E_t(\tilde{d}_{t+2})}{E_t(\tilde{d}_{t+1})} = 1 + g$$

の関係が成立している。最初の等号の式右辺では，条件付き期待値 $E_t(\cdot)$ の中の分母に $E_t(\tilde{d}_{t+1})$ が現れる。$E_t(\tilde{d}_{t+1})$ は t 時点の情報に依存する t 時点の予測値であるから，t 時点で既知の値になる。既知であるから，分母は外側の条件付き期待値 $E_t(\cdot)$ の外に出せる。従って 2 番目の等号の式右辺では，分母が $E_t(\tilde{d}_{t+1})$，分子が $E_t(E_{t+1}(\tilde{d}_{t+2}))$ という分数になる。この分子は反復条件付きの特性から $E_t(\tilde{d}_{t+2})$ とできる。以上のようにして，株価の値上り益として g の利回りが予想されていることが導かれる。

　期待利回りと要求利回りが等しいという資本市場の均衡条件は，定率成長モデルの場合，次のような形になる。(6.1) 式を書き換える。

$$\rho = \frac{E_t(\tilde{d}_{t+1})}{P_t} + g$$

この式左辺は要求利回り ρ である。式右辺が期待利回りであり，これは第 1 項の配当利回りと第 2 項の値上り益とから構成される。株価が成長する場合，要求利回りは配当金と値上り益の予想でもって満たされる必要のあることをこの均衡条件は表現している。将来の株価がなぜ上昇するのかは，企業が将来成長拡大していくことが前提になっている。企業が将来成長していく

には，企業が (収益性のある) 投資を将来続けていくことが必要不可欠である。[*1]

定率成長モデルの (6.1) 式は，例えば次のようにして使われる。有限の T 時点先の株価 P_{t+T} を明示させて現在の株価 P_t を記せば，前で述べたように (3.16) 式であるが，t 時点以降，有限の T 時点先までの各時点の配当金には独自の予測値を設定し，それより先の $t+T$ 時点を超える将来については，定率成長モデルを想定する。$t+T$ 時点以降の遠い将来について，予想は非常に難しいので単純化のための方便として，T 時点先よりも後の時点では一定の成長率で成長することを想定するのである。この成長率がゼロの場合は，次節で紹介する定常状態を想定することになる。(3.16) 式に登場する P_{t+T} であるが，定率成長モデル (6.1) 式を $t+T$ 時点に適用すると，

$$P_{t+T} = \frac{E_{t+T}[\tilde{d}_{t+T+1}]}{\rho - g} = \frac{d_{t+T}(1+g)}{\rho - g}$$

であるが，この最右辺は $t+T$ 時点以降の配当金が g の率で成長し，$E_{t+T}[\tilde{d}_{t+T+1}] = (1+g)d_{t+T}$ であると仮定される。(3.16) 式の P_{t+T} に上式を代入すると，

$$P_t = \sum_{k=1}^{T} \frac{E_t(\tilde{d}_{t+k})}{(1+\rho)^k} + \frac{E_t(\tilde{d}_{t+T})}{(1+\rho)^T} \frac{1+g}{\rho - g} \tag{6.2}$$

を得る。この形の式は，いわゆる DCF 法でよく利用されているように思う。

6.3.2　定常状態とは

定常状態とは英語の stationary state のことで，「静態」とも訳され，その一般的な定義については，少々抽象的な話になってしまうため，その古典的文献を参照願いたい。[*2] 本書では簡単かつ具体的に，定常状態とは，毎期毎期について同じことの繰り返しが予想できるような状態のことであるとする。

[*1] 本書では紙幅の都合で述べないが，この点を明確にするのが内部金融モデルである。企業が内部留保を再投資に回すとき，再投資の稼ぐ収益率が資本コストを上回るならば，内部留保の増加は株価を上昇させる。具体的な議論としては，辻 (2016)3.5.3 節を参照願いたい。

[*2] Hicks(1946) 翻訳書 pp.164-165。

　将来の値が未知であるなら，ある時点における意思決定に際し，未知の値
は予想されなければならない。この予想はその時点で利用可能な情報に基づ
く条件付き期待値で表される。今が t 時点であり，1 時点先の，$t+1$ 時点の
収益を $\tilde{X}_{t+1}$，2 つ先の $t+2$ 時点の収益を $\tilde{X}_{t+2}$，3 つ先の $t+3$ 時点の収益を
$\tilde{X}_{t+3}$，$\cdots$ とすると，本書でいう定常状態とは，

$$\mathrm{E}_t(\tilde{X}_{t+1}) = \mathrm{E}_t(\tilde{X}_{t+2}) = \mathrm{E}_t(\tilde{X}_{t+3}) = \cdots = \mathrm{E}_t(\tilde{X}) \tag{6.3}$$

であることを意味するものとする。定常状態であるなら，$\mathrm{E}_t(\tilde{X}_{t+1})$ や $\mathrm{E}_t(\tilde{X}_{t+2})$
など，将来時点の収益に関する現在時点 (t 時点) での予想が，すべての将来
時点について共通の $\mathrm{E}_t(\tilde{X})$ になるのである。このことから定常状態とは，将
来に同じことが繰り返されると現在時点で予想できるような状況ということ
ができる。

　定常状態を仮定すると，(3.13) 式の株価は極めて単純な形で定式化でき
る。$t+k$ 時点の 1 株当り配当金 $\tilde{d}_{t+k}$ は確率変数で，定常状態の仮定は 1 株
当り配当金について $\mathrm{E}_t(\tilde{d}_{t+1}) = \mathrm{E}_t(\tilde{d}_{t+2}) = \cdots = \mathrm{E}_t(\tilde{d})$ ということになるので，
(3.13) 式の株価にこれを適用する。現在時点の株価 P_t は，要求利回りを ρ
とすると

$$
\begin{aligned}
P_t &= \sum_{k=1}^{\infty} \frac{\mathrm{E}_t(\tilde{d}_{t+k})}{(1+\rho)^k} \\
&= \frac{\mathrm{E}_t(\tilde{d})}{1+\rho} + \frac{\mathrm{E}_t(\tilde{d})}{(1+\rho)^2} + \frac{\mathrm{E}_t(\tilde{d})}{(1+\rho)^3} + \cdots = \frac{\mathrm{E}_t(\tilde{d})}{\rho}
\end{aligned}
\tag{6.4}
$$

という簡単な式になってしまう。当然のことではあるが，多数の将来時点の
期待配当金を，共通の $\mathrm{E}_t(\tilde{d})$ で置き換えてしまうわけであるから，定常状態
の仮定は，本来，多期間モデルであったものを，あたかも 1 期間モデルの議
論であるかのように単純化してしまうということもできる。

　前の小節で，企業の収益というのは，その企業の保有する資産の有機的構
成から生み出されることを述べた。将来の各時点の収益についてその平均が
同じということは，将来の各時点に関して企業の保有する資産が同じままで
ある，と予想できることを意味する。というのは，もし将来の各時点で保有

する資産の内容が異なっているなら，当然それが生み出す各時点の収益に関する予想も異なることになるはずであるからである。この点は企業金融論の理論を正しく理解する上で非常に重要なポイントとなる。そして定常状態ということで，将来にわたって資産が永久に不変であり続けることを予想させるには，実は次の 3 つのことを仮定する必要がある。さもないと，この予想は不整合ということになってしまうからである。

　一つは，資産の一部は時間の経過とともに劣化減耗するという点である。これについて企業が何もしないのなら，資産が同一のままであり続けることは不可能である。そこで次のような想定をする。企業は保有資産の更新投資を行い，この更新投資によって，資産は前の時点と同一のまま維持されるものとする。もし企業が減価償却費を計上しているなら，資産は減価償却費の分だけ減価するが，更新投資の実行でこの減価分を補填することで資産の価値を一定に維持する。つまり定常状態の企業では，各時点で計上される減価償却費 (に相当する額) を，本当の投資費用として支出していると考えられるので，減価償却費の計上は内部資金の源泉とはならないはずである。

　もう一つは，将来の $t+k$ 時点の EBIT を，今 t 時点で予想する予測値が正の値であるとき，つまり $E_t(\tilde{X}_{t+k}) > 0$ のときに，保有する資産が同一のままであり続けると予想することは，果たして整合的なのかという点である。仮に企業の稼いだ EBIT が投資家にまったく分配されず企業の外に流出しないのなら，EBIT がゼロでない限り，ある時点の資産は前の時点に比べて必ず EBIT の分だけ増加してしまう。すなわち，ある時点の EBIT の予測値が正であると予想するなら，それは，EBIT が投資家に分配される前の段階では，EBIT の分だけ資産は前の時点に比べて大きくなることを予想していることに等しい。

　そこで次のような想定が必要である。将来の各時点での EBIT は，各々の時点ですべて投資家に分配され，社外から流出してしまうものと仮定する。EBIT がすべて社外に流出するということは，企業は内部留保を一切しないと仮定することと同じである。従って企業の収益 EBIT は次のように分配される。まず (法人税を考慮しているなら) 法人税額が支払われ，そして利子支払額が債権者へのキャッシュフローであり，法人税と利子を支払った残り

が株主に帰属する利益になるが，これは全額が配当金支払として株主への
キャッシュフローとなる。各時点で企業が新たに稼ぐ分はそのまま社外に流
出するので，資産は前の時点と同一のままであり続けることが可能になる。
この仮定によって，将来時点の EBIT の平均が正であると予想することは，
将来時点で保有する資産が同一のままであると予想することと整合性を維持
できるのである。

　3 点目は，負債の元本返済についてである。定常状態ゆえに保有資産を一
定に維持したまま，単純明快な話で負債元本の返済を想定するには，次のよ
うに考えればよい。定常状態で想定される負債とは，満期が無限大の負債
か，あるいは負債の毎期借換を想定するのである。満期無限大の負債とは，
経済学でよく言及されるコンソル債のことで，その元本は永久に返済されな
いので，負債のキャッシュフローに元本返済が登場することはない。また負
債を毎期ごとに借換えるとは，元本返済の金額だけの負債を発行し，その発
行金額で入手する現金をそのまま元本返済に充てる。もし元本返済に伴う
キャッシュアウトと発行で得るキャッシュインとが正確に相殺されるなら，
元本返済および負債発行に伴う現金移動は負債のキャッシュフローには現れ
ず，負債の利子支払額のみが負債のキャッシュフローに登場する。[*3] 定常状
態の想定下では，満期無限大の負債か，あるいは毎期借換の負債，どちらか
の形を想定し，負債の元本返済で保有資産を売却するという状況は回避さ
れ，保有資産を一定に維持したまま，同じ大きさの負債が企業に常在するこ

[*3] 満期無限大のコンソル債の負債なら，単純明快で補足の必要はあるまい。負債の借換の
場合を若干補足しておく。詳しくは辻 (2016)4.3.2 節，特にその中の小節「負債の借り換
えの場合」を参照願いたい。負債の発行で得る金額は負債価値 B で，今，負債の元本返済
額 (額面) も B とする。表面利率が i なら，利子支払額 H は iB と書ける。このとき，借
換の負債発行で得る現金 (負債価値) と返済元本額 (額面) は正確に相殺されて，負債の期
末キャッシュフローに登場しない。そこに登場するのは利子支払額 H だけとなる。従っ
て負債価値 B は利子支払額 H の関数として導出できて，この関数を $R(iB)$ で表す。する
と，B の値を所与として $B = R(iB)$ を満たすような i の値を求めることができる。そのと
きの $H = iB$ の値が負債価値と額面とを等しくするような利子支払額である。以下の議
論で登場する H とは，このようにして決定された値と考えて差し支えない。なお $R(iB)$
の具体的な関数形は，少々技術的な説明が必要不可欠で，本書では省略する。前掲書を
参照願いたい。

とになる。

　以上のように，定常状態を仮定することの意味は，企業の保有する資産が現在時点から将来にわたって永久に同一であり続けることが，現在に予想されるということであり，同一であり続けることが可能であるためには，更新投資の仮定と EBIT がすべて社外に分配されるという仮定，そして負債の元本返済は表面化しないという仮定が必要不可欠になるのである。

　本書では上記のように定常状態を定義したが，定常状態とは，本当ならばもう少し強い制約が必要であるようにも筆者個人は考えている。技術的な話は割愛するが，[*4] 後の議論との関連でもう 1 点付け加えるべきことがある。それは条件付き期待値の情報集合である。実は定常状態の世界では，各時点の情報集合は意味を持たなくなる。情報集合に意味がなければ，条件付き期待値は無条件期待値，つまり普通の平均と同じである。定常状態の下での株価 P_t の定式化は，期末キャッシュフローの平均を用いて，

$$P_t = \frac{\mathrm{E}(d)}{\rho} \tag{6.5}$$

と記して構わない。そこで以下の議論における資産の価値評価には，この分数でもってその価格を表記することにしたい。

6.4　修正 MM 命題について

　以上の議論を準備として，この節では修正 MM 命題を取り上げる。修正 MM 命題とは一言でいうなら，$V_L = V_U + \tau B$ という企業価値の関係式である (記号はすぐ後に述べる)。以下この節では，まずこの関係式を導く概説を示す。議論の背景というか，周辺部分との論理的な関係にあまり興味がなければ，この概説にあるレベルの理解で実用上は十分なのであるが，本書の問題意識としては，概説を超えたもう少し深掘りした議論を提供したい。それは貸倒れリスクである。現実企業に適用することを想定するなら，負債は危険資産にしておかないと拙い。ここでは，貸倒れリスクを追加で考慮した場

[*4] 辻 (2016)3.2.4 節補論および 3.8 節を参照願いたい。

合の修正 MM 命題について，その現実的な利用を念頭におきつつ，周辺部分との関連性も理解できるよう比較的詳しく解説したい。

6.4.1 概説

MM 命題では，定常状態の下で 2 つの同じ企業を想定する。これら企業は，負債があるか否かという点でのみ異なっていて，まったく同じ資産を保有し，同じように日々の活動を営む。負債のない方を企業 U と称し，負債のある方を企業 L と称する。企業 U は負債がないのでその株式価値がそのまま企業価値となり，これを V_U で表す。企業 L は負債 B が存在し，株式価値 S_L と負債価値 B との合計が企業価値 V_L とする。修正 MM 命題では法人税を想定していて，課税対象の所得に対し税率 τ で法人税額が計算される。修正 MM 命題とは，$V_L = V_U + \tau B$ という関係が成立していることをいう。この関係式の導出をまず直感的に説明しよう。以下では説明を若干簡単化するため，企業 U の発行している株式を株式 U，企業 L の発行している株式を株式 L，企業 L の発行している負債を単に負債と表現する。

企業 U も企業 L も，その収益 EBIT を $\tilde{X}$ で表す。両企業は同じ資産を持ち，同じような営業活動をしているので，期末の企業収益の確率分布は同じはずであり，共通の確率変数 $\tilde{X}$ でもって企業の収益が表される。負債のない企業 U の場合，課税対象の所得は収益 $\tilde{X}$ そのもので法人税額は $\tau\tilde{X}$ として計算される。法人税を支払った残りは $\tilde{X} - \tau\tilde{X} = (1-\tau)\tilde{X}$ である。定常状態の下では内部留保しないという仮定があるので，収益 $\tilde{X}$ から法人税額を控除した金額すべてが株式 U の配当金となる。つまり株式 U の期末キャッシュフローは $(1-\tau)\tilde{X}$ である。

次に企業 L について検討しよう。負債のある企業 L の場合，期末に利子を支払わなければならない。この利子支払額を H とする。定常状態の下では負債の元本返済は表面化しないので，負債の期末キャッシュフローは利子支払額 H だけである。法人税の計算は，負債利払いの損金算入によって，課税対象の所得が $\tilde{X} - H$ となり，法人税額は $\tau(\tilde{X} - H)$ として計算される。従って，企業 L は収益 $\tilde{X}$ から法人税額 $\tau(\tilde{X} - H)$ を支払い，さらに利子 H を

支払うと，残りは $\tilde{X} - \tau(\tilde{X} - H) - H = (1 - \tau)(\tilde{X} - H)$ である。やはり内部留保しないので，この全額が株式 L の配当金となり，株式 L の期末キャッシュフローとなる。

今，株式 U の期末キャッシュフローを $\tilde{Y}_U$，株式 L の期末キャッシュフローを $\tilde{Y}_{LS}$，負債の期末キャッシュフローを $\tilde{Y}_{LB}$ で表そう。これらはすべて正の値であるとしよう。上の説明では

$$\tilde{Y}_U = (1 - \tau)\tilde{X}$$
$$\tilde{Y}_{LB} = H$$
$$\tilde{Y}_{LS} = (1 - \tau)(\tilde{X} - H)$$

ということになるが，ここで $\tilde{Y}_{LS}$ と $\tilde{Y}_{LB}$ の和を $\tilde{Y}_L$ で表し，これが企業 L の投資家へのキャッシュフローである。また企業 U に負債はないので，株式 U のキャッシュフロー $\tilde{Y}_U$ がそのまま企業 U のキャッシュフローでもある。上記の記号と簡単な計算から，

$$\tilde{Y}_L = \tilde{Y}_{LS} + \tilde{Y}_{LB} = (1 - \tau)(\tilde{X} - H) + H = (1 - \tau)\tilde{X} + \tau H = \tilde{Y}_U + \tau\tilde{Y}_{LB}$$

という具合に式が展開できる。企業 L の投資家へのキャッシュフローは，企業 U のキャッシュフローに比べ，$\tau\tilde{Y}_{LB}$ だけ大きくなる。

この $\tau\tilde{Y}_{LB}$ はどこから発生するか。企業 L は企業 U と違って，期末に負債への利子 H を支払う。これが課税対象の所得を減らし，企業 L の法人税額 $\tau(\tilde{X} - H)$ は，企業 U の法人税額 $\tau\tilde{X}$ より τH だけ小さい。企業に負債があると，負債利払いの損金算入のおかげで，法人税額が τH だけ節税されているのである。この節税額が株式 L の配当金に回り，節税額 τH の分だけ，企業 L の投資家へのキャッシュフロー $\tilde{Y}_L$ は企業 U のキャッシュフロー $\tilde{Y}_U$ より大きくなる。

直感的な議論で十分なら，修正 MM 命題における企業価値の関係式の成立は自明であろう。企業 L の投資家へのキャッシュフロー $\tilde{Y}_L$ を価値評価したものが企業価値 V_L であり，企業 U のキャッシュフロー $\tilde{Y}_U$ を価値評価すれば，それは企業価値 V_U であり，また負債のキャッシュフロー $\tilde{Y}_{LB}$ を価値評価すれば負債価値 B が得られる。キャッシュフローの間に $\tilde{Y}_L = \tilde{Y}_U + \tau\tilde{Y}_{LB}$ とい

う関係式が成立しているなら，この式の各変数を価値評価して $V_L = V_U + \tau B$ が成立しているはずである。

　ごく入門的な議論であるなら，筆者自身もこの説明で必要十分な感はする。しかし本書の問題意識からすると，もう一歩深堀りした議論にしたい。以下展開する議論は次の 2 点である。まず $V_L = V_U + \tau B$ という関係式は，その価値評価を明示した議論から導出する。そうしなければ本当のところこの関係式を証明したことにはならないだろう。定常状態を仮定する場合の価値評価は，証券の期末キャッシュフロー平均をその要求利回りで除した分数が，その証券の価格になる。要求利回りを定式化するには資本市場均衡が前提である。すなわち，修正 MM 命題の企業価値の関係式を導出するには，資本市場の均衡を明示して議論を組み立てる必要がある。これは後の小節で示す。

　企業価値の式を導く前にもう一つ検討すべき問題がある。キャッシュフローの定式化である。$\tilde{Y}_U$ や $\tilde{Y}_{LS}$，$\tilde{Y}_{LB}$ が常に正の値であるなら，上の議論で十分かもしれないが，企業の収益 $\tilde{X}$ が負の値になるならどうであろう。企業が赤字決算となって，$\tilde{X}$ の実現値が負になることは現実に十分起こる。ところが上記の定式化では，$\tilde{X}$ が負のとき $\tilde{Y}_U$ と $\tilde{Y}_{LS}$ は自動的に負になってしまう。これは証券のキャッシュフローの定式化としては実に具合が悪い。この定式化だと，証券が証券でなくなってしまうのである。キャッシュフローの定式化が証券のものとして妥当であるためには，その定式化にはもう一工夫必要なのである。これは貸倒れの問題と表裏であるから，次にこの点について検討したい。

6.4.2　貸倒れを考慮したキャッシュフロー

　証券の期末キャッシュフローが負になってしまうとなぜ具合が悪いのか。理由は証券が有限責任ではなくなってしまうからである。有限責任とは，証券を購入した後になって追加で負担を強制されないことをいう。証券を購入した投資家は，証券が購入後に無価値になることで，その支払額すべてを失うことになるかもしれないが，証券を保有することでそれ以上の負担を追加

で強制されることはない。投資家の責任は当初の支払金額に限定されている
という意味で有限責任という。

　投資家へのキャッシュフローは，正の値であるなら企業から投資家への現
金支払を表すから，もしそれが負の値であるなら，その逆，つまり投資家か
ら企業へ現金が流れることを意味している。株式 U の場合を見ると，$\tilde{X}$ が
負になる場合，$\tilde{Y}_U = (1-\tau)\tilde{X}$ も負になるが，負の $\tilde{Y}_U$ とは，株式 U の株主か
ら企業 U に対し現金が供与されていることになる。いい換えると，企業 U
が赤字になると，その赤字分を株主が補塡するかのごとく負担しているので
ある。これでは株式 U が有限責任ということにはならない。株式 L も同様
である。$\tilde{X}$ が H を下回るなら，$\tilde{Y}_{LS} = (1-\tau)(\tilde{X} - H)$ は負の値になって，株
式 L の株主は企業 L に現金を支払うことになる。企業 L がその期末収益 $\tilde{X}$
でもって支払いきれない利子支払額 H の一部を株主が代わりに支払ってい
る。これではやはり株式 L も有限責任とはいえない。このように株式 U に
しろ株式 L にしろ，期末になって追加で負担を強制されることがあり得るの
で，これは株式というよりも，形態としては債務保証に近いといえよう。

　それでは，企業の収益 $\tilde{X}$ が負になるとはどういうことか。$\tilde{X}$ が負になる
というのは，すべての収入の合計が控除すべきすべての費用の合計を下回る
ということであるから，企業の収入でもって費用すべてを支払いきれないか
もしれない。もし支払いきれなれば，この不足分は何らか手段でもって手当
されなければ支払いようがない。現実なら，保有資産を売却するか，あるい
は外部から資金調達して手当するということになろう。

　しかしここの議論では，企業は定常状態が仮定されている。定常状態であ
るから資産の売却はできない。資産売却すると資産が変化してしまうから定
常状態ではなくなってしまう。また外部からの資金調達とは，新たな証券発
行により投資家に追加で証券を購入してもらう。この投資家とはあくまでも
自発的に購入するのであって，決して既存の投資家への強制ではない。既存
の投資家には追加の証券購入に応じる人と応じない人とが併存し得る。そこ
で，外部からの資金調達を考慮するなら，それ以前から証券を保有していた
既存の投資家に加えて，その時点から (追加の証券購入に応じて) 証券を保
有する新しい投資家が登場することになる。以下，定常状態を想定した理論

の世界では，これら 2 つの手段は排除しておこう。[*5]

　保有資産の売却あるいは外部からの資金調達といった手段が使えないな
ら，$\tilde{X}$ が負の値になるなら，支払いきれない分は支払いようがないので貸倒
れの発生である。ここで想定している理論世界では，企業の直面する支払い
義務の中で企業の支払えない部分は踏み倒されると考えて差し支えない。証
券の有限責任という性質を貫くなら，企業の収益の赤字額を株主が補填し
なければならない義務はないので，企業 U では $\tilde{X}$ に負値が実現すると，支
払いきれない分は踏み倒されて貸倒れが発生すると考えられる。また企業 L
では，$\tilde{X}$ の実現値が正であっても，それが H 未満であるならば，株主が補填
しなければならない義務はないので，企業 L は負債の利子 H 全額を支払え
ないのでやはり貸倒れとなる。

　このような貸倒れリスクを考慮するなら，証券の期末キャッシュフロー
$\tilde{Y}_U$ や $\tilde{Y}_{LS}$，$\tilde{Y}_{LB}$ はどのように定式化すべきか。それは期末キャッシュフロー
が負値にならないよう，$\tilde{X}$ の値に応じて，式を場合分けして表記することが
必要不可欠である。株式 U のキャッシュフロー $\tilde{Y}_U$ なら，次のようにすれば
よい。

$$\tilde{Y}_U = \begin{cases} (1 - \tau)\tilde{X} & (\tilde{X} \geqq 0 \text{ のとき}) \\ 0 & (0 > \tilde{X} \text{ のとき}) \end{cases} \tag{6.6}$$

前のように $\tilde{Y}_U = (1 - \iota)\tilde{X}$ としてしまうと，$\tilde{X}$ が負になると自動的に $\tilde{Y}_U$ も
負であるから，$\tilde{X}$ が負になる場合は $\tilde{Y}_U$ をゼロとするよう明示したのが (6.6)
式である。

　株式 L のキャッシュフロー $\tilde{Y}_{LS}$ では，$H > \tilde{X}$ の場合に $\tilde{Y}_{LS}$ をゼロにする

[*5] 保有資産の売却が定常状態の仮定から排除されるのは，論理整合性の維持という理由で
　　納得が容易であろうが，外部からの資金調達がなぜ排除されるのか。実は外部から追加
　　の資金調達の可能性を許容してしまうと，貸倒れそのものが起き得なくなる。貸倒れが
　　起こらないなら負債は安全資産である。オリジナルの Modigliani と Miller の諸論文では
　　一貫して，負債を安全資産とみなしているが，この設定は論理整合性という点でそれな
　　りに妥当なのである。この点について詳しくは辻 (2016)4.3.4 節を参照願いたい。一方で
　　本書の議論の前提は，負債は危険資産で，貸倒れリスクの存在する状況である。本書の
　　論理整合性を維持するため，外部からの追加の資金調達を排除する。そうしないと貸倒
　　リスクそのものが存在しなくなってしまうからである。

ことを明記する。

$$\tilde{Y}_{LS} = \begin{cases} (1 - \tau)(\tilde{X} - H) & (\tilde{X} \geqq H \text{ のとき}) \\ 0 & (H > \tilde{X} \text{ のとき}) \end{cases} \tag{6.7}$$

(6.6) 式や (6.7) 式のように定式化すれば株式のキャッシュフローは有限責任を満たしている。次に負債である。$\tilde{X}$ が H よりも大きければ，企業は H を支払うことができるが，$\tilde{X}$ が H よりも小さいなら，企業は負債に H を支払うことができない。[*6] このとき，負債のキャッシュフローは $\tilde{X}$ とする。企業が利子支払額 H を支払いきれない場合，企業の収益 $\tilde{X}$ すべてが債権者の下に移り，支払順序の劣る株式へのキャッシュフローはゼロになる。以上のことから，負債のキャッシュフロー $\tilde{Y}_{LB}$ は

$$\tilde{Y}_{LB} = \begin{cases} H & (\tilde{X} \geqq H \text{ のとき}) \\ \tilde{X} & (H > \tilde{X} \geqq 0 \text{ のとき}) \\ 0 & (0 > \tilde{X} \text{ のとき}) \end{cases} \tag{6.8}$$

である。なお (6.8) 式は 3 行から成る場合分けである。債権者も有限責任であるから，$\tilde{X}$ が負になるとき，企業の赤字額を補塡する義務がないのは株主と同様である。従って $\tilde{X}$ が負になるときに負債のキャッシュフローはゼロとなるよう明示している。これが $\tilde{Y}_{LB}$ の 3 行目である。

企業 L の投資家 (株主と債権者) へのキャッシュフロー $\tilde{Y}_L$ は，$\tilde{Y}_{LS}$ と $\tilde{Y}_{LB}$ を合計して

$$\tilde{Y}_L = \begin{cases} (1 - \tau)\tilde{X} + \tau H & (\tilde{X} \geqq H \text{ のとき}) \\ \tilde{X} & (H > \tilde{X} \geqq 0 \text{ のとき}) \\ 0 & (0 > \tilde{X} \text{ のとき}) \end{cases}$$

である。ここで $\tilde{Y}_U$ の (6.6) 式を用いて $\tilde{Y}_L$ を書き直すなら，

$$\tilde{Y}_L = \begin{cases} \tilde{Y}_U + \tau H & (\tilde{X} \geqq H \text{ のとき}) \\ \tilde{Y}_U + \tau \tilde{X} & (H > \tilde{X} \geqq 0 \text{ のとき}) \\ \tilde{Y}_U & (0 > \tilde{X} \text{ のとき}) \end{cases}$$

[*6] このとき課税対象の所得 $\tilde{X} - H$ は負であるから，法人税額が $\tau(\tilde{X} - H)$ とすると負になる。負の法人税額とは税金が補助金のごとく企業に支払われることを意味する。現実には税金の還付が企業になされる場合もあるので，必ずしも非現実的な設定というわけではないが，簡単化のため課税対象所得が負のとき法人税額はゼロと仮定される。

であるから，さらに (6.8) 式の $\tilde{Y}_{LB}$ に注意すると，企業 L の $\tilde{Y}_L$ は次のような 1 行の式で表現できる。

$$\tilde{Y}_{LS} + \tilde{Y}_{LB} = \tilde{Y}_L = \tilde{Y}_U + \tau\tilde{Y}_{LB} \tag{6.9}$$

証券の有限責任という性質を保持するために，貸倒れリスクを考慮するなら，そのキャッシュフロー $\tilde{Y}_U$ や $\tilde{Y}_{LS}$，$\tilde{Y}_{LB}$，$\tilde{Y}_L$ は各々，2 行あるいは 3 行の場合分けが必要な式として定式化せざるを得ないが，そうであったとしても，これらの変数の間には (6.9) 式のような 1 行で表記可能な関係が成立しているのである。

6.4.3　資本市場均衡と企業価値

企業価値に関する修正 MM 命題の関係式，$V_L = V_U + \tau B$ をここで証明しておく。この式の導出には，MM オリジナルの「裁定」に依拠した方法が非常に有名だが，この有名な議論は負債が安全資産であることが前提で，企業の貸倒れを想定した場合の議論としては少々具合が悪い。ここでは貸倒れリスクの存在を前提にする場合，どのようにして $V_L = V_U + \tau B$ を導出すればよいかを明らかにする。[7]

---

[7] 修正 MM 命題の形式的な証明に興味のない読者は適当にスキップして欲しい。MM オリジナルの「裁定」とは，同等物と考え得る 2 種類の資産あるいはポートフォリオを考え，その 2 つを比較してどちらかが割安か割高であるなら，割安な方を買って割高な方を売るという裁定を経ることで，割安な方は価格が上昇し，割高な方は価格が下落するから，やがて割安・割高は解消されて，同等の 2 つは同じ価値に行き着くはずという議論である。もし $V_L < V_U + \tau B$ であるなら，株式 U が株式 L と比べて割高である可能性があるが，株式 U と比較されるべき同等物は，株式 L にその負債を組合せたポートフォリオである。株式 U を売却して代わりに株式 L と負債のポートフォリオを購入すると，購入後はあたかも株式 U を保有し続けるのと同様の状態でありながら，今，裁定の利益を手にできる。また逆に $V_L > V_U + \tau B$ であるなら，株式 L が割高で，株式 U が割安の可能性があるが，株式 L と比較されるべき同等物は，株式 U と投資家自身の借入の組合せである。割高な株式 L を売却して，代わりに株式 U を投資家自身の富に一部借入を組合せて購入する。すると購入後はあたかも株式 L を保有し続けるのと同様の状態で，やはり裁定の利益を得ることができる。これら 2 種類の裁定の買いと売りの効果で株価が上昇下落する結果，$V_L = V_U + \tau B$ の成立するとき，これら裁定により利益が得られなくなるので，そのとき資本市場の均衡が達成される。

　貸倒れリスクを明示して考慮した場合のキャッシュフローの定式化は前に示した。株式 U のキャッシュフローは $\tilde{Y}_U$，株式 L のキャッシュフローは $\tilde{Y}_{LS}$，負債のキャッシュフローは $\tilde{Y}_{LB}$ である。$\tilde{Y}_{LS}$ と $\tilde{Y}_{LB}$ の和が $\tilde{Y}_L$ であり，これら変数の間には 1 行で表記可能な (6.9) 式が成立している。この (6.9) 式を前提にして，株式 U と株式 L，負債の 3 つの危険資産の利回りを考えよう。資本市場の均衡とは期待利回りと要求利回りとが等しくなるときであるから，これら 3 つの危険資産の期待利回りと要求利回りがそれぞれ等しくなるような条件を導出する。この条件式こそが資本市場均衡成立のための必要十分条件となる。

　$\tilde{Y}_U$ や $\tilde{Y}_{LS}$ の実現値は全額が期末の配当金になるから，株式 U については，企業 U の発行済株式数を n_U とすると，その 1 株当り配当金は $\tilde{Y}_U/n_U$ である。株式 U の株価を P_U としよう。定常状態の世界における株式利回りは 1 株当り配当金を株価で割った分数であるから，株式 U の利回り $\tilde{y}_U$ は次のように定義される。

$$\tilde{y}_U = \frac{\tilde{Y}_U/n_U}{P_U} = \frac{\tilde{Y}_U}{V_U}$$

企業 U には負債が存在しないので，株式価値が企業価値 V_U でもある。また株式 L については，企業 L の発行済株式数を n_L とすると，1 株当り配当金は $\tilde{Y}_{LS}/n_L$ である。株式 L の株価を P_L で表すと，株式 L の利回り $\tilde{y}_L$ は

$$\tilde{y}_L = \frac{\tilde{Y}_{LS}/n_L}{P_L} = \frac{\tilde{Y}_{LS}}{S_L}$$

というように記載できる。この S_L は企業 L の株式価値で，$S_L = n_L P_L$ である。株式 U も株式 L も利回りの式は，それぞれの企業の株主全体に支払わ

以上が修正 MM 命題の余りに有名な証明の議論であるが，これのどこに問題があるのか。後半の話に不具合がある。投資家個人の借入で株式 U を購入しても，それは株式 L と同等にはならない。なぜなら負債のある企業 L の貸倒れリスクと投資家個人の借入に伴う貸倒れリスクとは，異なると考えるのが自然だからである。MM オリジナルの議論では，貸倒れリスクは一切存在しない，負債は安全資産を仮定していると考えるのが妥当である。世の中全般で貸倒れリスクを無視できるなら，企業の負債と投資家個人の借入の貸倒れリスクは共通にゼロである。しかし本稿の議論のように，貸倒れリスクが明示的に導入される世界においては，両者は異なるのが普通であり，それ故 MM オリジナルの証明方法は矛盾を抱えているといわざるを得ない。

れるキャッシュフロー $\tilde{Y}_U$ や $\tilde{Y}_{LS}$ を，その全体の価値額 V_U や S_L で除した分数が利回りになることを表している。

　企業 L の負債については株式と違って，負債「1 単位当り」という概念はあまり一般的ではないので，企業 L 全体の負債のキャッシュフロー $\tilde{Y}_{LB}$ と負債価値 B との分数でもって，負債の利回り $\tilde{y}_B$ を定義しておく。

$$\tilde{y}_B = \frac{\tilde{Y}_{LB}}{B}$$

　キャッシュフローの関係式として，(6.9) 式を変形すれば $\tilde{Y}_{LS} = \tilde{Y}_U - (1 - \tau)\tilde{Y}_{LB}$ であるから，これを使って株式 L の利回り $\tilde{y}_L$ を次のように書き換える。

$$\tilde{y}_L = \frac{\tilde{Y}_U - (1 - \tau)\tilde{Y}_{LB}}{S_L} = \frac{\tilde{Y}_U}{V_U}\frac{V_U}{S_L} - \frac{\tilde{Y}_{LB}}{B}\frac{B}{S_L}(1 - \tau)$$

$$= \tilde{y}_U \frac{V_U}{S_L} - \tilde{y}_B \frac{B}{S_L}(1 - \tau) \tag{6.10}$$

1 行目の式は，まず株式 L の利回りの分子 $\tilde{Y}_{LS}$ をキャッシュフローの関係式で置き換え，さらにその分数の第 1 項の分子・分母に V_U を，分数第 2 項の分子・分母に B をそれぞれ書き加える。これが 1 行目最右辺の式である。そして株式 U の利回りと負債の利回りで置き換えて，2 行目の式が導かれる。

　この (6.10) 式の両辺に期待値を取れば，3 つの危険資産の間で成立する期待利回りの関係式が得られる。

$$\mathrm{E}(\tilde{y}_L) = \mathrm{E}(\tilde{y}_U)\frac{V_U}{S_L} - \mathrm{E}(\tilde{y}_B)\frac{B}{S_L}(1 - \tau) \tag{6.11}$$

資本市場均衡では期待利回りと要求利回りが等しい。株式 L の要求利回りを ρ_L，株式 U の要求利回りを ρ_U，負債の要求利回りを ρ_B で表すと，仮に

$$\rho_L = \rho_U \frac{V_U}{S_L} - \rho_B \frac{B}{S_L}(1 - \tau) \tag{6.12}$$

とすることができるなら，$\rho_L = \mathrm{E}(\tilde{y}_L)$ および $\rho_U = \mathrm{E}(\tilde{y}_U)$，$\rho_B = \mathrm{E}(\tilde{y}_B)$ が成立するので，株式 L と株式 U，負債という 3 つの危険資産すべてで要求利回り

と期待利回りとが等しくなっているといえよう。それでは，どのようなとき
に要求利回りの間で (6.12) 式が成立しているのか。

　要求利回りは，無危険利子率とリスクプレミアムの和であり，リスク
プレミアムの定式化を CAPM に依拠するなら，システマティックリスク
$\mathrm{cov}(\tilde{R}_M, \tilde{y})$ と定数 λ との積がリスクプレミアムとなる。[8] $\tilde{R}_M$ はマーケット
ポートフォリオ収益率，$\tilde{y}$ は当該危険資産の利回りである。ある危険資産の
要求利回りは $R_F + \lambda \mathrm{cov}(\tilde{R}_M, \tilde{y})$ で記される。今，株式 L と株式 U，負債と
いう 3 つの危険資産についてそれぞれの要求利回り ρ_L と ρ_U，ρ_B を具体的
に書いておこう。

$$\rho_L = R_F + \lambda \mathrm{cov}(\tilde{R}_M, \tilde{y}_L)$$
$$\rho_U = R_F + \lambda \mathrm{cov}(\tilde{R}_M, \tilde{y}_U)$$
$$\rho_B = R_F + \lambda \mathrm{cov}(\tilde{R}_M, \tilde{y}_B)$$

　また 3 つの利回り $\tilde{y}_L$ と $\tilde{y}_U$，$\tilde{y}_B$ の間には (6.10) 式の関係があるから，こ
の関係式を使うと共分散の間には

$$\mathrm{cov}(\tilde{R}_M, \tilde{y}_L) = \mathrm{cov}(\tilde{R}_M, \tilde{y}_U)\frac{V_U}{S_L} - \mathrm{cov}(\tilde{R}_M, \tilde{y}_B)\frac{B}{S_L}(1 - \tau) \tag{6.13}$$

が成立しなければならない。これを使って，株式 L の要求利回り ρ_L を書き

---

[8] CAPM の普通の定式化 (証券市場線) は，危険資産の利回りを $\tilde{y}$ とすると，

$$\mathrm{E}(\tilde{y}) = R_F + [\mathrm{E}(\tilde{R}_M) - R_F]\frac{\mathrm{cov}(\tilde{R}_M, \tilde{y})}{\sigma(\tilde{R}_M)^2}$$

であるが，これを $\tilde{y}$ とは無関係な項を集めて次のように書き直す。

$$\mathrm{E}(\tilde{y}) = R_F + \frac{\mathrm{E}(\tilde{R}_M) - R_F}{\sigma(\tilde{R}_M)^2} \mathrm{cov}(\tilde{R}_M, \tilde{y})$$
$$= R_F + \lambda \mathrm{cov}(\tilde{R}_M, \tilde{y}) \qquad \text{ただし，} \lambda = \frac{\mathrm{E}(\tilde{R}_M) - R_F}{\sigma(\tilde{R}_M)^2}$$

マーケットポートフォリオ $\tilde{R}_M$ に関連する項を λ でまとめる。この形の式の解釈は，シ
ステマティックリスクの代理変数が $\mathrm{cov}(\tilde{R}_M, \tilde{y})$ で，リスク価格の代理変数が λ，その積
の $\lambda \mathrm{cov}(\tilde{R}_M, \tilde{y})$ がリスクプレミアムである。

換える。

$$\rho_L = R_F + \lambda \operatorname{cov}(\tilde{R}_M, \tilde{y}_U)\frac{V_U}{S_L} - \lambda \operatorname{cov}(\tilde{R}_M, \tilde{y}_B)\frac{B}{S_L}(1 - \tau)$$

$$= R_F + (\rho_U - R_F)\frac{V_U}{S_L} - (\rho_B - R_F)\frac{B}{S_L}(1 - \tau)$$

$$= \left\{\rho_U \frac{V_U}{S_L} - \rho_B \frac{B}{S_L}(1 - \tau)\right\} + R_F\left\{1 - \frac{V_U}{S_L} + \frac{B}{S_L}(1 - \tau)\right\} \tag{6.14}$$

1 行目の式は共分散の関係式を代入しただけである。共分散については，要求利回りの定義式から $\lambda \operatorname{cov}(\tilde{R}_M, \tilde{y}_U) = \rho_U - R_F$ と $\lambda \operatorname{cov}(\tilde{R}_M, \tilde{y}_B) = \rho_B - R_F$ であるから，2 行目の式が得られる。これをさらに整理して 3 行目の (6.14) 式が得られる。

　さて (6.14) 式右辺の 1 番目の大括弧内は (6.12) 式の右辺と同じであるから，(6.14) 式右辺の 2 番目の大括弧内がゼロであるなら，そしてそのときに限り，ρ_L は (6.12) 式右辺の形で表現されることになる。この 2 番目の大括弧内をあらためて記すと，

$$\frac{S_L + B - V_U - \tau B}{S_L}$$

であるから，$S_L + B = V_U + \tau B$ ならこの分数の分子がゼロとなる。このとき ρ_L は (6.12) 式右辺の形になるので，資本市場均衡が達成されている。ところで $S_L + B = V_L$ であるから，資本市場均衡が成立するのは $V_L = V_U + \tau B$ のときであることが分る。これで修正 MM 命題における企業価値の関係式の成立が示された。

　次に，$V_L = V_U + \tau B$ の成立を前提にした株式利回りの式を導く。$V_L = V_U + \tau B$ を使うと，

$$\frac{V_U}{S_L} = \frac{S_L + B - \tau B}{S_L} = 1 + \frac{B}{S_L}(1 - \tau) \tag{6.15}$$

という展開ができるので，利回りが期待利回りの表記なら，(6.11) 式に上の (6.15) 式を代入して，

$$\mathrm{E}(\tilde{y}_L) = \mathrm{E}(\tilde{y}_U) + [\mathrm{E}(\tilde{y}_U) - \mathrm{E}(\tilde{y}_B)]\frac{B}{S_L}(1 - \tau) \tag{6.16}$$

という式が得られるし，要求利回りなら (6.12) 式から，

$$\rho_L = \rho_U + (\rho_U - \rho_B)\frac{B}{S_L}(1 - \tau) \tag{6.17}$$

が成立する。これらは第 2 命題とも称される修正 MM 命題の基本的な関係
式である。もし $\rho_U > \rho_B$ であるなら，株式 L の要求利回りは負債倍率 B/S_L
の増加で上昇することになるが，株式の要求利回りが上昇する理由は，負債
が増加すると株式利回りのリスクも増加するからである。このリスク増はリ
スクプレミアムを増大させ，要求利回りそして資本市場均衡の下，期待利回
りも増大させるのである。

　ここの株式 L のリスクとは，システマティックリスクを表す共分散
$\mathrm{cov}(\tilde{R}_M, \tilde{y}_L)$ のことであるが，(6.15) 式を使って (6.13) 式を書き換える。

$$\mathrm{cov}(\tilde{R}_M, \tilde{y}_L) = \mathrm{cov}(\tilde{R}_M, \tilde{y}_U) + \left[\mathrm{cov}(\tilde{R}_M, \tilde{y}_U) - \mathrm{cov}(\tilde{R}_M, \tilde{y}_B)\right]\frac{B}{S_L}(1 - \tau) \tag{6.18}$$

株式 L のリスクは，右辺第 1 項の「営業上のリスク」と右辺第 2 項の「財務
上のリスク」に分解できる。今の議論の前提は $\rho_U > \rho_B$ である。一般的には
株式のリスクは負債のリスクより大という直感が根本であろうが，$\rho_U > \rho_B$
という前提は λ が正であるなら，$\mathrm{cov}(\tilde{R}_M, \tilde{y}_U) > \mathrm{cov}(\tilde{R}_M, \tilde{y}_B)$ である。である
なら，(6.18) 式の右辺第 2 項は正で，負債倍率 B/S_L の増大は株式 L のリス
クを増大させる。この項は負債の大小に関連して増減するリスクであるか
ら，「財務上のリスク」と命名される。対して (6.18) 式の右辺第 1 項は，負
債に関係なく B がゼロであっても存在するリスクであるから，「営業上のリ
スク」と称される。

6.5　平均資本コストとは

　資本コストとは要求利回りのことである。要求利回りとは，投資する際に
求められる必要最低限の利回りをいうが，要求利回りを満たせないような証
券は，投資家に購入されない，あるいは既に保有している投資家から売却さ
れるので，その価格は下がる。価格低下は，その発行企業の企業価値最大化

という目標に反する事態なのでできる限り避けたい。そこで企業は発行証券の期待利回りが投資家の要求利回りを下回らないよう努める必要がある。投資家の要求利回りが満たされるであろうと投資家に期待されるべく，企業は経営努力を続けなければならない。従って要求利回りは，企業が絶対に達成する必要のある最低限の目標ということであるから，企業にはある種の負担という意味合いをも併せ持つ。そこで要求利回りは，企業の負担という意味から資本コストとも称される。要求利回りとは投資家サイドの言い方で，投資家が現在のお金を消費か投資かどちらに振り向けるかを表現した概念だが，これを企業サイドから，企業が絶対に稼ぎ出さねばらない負担として表現したのが資本コストという名称である。

　以上の言説が恐らくは学界と実務界両方に共通する一般的認識とみなしてよかろう。私自身はこの言説にはツッコミどころ満載な感を持っているが，それについてここでは何も述べない。とりあえずあまり難しく考えることはせず，要するに要求利回りと資本コストとは同義の用語という程度の認識で十分なのではないか。本書ではそういうことにする。重要な点は，この用語の言い方・表現ではなく，資本コストを平均した平均資本コスト weighted average cost of capital，通称 WACC と称される概念の経済的な意味である。以下ではこの説明をする。実務で登場する WACC は，企業の投資の実行か拒絶かを決める意思決定や，DCF 法で企業価値の計算する際に依拠する概念であるが，ここで示したいのは，その理由となる最も基本的な考え方である。

　企業の発行している証券は株式と負債であるが，これらはリスクが違うから，各々の要求利回り・資本コストは異なる水準となる。それでは企業全体で見たとき，全体的な資本コストの水準をどのように考えればよいか。株式の資本コストと負債の資本コストを，各々の価値金額でウエイトした，文字どおりの加重平均を計算したのが WACC である。本書では WACC のことを平均資本コストと称する。

$$\rho_W = \frac{S_L}{V_L}\rho_L + \frac{B}{V_L}\rho_B \tag{6.19}$$

で定義される ρ_W が平均資本コストである。$V_L = S_L + B$ であるから，株式

資本コスト ρ_L には企業価値に対する株式価値の比率をウエイトに，また負債の資本コスト ρ_B には負債価値の比率をウエイトに使った加重平均となっている。

今，資本市場は均衡しているから，要求利回りは期待利回りに等しく，$\rho_L = \mathrm{E}(\tilde{y}_L)$ と $\rho_B = \mathrm{E}(\tilde{y}_B)$ が成立している。利回りの $\tilde{y}_L$ と $\tilde{y}_B$ は前で定義した分数を使うと，

$$\rho_W = \frac{S_L}{V_L}\,\mathrm{E}(\tilde{y}_L) + \frac{B}{V_L}\,\mathrm{E}(\tilde{y}_B) = \frac{S_L}{V_L}\,\mathrm{E}\left(\frac{\tilde{Y}_{LS}}{S_L}\right) + \frac{B}{V_L}\,\mathrm{E}\left(\frac{\tilde{Y}_{LB}}{B}\right)$$
$$= \frac{\mathrm{E}(\tilde{Y}_L)}{V_L}$$

のように展開できる。この 2 行目の式の右辺と左辺を入れ替えると，

$$V_L = \frac{\mathrm{E}(\tilde{Y}_L)}{\rho_W} \tag{6.20}$$

に他ならない。一般に，定常状態における証券の価格は期末キャッシュフロー平均を要求利回りで割った分数で表される。(6.20) 式の場合，分子が投資家 (株主と債権者) の期末キャッシュフロー平均，分母が平均資本コストから成る分数が企業価値であることを示しているから，投資家のキャッシュフロー $\mathrm{E}(\tilde{Y}_L)$ が企業価値を計算する際の該当キャッシュフロー，平均資本コスト ρ_W が企業価値に適用される要求利回りということになる。平均資本コストとは定義こそ文字どおり，株式と負債の資本コストの平均であるが，ρ_W の経済的な意味は，企業価値を計算する際のキャッシュフローに適用されるべき要求利回りである。

ところで，世の中で一般的に利用される平均資本コストの定式化は，(6.19) 式とは少々異なる形で定義される。それは次のような式である。

$$\hat{\rho}_W = \frac{S_L}{V_L}\rho_L + \frac{B}{V_L}\rho_B(1 - \tau) \tag{6.21}$$

(6.19) 式との違いは，負債の資本コスト ρ_B に $(1 - \tau)$ を乗じている。負債の利払いには節税効果があり，1 円の利子支払につき τ 円の税金が安くできるから，負債の資本コストは ρ_B ではなく $\rho_B(1 - \tau)$ であるというような理由

が述べられる。この理由は完全な誤りと私は思うが，それについての議論は別の文献に譲ってここでは述べない。[*9] が，次のような式展開をすれば，(6.21) 式で定義される $\hat{\rho}_W$ が実は意味不明な概念であることは一目瞭然ではないか。

資本市場は均衡しているので，平均資本コストの定義にかかわらず，$\rho_L = \mathrm{E}(\tilde{y}_L)$ と $\rho_B = \mathrm{E}(\tilde{y}_B)$ は成立している。これらを (6.21) 式に代入して $\hat{\rho}_W$ を書き換える。

$$\hat{\rho}_W = \frac{S_L}{V_L}\,\mathrm{E}(\tilde{y}_L) + \frac{B}{V_L}\,\mathrm{E}(\tilde{y}_B)(1-\tau) = \frac{\mathrm{E}(\tilde{Y}_{LS}) + \mathrm{E}(\tilde{Y}_{LB})(1-\tau)}{V_L}$$
$$= \frac{\mathrm{E}(\tilde{Y}_U)}{V_L}$$

この 1 行目の展開は株式 L と負債の利回りの定義を代入した。1 行目から 2 行目の展開は (6.9) 式のキャッシュフロー関係式を使う。この 2 行目の式の右辺と左辺を入れ替えると，

$$V_L = \frac{\mathrm{E}(\tilde{Y}_U)}{\hat{\rho}_W} \tag{6.22}$$

という企業価値 V_L の定式化が得られる。(6.22) 式は論理としては確かに正しいが，それでもこの式の形を奇妙に感じないだろうか。(企業 L ではなく) 企業 U の期末キャッシュフロー平均 $\mathrm{E}(\tilde{Y}_U)$ を $\hat{\rho}_W$ でもって割引くと，(企業 U ではなく) 企業 L の企業価値 V_L が導出されるのである。

私自身は，平均資本コストを (6.21) 式とすることで得られる (6.22) 式の形の V_L に少なからず違和感を感じるが，それにもかかわらず，この点を上手く利用して議論を組み立てたのが投資の意思決定の手法である。[*10] 負債のある企業 L であっても，投資の採否を決める NPV 法を計算するのに，キャッシュフローの面で負債への配慮は必要ない。その理由は V_L を (6.22) 式として定式化することができるからである。(6.22) 式では期末キャッシュフローとして企業 U を問題にするのであるから，投資によるキャッシュフローの

[*9] 辻 (2016)4.2.3 節を参照願いたい。

[*10] DCF 法における事業価値の算定方法についても同様であろう。

影響を計算するのに負債との関係を考える必要性がない。NPV 法の計算に
負債が関係してくるのは，平均資本コスト $\hat{\rho}_W$ の方だけである。これについ
ては次の章で詳細に検討する。

6.6　資本コスト (第 2 命題) の使い途

　第 2 命題とも称される，修正 MM 命題で導出された資本コストの関係式
であるが，これは実際どのように利用されるべきか。一つの使い途は，負債
依存度を変化させるとき，資本コストがそれによってどれぐらい変化するか
を推測するのに使うことが考えられる。

　重複を厭わずあらためて議論を整理しよう。負債のない企業 U の株式資
本コスト ρ_U と，負債のある企業 L の負債の資本コスト ρ_B とが与件である。
このとき，資本市場均衡では企業価値に $V_L = V_U + \tau B$ という関係が成立し
ていて，これを前提にすると，企業 L の株式資本コスト ρ_L については

$$\rho_L = \rho_U + (\rho_U - \rho_B)\frac{B}{S_L}(1 - \tau) \tag{6.17}$$

という関係式が導出される。平均資本コストは ρ_W と $\hat{\rho}_W$ の 2 種類あって，
定義式は ρ_W が (6.19) 式，$\hat{\rho}_W$ が (6.21) 式であるが，各々の式の ρ_L に (6.17)
式を代入して整理すると次のような式が得られる。

$$\rho_W = \rho_U - \frac{\tau\frac{B}{S_L}}{1 + \frac{B}{S_L}}(\rho_U - \rho_B) \tag{6.23}$$

$$\hat{\rho}_W = \rho_U - \frac{\tau\frac{B}{S_L}}{1 + \frac{B}{S_L}}\rho_U \tag{6.24}$$

ところで，これら 2 つの式を得るのに次の関係を使っている。

$$\frac{B}{V_L} = \frac{B}{S_L + B} = \frac{\frac{B}{S_L}}{1 + \frac{B}{S_L}}$$

平均資本コストに登場する負債比率 B/V_L を負債倍率 B/S_L で置き換えてい
ることに注意されたい。

　企業の負債依存度を表す比率には分母の違いにより，本書で負債比率と称される B/V_L と負債倍率と称される B/S_L の 2 つがあるが，ここでは負債依存度を負債倍率 B/S_L で測る。(6.17) 式と (6.23) 式は，ρ_U と ρ_B の値を所与とするなら，ρ_L と ρ_W は B/S_L の関数であることを表している。また (6.24) 式からは，$\hat{\rho}_W$ が ρ_U を所与とすると B/S_L だけの関数になり，$\hat{\rho}_W$ の値は ρ_B を使わずに計算できることが分る。それではこれら関数をどうやって使えばよいか。現実の利用に供するためには，ρ_U や ρ_B をどうやって決めるかを考える必要があろう。まず最初に ρ_B の値を所与とみなして，ρ_U の方から考えよう。ρ_B の値をどうするかはその後に述べる。

　上場企業であるならば，日々の株価が存在するので，株価データと配当金の実績値から株式の月次利回りデータが入手できる。前の章で述べたような手続きを経れば，その企業の株式の月次利回りデータから，その当該時点における株式の要求利回りを推定できる。この推定値が株式資本コスト ρ_L の推定値に他ならない。一方で，その企業の貸借対照表から有利子負債の大きさを求めて，これを B の値の代理変数としよう。[*11] また発行済株式数に当該時点の株価を乗じた株式時価総額は S_L の値になる。こうして得た B と S_L の値から B/S_L という比率を計算すれば，それが企業の負債依存度を測る尺度である。

　いうまでもないことであろうが，株式の月次利回りデータから推定される株式資本コストの値は，あくまでもその時点の B/S_L という負債依存度にある企業の株式の値である。今欲しいのは，負債のない企業 U の株式資本コストの値である。企業に負債が存在する限り，実在するのは企業 L の方であって，企業 U は実在しない架空の存在である。実在しないなら何らかの方法で推定するしかない。その方法として (6.17) 式を利用して，企業 L の株式資本コストと負債倍率から，(6.17) 式を逆算して企業 U の株式資本コストを推定するのである。ここで負債の資本コスト ρ_B の値は分っているものと仮定している。いい換えると，現実データから ρ_L と B/S_L の値が既知で

[*11] 有利子負債とは，貸借対照表に記載された長期・短期の借入金および社債，CP(コマーシャルペーパー)，CB(転換社債) 等を合計した金額である。

ある。何らかの方法で ρ_B の値が所与であるなら，これら値でもって (6.17) 式を成立させる ρ_U の値を計算するのである。(6.17) 式を簡単な計算で変形すると，ρ_U は次のとおりである。

$$\rho_U = \frac{\rho_L + \rho_B \frac{B}{S_L}(1-\tau)}{1 + \frac{B}{S_L}(1-\tau)} \tag{6.25}$$

次は ρ_B の決定方法である。前で修正 MM 命題を導出する際は ρ_B を CAPM に従うと仮定し，$\rho_B = R_F + \lambda \mathrm{cov}(\tilde{R}_M, \tilde{y}_B)$ が定式化されたが，これは理論モデルとしての論理整合性を保持するという観点から仕方のない方便である。しかし現実問題としての実用を考えるなら，負債のリスクプレミアムを CAPM から計算するという実務慣行はあまりないように思う。学界の先行研究の中で，負債のリスクプレミアムと負債依存度がどのような関係にあるかをモデル化した研究成果は皆無ではないが，それら議論は理論分析であれ実証分析であれ，ここで気楽に紹介できるような明解明瞭なものはとてもいえない。また，前章で説明した一般的金利水準の話で，実際の社債のリスクプレミアムは現場の人々の長年の経験に基づいたカンに依る旨を指摘をしたが，「経験とカン」といってもそれほどデタラメなものではなく，長年蓄積されたデータおよび本物の損得に直面する切迫感から，経験とカンに依るリスクプレミアム設定はそこそこ真っ当に機能していたのではないかとも述べた (これは筆者の個人的希望的観測かもしれない)。とはいえ，単に「経験とカンに依る」というだけでは，議論にならないことも確かなので，ここではその経験とカンを任意の (恣意的な) 関数式として表現することにする。

どのような関数にするか。いくつかの候補が考えられるが，関数形の尤もらしさという点でリスクプレミアムには次の指数関数を使う。

$$\rho_B = Q_0 + Q_1 \left[\exp\left(Q_2 \frac{B}{S_L} \right) - 1 \right] \tag{6.26}$$

ここの ρ_B は 3 つのパラメタ Q_0, Q_1, Q_2 に依存する。Q_0 が負債量に影響されないベース部分の大きさを表す。これは必ずしも無危険利子率に等しいわけではなく，抽象的に Q_0 と記しておく。負債ゼロの状況からほんのわずかな量の負債を負うとき，その資本コストの大きさを表現するのが Q_0 とい

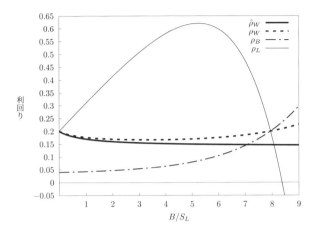

図 6.3　ρ_L と ρ_B, ρ_W, $\hat{\rho}_W$ の動向

B/V_L	B/S_L	ρ_B	ρ_L	ρ_W	$\hat{\rho}_W$
0.000	0.00	0.0400	0.2000	0.2000	0.2000
0.200	0.25	0.0406	0.2279	0.1904	0.1880
0.333	0.50	0.0412	0.2556	0.1841	0.1800
0.429	0.75	0.0420	0.2830	0.1797	0.1743
0.500	1.00	0.0428	0.3101	0.1764	0.1700
0.600	1.50	0.0447	0.3631	0.1720	0.1640
0.667	2.00	0.0471	0.4141	0.1694	0.1600
0.714	2.50	0.0500	0.4625	0.1679	0.1571
0.750	3.00	0.0537	0.5072	0.1671	0.1550
0.800	4.00	0.0641	0.5806	0.1674	0.1520
0.833	5.00	0.0801	0.6196	0.1700	0.1500
0.857	6.00	0.1051	0.5987	0.1756	0.1486
0.875	7.00	0.1438	0.4754	0.1852	0.1475
0.889	8.00	0.2039	0.1780	0.2010	0.1467
0.900	9.00	0.2973	-0.4129	0.2263	0.1460

表 6.1　ρ_L と ρ_B, ρ_W, $\hat{\rho}_W$ の数値例

う変数になる。右辺第 2 項の Q_1 と Q_2 を使った指数関数の部分は，負債依
存度の上昇で負債の資本コストがこのベース部分に加えどれぐらい上乗せさ

れる必要があるのかを表現している。ベース部分に対する上乗せ部分の影響度の大きさを管理するためのパラメタが Q_1 で，この上乗せ部分が負債依存度の変化にどれぐらい影響を受けるかを管理するパラメタが Q_2 である。

ここでいう ρ_B の尤もらしい関数形とは，負債倍率のごく小さなうちは負債依存度の上昇に対し負債の資本コストの上昇はほんのわずかであるが，負債倍率が大きくなるに従い，ゆっくりじわじわと上昇していき，負債倍率がある程度大きな値に達すると，それ以上は一気に負債の資本コストが増大するといったイメージである。このイメージを具体化するための上記 3 つのパラメタが $Q_0 = 0.04$，$Q_1 = 0.005$，$Q_2 = 0.44$ という設定である。この設定の下での ρ_B は図 6.3 に描かれた一点鎖線の曲線である。この曲線を見ると，ρ_B が 4% から始まり，負債倍率の値が 4 ぐらいまでは非常に緩やかな上昇で，負債倍率 3 で ρ_B は 5% 少々のレベルである。その後ゆっくりじわじわと上昇を大きくしていき，負債依存の非常に大きな負債倍率 7 を超える状況で，ρ_B は急上昇するようになる。

少々技巧的な議論かもしれないが，実務家の経験とカンに依る負債のリスクプレミアム決定を，このような形の (6.26) 式の関数に適当な値を与えることで，負債の資本コスト ρ_B の値を知ることができるものと考えよう。ところで，ある企業について現実データから，負債倍率 B/S_L には 0.5 という値が得られたとする。適宜 (6.26) 式に値を代入して，

$$0.04 + 0.005 \left[\exp (0.44 \times 0.5) - 1 \right] = 0.0412$$

となるので，その企業の ρ_B は 4.12% である。次にその企業の株式利回りデータに CAPM を適用して，その企業の株式資本コスト ρ_L が 25.56% として推定されたとする。ここで法人税率 τ は 0.3 と仮定し，(6.25) 式にそれぞれ値を代入すれば，

$$\frac{0.2556 + 0.0412 \times 0.5(1 - 0.3)}{1 + 0.5(1 - 0.3)} = 0.2$$

からこの企業の ρ_U は 0.2 という値が推定される。すなわち，負債倍率 0.5 の負債依存度の企業の株式資本コストがデータから 25.56% を得るなら，そ

の (架空の) 企業 U に該当する株式資本コスト ρ_U は 20% と見積もるのが妥当である。

あくまでも ρ_B を, (6.26) 式で B/S_L の関数として計算できるという点が大前提なのであるが, そうであるなら, このようにして本当は架空の値である ρ_U を推定することができる。この ρ_U の値を与件にして今度は, (6.17) 式から様々な B/S_L の値の下での ρ_L を計算できる。今, ρ_U には 20% を与える。負債依存度の B/S_L の値として 0 から 9 までを連続的に与え, その負債倍率各々の値について, (6.26) 式から ρ_B を計算し, (6.17) 式から ρ_L を計算するのである。ρ_B のグラフが図 6.3 の 1 点鎖線, ρ_L のグラフが細い実線である。ρ_L と ρ_B とから, (6.23) 式の ρ_W を描いたのが太い点線で, (6.24) 式の $\hat{\rho}_W$ を描いたのが太い実線である。また図を描くのに用いた数値を抽出して表にしたのが表 6.1 である。これで新しい様々な負債依存度の下での, 株式と負債の資本コストおよび平均資本コストを推定することができる。

最後に図 6.3 および表 6.1 にある, ρ_L と ρ_W, $\hat{\rho}_W$ の動向を簡単にまとめておく。まず ρ_L についてである。B/S_L が小さなうちは ρ_B はほとんど定数のようなものなので, B/S_L の上昇でほぼ直線的に ρ_L が上昇していく。B/S_L が増加していくとやがて ρ_B 増大の影響により, ρ_L の上昇は小さくなり, さらに ρ_L の値そのものが減少に転じる。(6.17) 式を見ると, ρ_B が増大していって, それが ρ_U と等しくなると, ρ_L は ρ_U の水準に戻ってくるはずであるが, 実際に B/S_L が 8 を若干下回るとき $\rho_B = \rho_U$ となり, そのとき $\rho_L = \rho_U$ となっている。

次に平均資本コスト ρ_W と $\hat{\rho}_W$ の動向である。(6.23) 式と (6.24) 式とに共通する分数

$$\frac{\frac{B}{S_L}}{1 + \frac{B}{S_L}}$$

の値は B/S_L の増加関数である。[*12] ρ_U は与件であるから, $\hat{\rho}_W$ は (6.24) 式にあるように, B/S_L の上昇で一貫して ρ_U よりも低下し続ける。他方, ρ_W は

[*12] 以下の微分計算を示しておく。負債倍率 B/S_L という分数を a という変数で表すと, この分数は $a/(1 + a)$ であるから, 次の微分計算でこの分数は a の増加関数であることが

$\hat{\rho}_W$ とは若干異なる動向を示す。それは B/S_L の上昇で ρ_B が増大するため，(6.23) 式の右辺第 2 項の動向が途中で反転するからである。この反転のために ρ_W は U 字型を描くことになる。

6.7 結びに代えて

企業が負債依存度を変更しようとするとき，変更後の新しい株式資本コストや平均資本コストをいくらと見積ればよいか。その目安を提供し得る議論をこの章では説明した。修正 MM 命題の教える資本コストの関係式は，一定の見解を与え得る数少ないツールなのかもしれない。しかし，修正 MM 命題そのものは抽象度の高い純粋な理論モデルなのであって，その現実適用にはくれぐれも慎重であるべきとは思う。この章では，修正 MM 命題の関係式の背後にある理論にも配慮して，ファイナンス論で今日広く受入れられている理論的側面も含めて解説するようにした。この章の議論の含意として，修正 MM 命題の現実利用に関する若干の注意事項をまとめておきたい。

最大の注意点は，修正 MM 命題の教える資本コストの関係式は，いついかなる状況でも利用可能な関係式ではない。厳密には，ここで述べた企業 U と企業 L の間の関係式であることを忘れてはならない。企業 U と企業 L とは，負債の有無という点でのみ差のある同一企業である。現実には，企業が負債依存度のみ異って資産や営業が同一状態とはあり得ないことであろう。そこは大雑把な割切りが必要で，直感的なイメージで捉えてなんとなく同じような企業であり続けているならば，修正 MM 命題の資本コストの関係式を適用可能かもしれないということなのである。当然のこと，負債依存度の変化に伴って，資産が大きく異ってしまうなら，この関係式を適用して変更後の資本コストを見積ることにあまり意味はない。

もう一つ注意しておくべきことは，修正 MM 命題はそもそも，ここで紹

分る。

$$\frac{\partial}{\partial a}\left(\frac{a}{1+a}\right) = \frac{1}{(1+a)^2} > 0$$

介したような資本コストの推定を目的とした理論ではないという点である。本来の目的は，負債の存在が企業の実態に影響するか否かを調べることにある。当初の MM 命題 (Modigliani-Miller(1958) の導いた諸命題) は，法人税を無視した世界で負債の無関連性を主張した。負債の有無は，株価や企業価値に影響せず，のみならず投資の意思決定に対しても中立的 (影響しない) という結論である。この命題は，「負債は重要」という社会の一般認識と真逆な話であったため，筆者の MM はその後，法人税を追加で考慮して MM 命題を修正した。これが修正 MM 命題である。

　修正 MM 命題を負債の決定理論と考えるなら，実は大変に困った事態になってしまう。MM 命題のいうように「負債は無関連」ということであるなら，個々の企業にとって負債をどうすべきなのかという問題は，ランダムな要因 (よく分らない理由) で決っていると考えることができるから，企業の負債量の決定はどうでもよい問題，企業にとって最適な負債量は存在しないということになる。これが MM 命題は負債の無関連命題とされる理由である。ところが修正 MM 命題では $V_L = V_U + \tau B$ であるから，負債 B が大きくなるほど企業価値 V_L は増大する。理由はここで述べないが，企業の最適行動は企業価値の最大化であるから，修正 MM 命題の世界では，企業は可能な限り極大まで負債を大きくすべきであるというのがその理論的な帰結となってしまう。そのような企業が皆無なのは明白である。田村 (1987) の指摘にあるとおり，MM 命題という理論モデルを現実に近付けようとして，法人税という要因を新たに取り込んで命題を修正したら，その修正 MM 命題の含意はかえって現実企業の行動から大きく乖離してしまったということなのである。

　最適な負債量の決定問題，あるいは企業にとって最も望ましい負債依存度とは何か。この分析を資本構成の理論といい，企業金融論で最も盛んに長年にわたって議論されてきた分野である。企業の最適資本構成の決定について，今日では一定の結論が得られたような印象を個人的には抱いているが，MM 命題や修正 MM 命題は，資本構成理論におけるその後の長い理論展開の嚆矢となった議論である。資本構成の理論モデルが現実企業の負債依存度を把握できるようにするためには，修正 MM 命題では考慮してない要因を

まだまだたくさん取り込む必要がある。この議論は大変に長く重いので，あらためて別の機会に譲りたい。[13] 今日的な観点としては，修正 MM 命題の議論を負債量の決定ツールとして考えない方がよい。負債量を所与とみなすなら，修正 MM 命題は本章で述べたような使い途があるのではなかろうか。

　最後に付記すると，そもそもの話，定常状態を想定した下での貸倒れとは，現実の貸倒れと似て非なるものであることも注意喚起しておきたい。ある期間の期末で，企業の収益 $\tilde{X}$ の実現値が H 未満となって貸倒れが発生したとする。この貸倒れ発生の有無に関係なく，その瞬間後である次の期間の期首時点において，ちょっと前に貸倒れが発生したことなどまるでなかったかのように，投資家と企業は粛々と，次の期末キャッシュフローの予想に前と同じことを考えて証券の価値評価に臨む。これが定常状態の下での「貸倒れ」なのである。

---

[13] 手前味噌で恐縮ではあるが，他に研究文献も存在しないので，辻 (2017) を指摘しておく。

第 7 章

投資の意思決定と負債

7.1 はじめに：IRR 法と NPV 法，DCF 法

企業投資の意思決定方法には，IRR 法 (内部収益率法) と NPV 法 (正味現在価値法) という，非常に有名な 2 種類の考え方がある。かつては IRR 法が主流であったようにも思うが，今日では NPV 法の方が重用されている感があり，本章でも NPV 法を中心に取り上げる。本章ではこれら手法の簡単な紹介から議論を始めたい。

まず現実的な応用に配慮し，次のような投資案件を考えよう。現在時点で I 円を支出して投資を実行すると，次の第 1 時点から第 T 時点までにその投資の成果で企業の収益が増え，その結果，$\overline{\Delta}_1, \overline{\Delta}_2, \cdots, \overline{\Delta}_T$ というキャッシュフローの増加分が期待できるとしよう。これを以下，投資収益と称する。添字の数字は各時点を表す。

IRR 法とは，次の式に従って内部収益率 internal rate of return と呼ばれる収益率 y を計算する。

$$I = \frac{\overline{\Delta}_1}{1 + y} + \frac{\overline{\Delta}_2}{(1 + y)^2} + \cdots + \frac{\overline{\Delta}_T}{(1 + y)^T} \tag{7.1}$$

手でこの y を計算するのは大変であるが，表計算ソフトを使うなら y を簡単に求められる。こうして計算された y を資本コスト ρ と比較して，$y > \rho$ で

あれば投資を実行し，$y < \rho$ であるなら投資を実行しない。これが IRR 法である。

次に NPV 法であるが，資本コスト ρ を割引率として用いて，各時点の投資収益の予測値 $\overline{\Delta}_1, \cdots, \overline{\Delta}_T$ から現在価値 PV を求める。

$$PV = \frac{\overline{\Delta}_1}{1 + \rho} + \frac{\overline{\Delta}_2}{(1 + \rho)^2} + \cdots + \frac{\overline{\Delta}_T}{(1 + \rho)^T} \tag{7.2}$$

この PV から投資額 I を引いた値は正味現在価値 $NPV(= PV - I)$ と称される。そして投資の意思決定は $NPV > 0$ であれば投資実行し，$NPV < 0$ であれば投資をしない。これが NPV 法である。[*1]

以上が IRR 法と NPV 法の形式的な説明であるが，これらは類似しているけれど，決して同じものではない。事実，これらは現実の世界において常に同じ結論をもたらすとは限らない。投資収益の時間パターン (現在の I および将来の $\overline{\Delta}_1, \cdots, \overline{\Delta}_T$ 各々の大きさ) や資本コストの値に応じて，IRR 法では採用される投資案件が NPV 法で採用されなかったり，その逆が起ったりする。起り得る様々なケースを，数値例で解説した文献は既に少なからず存在するので，本書ではいっさい触れない。以下ここで問題にしたいのは，投資収益 $\overline{\Delta}_1, \cdots, \overline{\Delta}_T$ や資本コスト ρ をどうやって求めるか，そしてその理由は何かという点である。そもそもの話として，投資の意思決定をなぜ NPV 法に依拠するのか。この NPV の値は何を意味する数字なのか。

現実世界の投資の意思決定で，割引率としての役割を果す資本コストとなるのが，

$$\hat{\rho}_W = \frac{S_L}{V_L}\rho_L + \frac{B}{V_L}\rho_B(1 - \tau) \tag{6.21}$$

という形で定義される平均資本コスト weghted average cost of capital，頭文字を取って通称 WACC(ワック) と称される値である。本章ではこの形の WACC を平均資本コストと称する。記号は前の章と同様であるが，一応紹介をしておくと，S_L が株式価値，B が負債価値，両者の合計が企業価値 V_L，

[*1] エクセルの現在価値計算に関連する関数として NPV 関数と IRR 関数がある。紙幅の関係で詳細を述べる余裕はないので，これらを解説したサンプルを筆者のホームページに掲載しておく。https://www.fbc.keio.ac.jp/~tsuji を参照願いたい。

ρ_L は株式の資本コスト (要求利回り)，ρ_B は負債の資本コスト (要求利回り)，τ が法人税率である。

次に，投資の成果を表す (有限の)T 年間の投資収益 $\overline{\Delta}_1, \cdots, \overline{\Delta}_T$ には，以下で定義されるようなキャッシュフローについて，その投資実行前後の値の差額を計算する。このキャッシュフローのことをフリーキャッシュフロー (以下 FCF と略記) と呼ぶのが一般的になっている。任意の t 時点の FCF について投資実行前 (あるいは投資を実行しなかったとき) の予測値を $FCF_t^{(0)}$ で，投資実行後の FCF の予測値を $FCF_t^{(1)}$ で表現すると，t 時点の投資収益 $\overline{\Delta}_t$(ただし $t = 1, \cdots, T$) は，

$$\overline{\Delta}_t = FCF_t^{(1)} - FCF_t^{(0)}$$

で計算される。本章では投資実行の有無を区別する必要のある場合は，投資を実行した場合であることを表すのに添字 $^{(1)}$ を変数に付与し，投資を実行しなかった場合を表すのに添字 $^{(0)}$ を付けて区別する。

さて FCF の定義では，今までの EBIT に加え，減価償却費と正味運転資本の増加額，投資支出額をあらためて表面化させて，次のような計算から FCF を算出する。

$$\text{FCF} = (1 - \tau) \times \text{EBIT} + 減価償却費$$
$$- 正味運転資本の増加額 - 投資支出額$$

FCF とは，企業収益 EBIT よりも一段とキャッシュフローとしての側面を強調して EBIT を修正・補完した概念であると考えられる。通常 EBIT では減価償却費を控除済みであり，減価償却費は現金流出を伴わない経費項目であるから，キャッシュフローを算定するために EBIT に減価償却費を足し戻す。またここの「正味運転資本」とは，

$$正味運転資本 = 売掛債権 (受取手形と売掛金) + 棚卸資産$$
$$- 買掛債務 (支払手形と買掛金)$$

で定義される。正味運転資本 (ネットワーキングキャピタル) は貸借対照表項目を適宜加減していて，これ自体はストック概念である。売掛債権と棚卸

資産の増加は現金の流入が減るので，現金の減少要因であり，逆に買掛債務の増加は現金の増加要因である。従って前期に比べて今期の正味運転資本が増えるということは，それだけ今期の現金が減少していることを意味するから，キャッシュフローの算定には正味運転資本の増加額を引き算する必要がある。さらに投資支出額は現金流出であるからやはり引き算する。このように定義されるのが FCF である。

　この FCF の定義式で一つ注意すべきことは，第 1 項を $(1-\tau)\times$ EBIT としている点である。これは税引後利益に見えるかもしれないが，本物の税引後利益ではない。法人税額の計算方法が本物と異なるからである。この第 1 項は法人税額を $\tau\times$ EBIT として計算していることを意味するが，負債の存在する企業の場合，課税対象の所得に利子支払額を損金算入するので，この計算方法では本当の法人税額とはならない。そこで $\tau\times$ EBIT のことを「みなし法人税」と称し，$(1-\tau)\times$ EBIT のことを

$$\text{NOPAT} = \text{EBIT} - みなし法人税額$$

というように別名称 NOPAT とすることもある。NOPAT とは net operating profit after tax の略である。この計算方法の肝は，負債のある企業であったとしても，その FCF の計算には，税引後利益を $(1-\tau)\times$ EBIT とみなすというところにある。

　投資の意思決定であれば，あくまでも投資を実行する場合と実行しない場合との比較が重要なので，このように定義される FCF の増加分，投資を実行する場合の FCF の値と投資を実行しなかった場合の FCF の値とを，投資の成果の及ぶ T 年間について毎年予想する。この FCF の予想値の差分が NPV 法の投資収益となる。他方，差分を取らずに FCF の値そのものを利用するのが DCF 法である。DCF 法は投資の意思決定方法というよりは，企業価値の評価方法として有名な手法で，まったく別分野の議論のように感じられよう。しかし DCF 法の計算手法の根拠は NPV 法と重なる。DCF 法では企業価値を事業価値と非事業価値の和と考え，事業価値は FCF の割引現在価値の合計で求める。なお非事業価値とは遊休資産の金額のことであり，その値は所与として扱われる。現在を t 時点，それ以降 T 年間の各時点の FCF の

予測値を $FCF_{t+1}, \cdots, FCF_{t+T}$ とするなら, 前章で見た定率成長モデルの株価の式を利用して,

$$t \text{ 時点の事業価値} = \frac{FCF_{t+1}}{1 + \hat{\rho}_W} + \cdots + \frac{FCF_{t+T}}{(1 + \hat{\rho}_W)^T} + \frac{FCF_{t+T}}{(1 + \hat{\rho}_W)^T} \times \frac{1 + g}{\hat{\rho}_W - g}$$

が企業価値の中の事業価値を算出する計算式である。g は $t + T$ 時点以降の成長率を表す。

　FCF の差分を問題にするのか, FCF そのものが対象なのかで, 外見は決定的に異るが, 投資の意思決定における NPV 法の計算であれ, 企業価値の事業価値の算定であれ, 共通している点は負債がほとんど登場しないことである。これらの計算方法において, 企業に負債が存在しても一向に構わない。企業に負債が存在したとしても, FCF の中の「みなし法人税」に象徴されるが, 法人税額の計算に際し負債利払いの損金算入がないので, あたかも負債は存在しないかのような取り扱いをする。このためか「アンレバード (=負債のない)FCF」なる名称を与えている文献もある。対して, 平均資本コストの方には負債が存在している。実際に負債があろうがなかろうが, NPV 法や DCF 法の事業価値の算定に, キャッシュフローでは負債を無視できて, 割引率の資本コストの方だけで負債を考慮すればよいといわんばかりではないだろうか。これは一体なぜなのか。

　今紹介した 2 つの計算手法には, 実は共通の考え方がその発想の根拠になっている。それが修正 MM 命題であって, そこでは負債のある企業価値 V_L を

$$V_L = \frac{\mathrm{E}(\tilde{Y}_U)}{\hat{\rho}_W} \tag{6.22}$$

として定式化できることを導いた。この式が話の大元なのである。この式の分子 $\tilde{Y}_U$ は負債のない企業 U のキャッシュフローで, この平均を $\hat{\rho}_W$ で割引くと, (企業 U ではなく) 負債のある企業 L の企業価値を算出する。一見すると奇妙な式ではあるが, この式が今紹介した 2 つの計算方法の根拠である。これについて以下詳しく解説したい。現実の NPV 法や DCF 法で, なぜこのような計算をしなければならないかを, よく理解することができるであろう。

　修正 MM 命題が成立する世界では，*NPV* の値は既存株主の富増減に一致
する。*NPV* が正の値であるのは，その分だけ既存株主の富が増えるからで
ある。投資案件は通常複数個あって，その *NPV* は様々であろう。というこ
とは，*NPV* が負値の投資案件を一切実行せず，*NPV* が正値の投資案件すべ
てを余すことなく残らず実行するのが，最適な投資政策である。そのとき明
らかに既存株主の富は最大化されるはずである。

　ところが企業金融論の理論展開では，修正 MM 命題とその後の倒産コス
トモデルのさらに後，従来とはかなり異質な仮説が登場した。エージェン
シーコストである。エージェンシーコストには数種類の議論があるが，そ
の一つに，過小投資・過大投資を問題にするトピックスがある。既存株主の
富最大化を目標にしている企業で，*NPV* が正であっても投資実行しない場
合 (過小投資) や *NPV* が負であっても投資実行する場合 (過大投資) が起り
得る。これを本書では負債のエージェンシーコストと称するが，過小投資・
過大投資を誘発するメカニズム自体は簡単な数値例で紹介できるゆえか，今
日ではそこそこ有名なトピックスになりつつあるが，これが従来の投資の意
思決定手法である NPV 法とどのような関連があるのか。これについては未
だ十分な知見が共有されているとは思えないので，本書で詳しく取り上げた
い。この議論を踏まえると，そもそもの話，なぜ企業価値を最大化する必要
があるのか，その理由について納得できるようになるであろう。

　まず 7.2 節では，修正 MM 命題の成立する世界で，*NPV* の値が既存株主
の富増減と一致することを，数値例と経済モデルの両面から証明する。次の
7.3 節で負債のエージェンシーコストを説明し，これと NPV 法の議論との
関係を整理する。7.4 節では企業価値最大化の意味をまとめる。

7.2　修正 MM 命題と投資の意思決定

　前章で述べたように，修正 MM 命題とは定常状態の仮定に依拠した，純
粋な理論モデルである。定常状態の下での投資の意思決定方法は，前で述べ
た現実的な設定の計算式から若干の修正を必要とする。まず割引率としての
平均資本コストは (6.21) 式をそのまま利用できる。その理由は，投資の実行

により，株式利回りの営業上のリスクと財務上のリスクは変化しないと仮定
されるからである。このとき株式の資本コストは変化しない。また投資に伴
う資金調達で負債依存度も変化しないことが仮定される。負債依存度が不変
なら，貸倒れリスクおよび負債の資本コストは不変であろう。以上，営業上
のリスクと財務上のリスクと貸倒れリスクの 3 つが投資実行で変化しないと
仮定されることで，平均資本コストは不変である。

　修正が必要なのは投資収益 $\overline{\Delta}_1, \cdots, \overline{\Delta}_T$ の方で，定常状態の下では次のよ
うに変更される必要がある。まず投資の及ぶ効果の期間は無限大でないと拙
い。投資収益の予測値も各時点で共通なはずである。各時点の投資収益の予
想は，$\overline{\Delta}_1 = \overline{\Delta}_2 = \cdots = \overline{\Delta}$ というように各時点共通の値 $\overline{\Delta}$ となる。

　定常状態とは，将来同じ状態の繰り返しが現時点で予想できるような状況
と定義される。将来の各時点における企業の収益は同じ予測値 $\mathrm{E}(\tilde{X})$ となり，
そのためには各時点の保有資産は同一でなければならない。定常状態を想定
したときの企業の実行する投資とは，仮に投資を実行しなければ，企業は永
久に毎期 $\mathrm{E}(\tilde{X}^{(0)})$ の収益を予想できるが，投資を実行するならば，企業の収
益は永久に $\mathrm{E}(\tilde{X}^{(1)})$ を予想できるというものである。投資を実行したときは
投資の分だけ資産は変化するが，その後の資産は再び一定不変を維持する。
現時点の投資実行の有無で，収益の予測値は $\mathrm{E}(\tilde{X}^{(0)})$ から $\mathrm{E}(\tilde{X}^{(1)})$ へと変化す
るので，このような企業収益の予測値の変化が投資収益となって，$\mathrm{E}(\tilde{X}^{(0)})$ と
$\mathrm{E}(\tilde{X}^{(1)})$ から $\overline{\Delta}$ が計算される必要がある。

　それでは $\overline{\Delta}$ をどのように計算するべきか。前で，投資収益は投資前後の
FCF の変化分であることを述べたが，今，定常状態の下で FCF の定義式の
各項目はどのようになるか。まず正味運転資本の増加額であるが，これは定
常状態ではゼロであろう。各時点で資産に変化はないはずだからである。ま
た資産の一部は必ず時間の経過で劣化減耗し，この減耗分を減価償却費とし
て計上するなら，その金額分だけ資産は減額される。これでは資産が変化し
てしまうので，減耗分を回復すべく更新投資を実施し，資産の価値は一定に
維持されると考える。つまり減価償却費の分だけ本当の投資支出を実行して
いるのである。定常状態では，FCF の定義式にある減価償却費と投資支出
額は正確に相殺される。以上のことから，$\mathrm{FCF} = (1 - \tau) \times \mathrm{EBIT}$ であるが，

EBIT はここの企業収益 $\tilde{X}$ であるから,

$$\overline{\Delta} = FCF^{(1)} - FCF^{(0)} = (1 - \tau)\left(\mathrm{E}(\tilde{X}^{(1)}) - \mathrm{E}(\tilde{X}^{(0)})\right)$$

という具合にして投資収益 $\overline{\Delta}$ を計算すればよい。

定常状態の場合,各時点の投資収益には $\overline{\Delta}_1 = \overline{\Delta}_2 \cdots = \overline{\Delta}$ が仮定されるから,(7.2) 式の PV は,$\overline{\Delta}/\rho$ となって,

$$NPV = \frac{\overline{\Delta}}{\rho} - I$$

のように NPV の値が計算できる。これが定常状態の場合の NPV 法である。ついでに IRR 法についても見ておこう。(7.1) 式は $I = \overline{\Delta}/y$ となるので,内部収益率 y は $\overline{\Delta}/I$ として定式化できる。$\overline{\Delta}$ は予測値であるから,このように計算される y は,本当なら期待利回り $\mathrm{E}(\tilde{y})$ と記すべきものである。このことから IRR 法は,定常状態の下では

$$\mathrm{E}(\tilde{y}) = \frac{\overline{\Delta}}{I}$$

という式から内部収益率の平均を求め,これと資本コスト ρ とを比較する手法となる。

ここの $\overline{\Delta}$ が $\tilde{\Delta}$ の平均 $\mathrm{E}(\tilde{\Delta})$ のことであるなら,定常状態における内部収益率とは,$\tilde{y} - \tilde{\Delta}/I$ ということでもある。前章の修正 MM 命題の世界で何の断りもなく,定常状態における収益率・利回りを計算する際,(1 期間当りの) キャッシュフローを分子に,(資産購入時の) 支出額を分母にした分数を計算してきたが,これは定常状態の内部収益率 $\tilde{\Delta}/I$ を計算していることに他ならない。

ところで,定常状態において IRR 法と NPV 法とが同じものであることは上の計算から自明であろう。

$$NPV \equiv \frac{\overline{\Delta}}{\rho} - I > (<)0 \quad \Leftrightarrow \quad \rho < (>)\frac{\overline{\Delta}}{I} \equiv \mathrm{E}(\tilde{y})$$

という関係がある。矢印 ($\Leftrightarrow$) の右側と左側とを比べると,$NPV > 0$ となるような投資案件は必ず $\mathrm{E}(\tilde{y}) > \rho$ となるので,定常状態という単純化された理論世界では,NPV 法と IRR 法とは常に同一の結論をもたらす。

以下の議論は，あくまでも修正 MM 命題の成立が大前提である。定常状態が仮定され，法人税が存在し，また貸倒れリスクも考慮されるという世界が想定されている。バランスシート B/S を考えるとすると，投資は資産サイド (B/S 左側) を拡大させるから，必ず調達サイド (B/S 右側) の拡大を伴っていなければならない。すなわち，企業の投資の意思決定とはその資金調達に関する考察が密接不可分なはずである。そして企業の資金調達を考慮するには，企業の発行する株式や負債の価値評価が必要不可欠になる。定常状態の世界ならば，これら価値評価は単純な形で求められる。この単純な形の価値評価から計算される既存株主の富増減を求めると，その値は *NPV* に等しくなる。この点をまず数値例で示そう。

7.2.1 NPV 法の数値例

定常状態の企業が次のような投資の採否を検討している。もし投資を実行しなければ，この企業の毎期の収益 EBIT の予想は元々 1000 であったとする。今，投資を実行するなら，135 の資金を要し，この資金を投下すると，毎期の収益は 1030 が予想される。今 135 という投資をすると，次の時点から永久に 30 の企業収益の増加を見込める。記号で表すと，収益 EBIT を $\tilde{X}$ として，投資前の収益平均 $\mathrm{E}(\tilde{X}^{(0)})$ が 1000 であり，投資後の収益平均 $\mathrm{E}(\tilde{X}^{(1)})$ が 1030 である。また $I = 135$ である。法人税率を $\tau = 0.3$ とすると，投資収益は $\overline{\Delta} = (1 - 0.3) \times (1030 - 1000) = 21$ である。

それではまず，この投資の *NPV* の値を計算してみよう。投資収益 $\overline{\Delta}$ を適当な資本コストで割った分数を計算する必要がある。資本コストは投資実行の有無で変化することはないものと仮定されている。すなわち，この投資の実行で変化するのは，今述べたような収益 EBIT の平均の値だけで，この企業の株式が直面する営業上のリスクや財務上のリスクは投資実行で変化せず，また企業の貸倒れリスクも不変と仮定される。この仮定により，株式の資本コストや負債の資本コストは投資実行の有無に関係なく一定の値となる。

負債のない企業 U がこの投資を実行する場合，企業 U の株式資本コスト

を $\rho_U = 0.16$ とすると，この値が企業 U の平均資本コストでもあるから，

$$NPV = \frac{21}{0.16} - 135 = 131.25 - 135 = -3.75$$

という計算結果を得る。他方，負債のある企業 L では，平均資本コストをあらためて計算する必要がある。企業 L の負債依存度は B/V_L という比率では 0.2 とする。この負債依存度は与件である。なぜ企業がその比率の負債依存を選択するかは問題にしない。$B/V_L = 0.2$ という比率であるなら，負債依存度を B/S_L という比率で表現するなら，値は $B/S_L = 0.25$ になる。企業 L の負債の資本コストが $\rho_B = 0.04$ であるなら，これらの値が資本市場均衡と整合的であるためには，株式 L の資本コスト ρ_L は，次のような修正 MM 命題の第 2 命題を満たす値でなければならない。

$$\begin{aligned}
\rho_L &= \rho_U + (\rho_U - \rho_B)\frac{B}{S_L}(1 - \tau) \\
&= 0.16 + (0.16 - 0.04) \times 0.25 \times (1 - 0.3) = 0.181
\end{aligned}$$

このことから平均資本コスト $\hat{\rho}_W$ は

$$\begin{aligned}
\hat{\rho}_W &= \frac{S_L}{V_L}\rho_L + \frac{B}{V_L}\rho_B(1 - \tau) \\
&= 0.8 \times 0.181 + 0.2 \times 0.04 \times (1 - 0.3) = 0.1504
\end{aligned}$$

となり，これが企業 L の場合の NPV を計算する際の分母の割引率の値となる。

企業 L がこの投資を実行するとき

$$NPV = \frac{21}{0.1504} - 135 = 4.627$$

というように NPV は正である。企業 U が負の NPV の投資であっても，負債の存在する企業 L になると，資本コストが下る分，NPV は正になり得る。ここで示したいのは，NPV の正負ではなく，NPV の値が既存株主の富増減となっている点である。これを示すためには，さらに細かくいろいろな検討を加えていく必要がある。

富の増減を計算するには，株式や負債の価値を定式化する必要がある。今までの流儀に沿ってまとめておく。まず負債のキャッシュフローを $\tilde{Y}_{LB}$ で表すと，負債価値は $B = \mathrm{E}(\tilde{Y}_{LB})/\rho_B$ である。$\tilde{Y}_{LB}$ は，利子支払額 H や企業の収益 $\tilde{X}$ を使って，貸倒れリスクを考慮した具体的な定式化がなされるが，これについては第 6 章を参照いただくとして，とりあえずその式は必要ないので記載は省略する。ここで必要なのはただ，負債のキャッシュフロー平均 $\mathrm{E}(\tilde{Y}_{LB})$ だけである。また株式価値は，株式 U のキャッシュフローを $\tilde{Y}_U$，株式 L のキャッシュフローを $\tilde{Y}_{LS}$ で表すと，企業価値 V_U は $V_U = \mathrm{E}(\tilde{Y}_U)/\rho_U$，株式価値 S_L は $S_L = \mathrm{E}(\tilde{Y}_{LS})/\rho_L$ である。

投資の意思決定の問題を取り上げるときは，企業の収益 EBIT と株式の期末キャッシュフローをストレートに直結するような，さらなる単純化の仮定が必要になる。まず企業 U については，株式 U の期末キャッシュフロー $\tilde{Y}_U$ と企業収益 $\tilde{X}$ との間に，$\tilde{Y}_U = (1-\tau)\tilde{X}$ という関係があるとする。この式は，株式の有限責任の原則を逸脱することになるが，今，単純化の仮定として $\tilde{X}$ が負になる確率をゼロと仮定しておく。現実の企業はしばしば赤字決算となるので，$\tilde{X}$ が常に正とは限らないが，仮に $\tilde{X}$ が負になることがなければ，$\tilde{Y}_U = (1-\tau)\tilde{X}$ とすることが直ちに有限責任と矛盾することにはならない。この結果，$\mathrm{E}(\tilde{Y}_U) = (1-\tau)\mathrm{E}(\tilde{X})$ が成立し，

$$V_U = \frac{(1-\tau)\,\mathrm{E}(\tilde{X})}{\rho_U}$$

と定式化できる。この式が表 7.1 に記されている。

企業 L の株式価値 S_L の定式化も同様である。株式 L のキャッシュフロー $\tilde{Y}_{LS}$ では，やはり $\tilde{X}$ が負になる確率がゼロであるならば，$\mathrm{E}(\tilde{Y}_{LS}) = (1-\tau)[\mathrm{E}(\tilde{X}) - \mathrm{E}(\tilde{Y}_{LB})]$ とすることができるので，

$$S_L = \frac{(1-\tau)[\mathrm{E}(\tilde{X}) - \mathrm{E}(\tilde{Y}_{LB})]}{\rho_L}$$

というように株式価値 S_L を企業収益 $\tilde{X}$ と直結させた定式化が可能になる。[*2]

[*2] 負債の期末キャッフュフロー $\tilde{Y}_{LB}$ は第 6 章 (6.8) 式で定式化したとおりであるが，この

	企業 U		企業 L	
	投資前	投資後	投資前	投資後
τ	0.3		0.3	
I	135		135	
ρ_U	0.16			
ρ_B			0.04	
ρ_L			0.181	
$\hat{\rho}_W$	0.16		0.1504	
$E(\tilde{X})$	1000	1030	1000	1030
$\overline{\Delta}$		21		21
$NPV = \frac{\overline{\Delta}}{\rho_W} - I$		−3.75		4.627
$E(\tilde{Y}_U) = (1-\tau)\,E(\tilde{X})$	700	721		
$V_U = \frac{(1-\tau)E(\tilde{X})}{\rho_U}$	4375	4506.25		
$\frac{B}{S_L}$			0.25	
$E(\tilde{Y}_{LB})$			37.2339	38.3509
$B = \frac{E(\tilde{Y}_{LB})}{\rho_B}$			930.848	958.773
$S_L = \frac{(1-\tau)[E(\tilde{X})-E(\tilde{Y}_{LB})]}{\rho_L}$			3723.405	3835.107
$V_L = S_L + B$			4654.253	4793.880

表 7.1　数値例：企業 U と企業 L

　以上の準備をしたうえで，投資の *NPV* の値が既存株主の富増減と一致することを示す。まず負債のない企業 U の場合は比較的単純である。企業 U がこの投資を実行すると，その *NPV* は −3.75 であった。企業 U の企業価値は投資実行前に 4375 であるが，投資実行後は 4506.25 となり，131.25(=4506.25-4375) だけ増加している。これは企業収益が 30 だけ増加する見込みに伴う増分である $(131.25 = (1 - 0.3) \times 30/0.16)$。企業価値 (あるいは株式価値) はこの投資で増えてはいるが，投資実行には 135 の資金を誰

$\tilde{Y}_{LB}$ を用いて，株式 L の期末キャッシュフロー $\tilde{Y}_{LS}$ は，(6.7) 式から

$$\tilde{Y}_{LS} = \begin{cases} (1-\tau)(\tilde{X} - \tilde{Y}_{LB}) & (\tilde{X} \geqq 0 \text{ のとき}) \\ 0 & (0 > \tilde{X} \text{ のとき}) \end{cases}$$

というように書き替えることができる。ここでやはり $\tilde{X}$ が負になる確率がゼロであるとしよう。すると，$\tilde{Y}_{LS} = (1 - \tau)(\tilde{X} - \tilde{Y}_{LB})$ とできるので，$E(\tilde{Y}_{LS}) = (1 - \tau)[E(\tilde{X}) - E(\tilde{Y}_{LB})]$ が成立する。

かが負担しなければならない。この資金は新株主から調達されたとする。すると、投資実行後の株式価値 4506.25 のうち 135 は新株主の持ち分であって、既存株主に帰属する価値はその残りの 4371.25(= 4506.25 − 135) ということになる。投資実行前は株式価値 4375 の全額が持ち分であったから、投資の実行で既存株主の持ち分は 3.75 だけ減っている (−3.75 = 4371.25 − 4375)。これは確かに *NPV* の値と一致している。既存株主に帰属する価値が減少するというのは、それだけ株価が値下りしていることを意味する。この投資の実行で株価が値下りして、既存株主の持ち分が 3.75 だけ減ってしまったのである。

次に負債のある企業 L について同じことを確認しておこう。ただし負債のある場合は少々複雑な話にならざるを得ない。企業 L の負債依存度は B/S_L という比率で 0.25 であるが、これを実現させる負債のキャッシュフロー平均 $\mathrm{E}(\tilde{Y}_{LB})$ の値を知る必要がある。負債価値や株式価値は前で定式化されているので、これらを次のような分数として記す。

$$\frac{B^{(0)}}{S_L^{(0)}} = \frac{\mathrm{E}(\tilde{Y}_{LB}^{(0)})/\rho_B}{(1-\tau)[\mathrm{E}(\tilde{X}^{(0)}) - \mathrm{E}(\tilde{Y}_{LB}^{(0)})]/\rho_L}$$

この式の分子は負債価値、分母は株式価値の式を並べただけである。これは投資実行前であるから、関連する変数には添字 (0) を付している。投資の実行前の $\mathrm{E}(\tilde{X}^{(0)})$ は 1000 であり、この式左辺の $B^{(0)}/S_L^{(0)}$ は 0.25 であり、他に $\rho_B = 0.04$, $\rho_L = 0.181$, $\tau = 0.3$ を代入すれば、未知数は $\mathrm{E}(\tilde{Y}_{LB}^{(0)})$ だけであるから、

$$0.25 = \frac{\mathrm{E}(\tilde{Y}_{LB}^{(0)})/0.04}{(1-0.3)[1000 - \mathrm{E}(\tilde{Y}_{LB}^{(0)})]/0.181}$$

から計算すると $\mathrm{E}(\tilde{Y}_{LB}^{(0)}) = 37.2339$ という値を得る。これから負債価値は 930.848(= 37.2339/0.04) として計算され、株式価値は 3723.405(= (1 − 0.3)(1000 − 37.2339)/0.181) という結果を得る。これらの比率は確かに 0.25 である。また企業価値は 4654.253 である。以上が投資を実行する前の企業 L の姿である。

投資を実行した場合，負債価値と株式価値の比率の式は

$$\frac{B^{(1)}}{S_L^{(1)}} = \frac{E(\tilde{Y}_{LB}^{(1)})/\rho_B}{(1-\tau)[E(\tilde{X}^{(1)}) - E(\tilde{Y}_{LB}^{(1)})]/\rho_L}$$

というように，各変数に投資実行を表す添字 $^{(1)}$ を付した式が成立する。ここ
の $E(\tilde{X}^{(1)})$ は 1030 になり，そのときの $B^{(1)}/S_L^{(1)}$ が 0.25 となるような $E(\tilde{Y}_{LB}^{(1)})$
の値を計算する。今度は

$$0.25 = \frac{E(\tilde{Y}_{LB}^{(1)})/0.04}{(1 - 0.3)[1030 - E(\tilde{Y}_{LB}^{(1)})]/0.181}$$

という式から $E(\tilde{Y}_{LB}^{(1)})$ を計算すると，$E(\tilde{Y}_{LB}^{(1)}) = 38.3509$ となる。投資の実行
により，負債依存度は不変であるから，負債の資本コスト $\rho_B = 0.04$ は不
変で，また株式の営業上のリスクや財務上のリスクも投資実行で不変と仮
定されているから，$\rho_U = 0.16$ や $\rho_L = 0.181$ は変化しない。このとき負債
価値は 958.773(= 38.3509/0.04)，株式価値は 3835.107(= (1 − 0.3)(1030 −
38.3509)/0.181)，企業価値は 4793.880 となる。

　さて投資実行の前後を比較すると，負債価値は 27.925(= 958.773−930.848)
だけ増加している。負債のキャッシュフロー平均は，投資実行の前後で
1.117(= 38.3509−37.2339) だけ増えている。これは投資の資金調達で負債が
増加したからである。この 1.117 を ρ_B で割引くと 27.925(= 1.117/0.04) を
得る。投資の資金調達による新規の負債が 27.925 であって，これは投資資金
135 の一部となる。135 の資金を確保するには残り 107.075(= 135 − 27.925)
が必要で，これが新株発行で調達される部分である。投資実行後の株式価値
は全体では 3835.107 であるが，その中の 107.075 は新株主の持ち分となって
いる。従って既存株主の持ち分は残りの 3728.032(= 3835.107 − 107.075) で
ある。これは投資実行前の株式価値 (=すべてが既存株主の持ち分)3723.405
と比べると，4.627(= 3728.032 − 3723.405) だけ増えている。これは企業 L
が投資を実行する場合の *NPV* と一致している。*NPV* が正値であるという
ことは，既存株主の富が増加していることであり，これはそれだけ株価が上
昇するから既存株主の富が増加するということである。なお新株主は，上昇
後の株価で新株式を購入するため，新株購入の段階では損得ゼロである。

　ここで一つ注意すべきことは，投資実行の前後で B/S_L は 0.25 のまま不変であるが，だからといって，投資資金 135 を調達する際の新負債と新株式の割合も 0.25 になるとは限らない。事実，この数値例では新負債で 27.925，新株式で 107.075 を調達しているが，その比率は 0.261 となって，0.25 よりも大きい。これは投資が株価を上昇させるので，負債依存度の比率を投資前後で一定に維持するには，投資の資金調達でその比率を上回る量の負債に依存する必要があるからである。

　ここで示したことはもちろん偶然ではない。定常状態の下で計算された NPV が既存株主の富増減に等しくなることを厳密に証明することもできる。

7.2.2　投資実行の条件式

　企業の目標が株主の富の最大化であるなら，投資案件はその実行が株主の富増大に資するものでなければならない。それでは株主の富とはどのように表現できて，それが増加するための条件はどう書けるか。この条件こそが投資実行のための条件式となる。

　今，負債のある企業 L の企業価値を $V_L^{(0)}$ のように表す。この添字 (0) は投資を実行する前，あるいは投資を実行しなかった場合を表現している。次に，この企業が一つの投資案件に直面し，この投資を実行して I 円が支出されるなら，企業価値は $V_L^{(0)}$ から $V_L^{(1)}$ に変化するものとしよう。添字 (1) は投資を実行した場合を表現している。以下ではまず，I 円の資金調達方法にかかわらず，

$$V_L^{(1)} - V_L^{(0)} - I > 0 \tag{7.3}$$

が成立するなら，この投資案件は実行されるべきであることが示される。というのは，この左辺が既存株主全体の富の増減を表していて，これが正であるということは，投資の実行で株主の富が増加することを意味するからである。つまり投資実行か否かの条件式とは，(7.3) 式が成り立つかどうかということである。企業の目標が株主の富の最大化にあるなら，この目標を達成するための最適な投資行動は，(7.3) 式を満たす投資案件すべてを余すことなく実行することである。これにより株主の富は最大化される。

　それでは，なぜ (7.3) 式左辺が既存株主全体の富増減を表すことになるのか。企業が投資案件に直面する前，あるいは投資を実行しなかった場合，株式価値は $S_L^{(0)}$，負債価値は $B^{(0)}$ で，両者の合計が企業価値 $V_L^{(0)}$ である。また株式価値 $S_L^{(0)}$ は発行済株式数 $n_L^{(0)}$ と 1 株当り株価 $P_L^{(0)}$ との積である。この企業が投資案件に直面し，この投資を実行するために I 円の資金が必要であるが，この資金調達方法としては新株発行と内部留保，負債の 3 つを考慮しよう。新株発行を通じて I_S 円が調達され，内部留保を通じて I_R 円が調達され，負債による調達は I_B 円である。従って $I_S + I_B + I_R = I$ が成立している。このように資金 I を確保して投資を実行した場合，株式価値は $S_L^{(1)}$，株価は $P_L^{(1)}$，発行済株式数は $n_L^{(1)}$，負債価値は $B^{(1)}$ に変化するものとする。企業価値 $V_L^{(1)}$ は $S_L^{(1)} + B^{(1)}$ である。

　企業が投資案件に直面する前から 1 株を保有している株主を考えよう。この株主を既存株主と称する。もし企業が投資を実行しないなら，既存株主はいくらかの配当金を受取り，その権利落ちの株価が $P_L^{(0)}$ である。この 1 株当り配当金を d_0 と表すと，この株主の富は $P_L^{(0)} + d_0$ である。もし企業が投資 I を実行するなら，その資金調達として内部留保から I_R 円を確保する必要があり，この I_R 円は配当金の減少でまかなわれるとする。つまり投資が実行される場合，株主全体に支払われる配当金は I_R 円の分だけ減少する。この配当金を受取る権利のある発行済株式数は $n_L^{(0)}$ であるから，1 株当りにすると，$d_0 - I_R/n_L^{(0)}$ が投資実行の場合の支払配当金となる。[*3] 従って既存株主の富は，投資が実行されることによって $P_L^{(1)} + d_0 - I_R/n_L^{(0)}$ へと変化する。

　企業の目標が株主の富の最大化であるなら，一つの投資案件を実行することが既存株主の富を増加させるか減少させるかということが，その投資案件の採否を決める。投資の実行が既存株主の富を増加させるということは，

$$P_L^{(1)} + d_0 - \frac{I_R}{n_L^{(0)}} > P_L^{(0)} + d_0$$

[*3] 配当金が負値になるのは拙いので，$d_0 \geq I_R/n_L^{(0)}$ を仮定する。

が成立しているということであり，これを書き換えて得られる

$$P_L^{(1)} - P_L^{(0)} - \frac{I_R}{n_L^{(0)}} > 0 \tag{7.4}$$

という式左辺は，投資の実行による既存株主の富の増減を示している。これが正であるということは，既存株主の富は増加しているので，投資は実行されるべきである。この (7.4) 式は，(1 株保有の既存株主の富で表現された) 投資が実行されるための条件式である。

　これと同じ式を次は企業価値で表現することを考えよう。企業価値は株式価値と負債価値の和であるから，まず株式価値について見てみる。投資を実行する場合，I_S 円を新株発行により調達するから，発行済株式数は $n_L^{(0)}$ から $n_L^{(1)}$ へと増加する。企業が投資およびその資金調達の実行をアナウンスするや否や，株式は即座にこれを織り込んで $P_L^{(0)}$ から $P_L^{(1)}$ に変化する。投資を実行する場合の株式価値は $S_L^{(1)} = n_L^{(1)} P_L^{(1)}$ である。

　新株発行時，株価は $P_L^{(1)}$ になっているので，I_S 円を調達するには $I_S/P_L^{(1)}$ 株が新たに発行される株式数である。これにより発行済株式数の間には $n_L^{(1)} = n_L^{(0)} + I_S/P_L^{(1)}$ という関係が成立する。この関係式を使うと，株式価値は $S_L^{(1)} = n_L^{(0)} P_L^{(1)} + I_S$ であるが，これを次のように書き換えよう。

$$S_L^{(1)} = S_L^{(0)} + I_S + n_L^{(0)}\left(P_L^{(1)} - P_L^{(0)}\right)$$
$$= S_L^{(0)} + I_S + I_R + n_L^{(0)}\left(P_L^{(1)} - P_L^{(0)} - \frac{I_R}{n_L^{(0)}}\right)$$

1 行目の式右辺は，まず $S_L^{(0)}$ を加え，次にこれと同じ $n_L^{(0)} P_L^{(0)}$ を減じて表記したものである。2 行目の式は 1 行目の式に I_R を同様に加減して明示させたものである。さらにこの式の項を適当に移行すると，

$$S_L^{(1)} - S_L^{(0)} - I_S - I_R = n_L^{(0)}\left(P_L^{(1)} - P_L^{(0)} - \frac{I_R}{n_L^{(0)}}\right) \tag{7.5}$$

が得られる。式右辺の括弧内は，(7.4) 式で述べたように，1 株を保有する既存株主の富が投資の実行でどれぐらい増減するかを表したものである。既存

株主の全員が保有する株式数は $n_L^{(0)}$ であるから，この式右辺は，既存株主全体の富の増減を表すことになる。

　最後に負債価値についてであるが，負債を使って I_B 円を調達しているから，もし負債価値について

$$B^{(1)} = B^{(0)} + I_B \tag{7.6}$$

とすることができるならば，話は単純である。投資実行の前から存在する既存債務の価値は $B^{(0)}$ のままで，この $B^{(0)}$ に新債務で調達した金額 I_B が加わって，新しい負債価値は $B^{(1)}$ となる。もし負債が安全資産であり，貸倒れリスクを無視できるなら，(7.6) 式は常に成立すると考えて構わない。[*4] また貸倒れリスクが存在するとしても，投資の実行 (と新債務の発行) で貸倒れリスクが変化しないのであるなら，やはり (7.6) 式が成立するとしてもよかろう。

　(7.5) 式と (7.6) 式から，

$$V_L^{(1)} - V_L^{(0)} - I \equiv S_L^{(1)} + B^{(1)} - (S_L^{(0)} + B^{(0)}) - (I_S + I_R + I_B)$$

$$= n_L^{(0)}\left(P_L^{(1)} - P_L^{(0)} - \frac{I_R}{n_L^{(0)}}\right) \tag{7.7}$$

という式が得られるので，(7.3) 式が企業価値で表現した投資実行の条件式となることが分る。もし投資 I が (7.3) 式を満たすものであるなら，(7.7) 式は，この投資が既存株主の富を増加させるものであることを教えてくれる。以上のように，企業価値で表現した (7.3) 式を満たすような投資案件をすべて余すことなく実行すれば，そのとき株主の富は最大化される。

　さらにいうと，(7.3) 式には I は登場するが，I の内訳 (I_S や I_B, I_R) は登場しない。I_S や I_B, I_R はすべて I の中に隠れてしまっている。すなわち，投資の実行に必要な資金の大きさは実行の可否に影響するが，その資金をどうやって調達するか，新株発行か内部留保か新負債かという問題は実行の可

[*4] (7.6) 式はいかなる時でも成立する関係ではない。もし貸倒れリスクが存在するなら，既存債務は新債務の発行量次第で希薄化される可能性があり，そのとき，(7.6) 式は厳密には成立しない。

否に無関係である。この点を MM の第 3 命題と称することもある。これは，投資の意思決定に関する資金調達の無関連性を意味するものとみなされる。

さて前で示した NPV 法の計算手順は，実は企業価値の定式化に従って $V_L^{(1)} - V_L^{(0)} - I$ を忠実に計算したものに他ならない。ここの企業価値の定式化とは $V_L = \mathrm{E}(\tilde{Y}_U)/\hat{\rho}_W$ のことである。投資実行の有無で，ρ_U や ρ_L，ρ_B および B/S_L は不変であると仮定されているから，平均資本コスト $\hat{\rho}_W$ は不変である。投資実行で変化するのは企業収益 $\mathrm{E}(\tilde{X})$ であり，今，有限責任の問題は無視されて $\tilde{Y}_U = (1 - \tau)\tilde{X}$ と仮定されているので，企業収益が投資実行前の $\mathrm{E}(\tilde{X}^{(0)})$ から投資実行後の $\mathrm{E}(\tilde{X}^{(1)})$ に変化すると，企業価値はそれぞれ

$$V_L^{(0)} = \frac{(1 - \tau)\,\mathrm{E}(\tilde{X}^{(0)})}{\hat{\rho}_W} \qquad V_L^{(1)} = \frac{(1 - \tau)\,\mathrm{E}(\tilde{X}^{(1)})}{\hat{\rho}_W}$$

というように定式化できるから，これらを代入してまとめると，

$$V_L^{(1)} - V_L^{(0)} - I = \frac{(1 - \tau)[\mathrm{E}(\tilde{X}^{(1)}) - \mathrm{E}(\tilde{X}^{(0)})]}{\hat{\rho}_W} - I$$

と書き替えることができる。この式を見ると，NPV 法の計算手順として

- 投資収益：$\overline{\Delta} = (1 - \tau)[\mathrm{E}(\tilde{X}^{(1)}) - \mathrm{E}(\tilde{X}^{(0)})]$
- 資本コスト：$\rho = \hat{\rho}_W$

のように設定するなら，$NPV = \overline{\Delta}/\rho - I$ は $V_L^{(1)} - V_L^{(0)} - I$ を計算したことになるので，この NPV は既存株主の富増減と等しくなる。

7.3 負債のエージェンシーコストと投資の意思決定

ここまでの議論は，修正 MM 命題と称される枠組みに依拠したトピックスである。企業の負債と純資産の組合せを資本構成といい，企業の負債依存度を表す。資本構成の代表的な理論の一つが修正 MM 命題である。資本構成の理論展開では，その後，それまでの修正 MM 命題あるいは倒産コストモデルとは異なる，かなり異質な理論的概念が登場する。それがここで取り上げるエージェンシーコストである。

　エージェンシーコストの諸概念の中に，過小投資・過大投資を誘発すると
される負債のエージェンシーコストという議論がある。この議論と，7.2.2
節の議論 (NPV 法の意味) との関連については，実は学界においてさえ未だ
十分な認識があるようには思えない。両者ともに同じ「投資の意思決定」の
話なのであるから，これらの間には当然関連があるはずで，この関連性につ
いて本書で次に取り上げたい。この関連性を考察することによって，企業価
値をなぜ最大化する必要があるのか，その理由について重要な含意を与える
ことになるからである。そのためにはまず，負債のエージェンシーコストに
ついて説明しなければなるまい。

　エージェンシーコストを主唱したのは Jensen-Meckling(1976) であり，彼
らによると，企業とは様々なグループの集合体で，これらグループの関係は
多かれ少なかれ，依頼人と代理人との関係として規定できる。この観点から
代理 agency という呼名が使われる。企業が債権者・株主・経営者・労働者
という 4 グループから構成されるとみなすなら，株主は経営者に企業経営を
委ねているから，株主と経営者という関係は，株主が依頼人，経営者が代理
人である。また債権者は資金使用を企業に委ねていることになるから，依頼
人は債権者，代理人は企業であるが，企業の最高位の意思決定者は株主であ
るから，企業を株主で代表させて考えるなら，依頼人が債権者で，対する代
理人が株主という図式が成立しよう。

　委託された業務を実際に実行するのは代理人であり，依頼人は代理人を完
全に観察・コントロールすることはできないので，代理人は依頼人のためで
はなく，自分自身の利益に従って行動する余地が存在する。そこで単純化の
仮定として，代理人は自分の目標を最大化すべく行動するものと考える。代
理人の目標は，依頼人の目標あるいは本来の望ましい目標と一致していると
は限らないので，代理人の行動は，依頼人あるいは本来の目標にとって最適
ではない可能性が大きい。代理人が代理人の目標に従って行動する結果，潜
在的に達成可能な (望ましい) 最大の目標値の達成に失敗すると考え，この
逸失利益をコストとして認識したのがエージェンシーコストである。

　ファイナンスの分野で問題になるエージェンシーコストには 2 種類あっ
て，株主と経営者の間のエージェンシーコストと債権者と株主の間のエー

ジェンシーコストである。ここで問題にしたいのは後者の方で，これは負債のエージェンシーコストとも称される。すぐ後に詳しく述べるが，負債のエージェンシーコストは，負債の存在が過小投資あるいは過大投資といった形で企業の投資を歪めることから発生する。それではこのような投資の歪みに直面する場合，企業の意思決定はどのようにすべきなのか，以下議論を展開する。

7.3.1　負債のエージェンシーコストとは

　債権者と株主の間のエージェンシーコストは，本当なら債権者対企業で発生するエージェンシーコストと称するべきものかもしれないが，企業の代表者を株主とみなして，「債権者と株主の間」と称される。本稿では以下これを単に負債のエージェンシーコストと称している。

　企業の意思決定は実際には経営者が実行するが，負債のエージェンシーコストを考察するときは，経営者は株主の忠実な代理人であると想定し，株主と経営者の間で発生するエージェンシーコストの問題は無視される。従って，負債のエージェンシーコストの議論において，企業の意思決定は株主の富の最大化を目標にして実行されるが，このことが企業全体から見ると望ましい結果をもたらすとは限らないというのが，負債のエージェンシーコストの問題点である。

　負債のエージェンシーコストは 2 種類の誘因から引き起こされる。一つはデットオーバーハング (借り過ぎ)debt overhang といわれる過小投資を誘発する問題と，もう一つは資産代替 asset substitution といわれる過大投資を誘発する問題がある。企業の直面する投資機会は様々であり，投資の NPV を計算すると，それは正であったり負であったりする。本当なら負の NPV の投資を一切実行せず，正の NPV の投資のみを残らず実行するのが望ましいはずである。しかし企業が株主の利益に従って行動しているとしても，いや，企業が株主の利益に従って行動しているからこそ，企業は正の NPV の投資のみを残らず実行するとは限らない。貸倒れリスクのある負債が存在すると，NPV が正であっても実行されない投資が存在する。これは本来の望

ましい投資よりも小さな量の投資しかなされないという意味で，過小投資で
ある。他方，同様に企業が株主の利益に従っているとして，貸倒れリスクの
ある負債が存在すると，企業は負の NPV の投資まで実行してしまう可能性
がある。これは実行すべきではない余分な投資を実行しているという意味で
過大投資である。このように貸倒れリスクのある負債が存在することで，企
業が株主の利益に従って行動することが，必ずしも本来あるべき望ましい投
資行動をもたらすわけではないのである。

　以下，7.3.2 節でデットオーバーハングを，7.3.3 節で資産代替を説明す
る。[*5] なお 7.3.2 節と 7.3.3 節の議論では，本質的なメカニズムのみを明示す
るため，危険中立者の投資家および無危険利子率をゼロと仮定する。この 2
つの仮定により，将来キャッシュフロー平均がそのまま現在の証券価値 (価
格) を意味することになる。危険中立者の仮定によりリスクプレミアムはゼ
ロで，無危険利子率もゼロであるなら，要求利回りはゼロになる。つまり将
来キャッシュフローの現在価値は (分母が 1 であるから) その平均そのもの

[*5] 貸倒れリスクのある負債が過小投資を引き起すという発想は Myers(1977) である。また
リスクを増大させるような投資は過大投資をもたらす可能性があることを指摘したの
は，Jensen-Meckling(1976) である。もう 1 点注意すべきことは，エージェンシーコスト
の定義である。ここの負債のエージェンシーコストの議論で述べると，正の NPV の投
資案件のみを余すことなく残らず実行するのが最適な投資政策であり，実際の投資が過
小投資あるいは過大投資から脱して最適な投資政策に近付くには，過小投資・過大投資
をもたらすデットオーバーハングや資産代替という誘因を緩和解消するしかない。この
ための方策がモニタリング (監視) やボンディング (約束) である。依頼人 (今の例では債
権者) が代理人 (株主あるいは企業) の行動を監視したり，あるいは代理人の方から自分
の利益を抑制するよう依頼人に約束する。監視にしろ約束にしろ，その実行には多かれ
少なかれ費用が発生するので，これをモニタリングコストおよびボンディングコストと
いう。モニタリングやボンディングで確かに，デットオーバーハングや資産代替の誘因
は，幾分緩和されるかもしれないが，完全に解消されるのは難しかろう。過小投資ある
いは過大投資の下では，最適な投資政策で獲得されたであろう利益よりも少ない利益し
か得られない。この差異が逸失利益である。モニタリングやボンディングの結果，それ
でも未だ残る誘因から発生する過小投資・過大投資による逸失利益のことを「残りのロ
ス residual loss」という。エージェンシーコストを正確に定義すると，以上のモニタリン
グコストとボンディングコスト，そして残りのロスの 3 者の合計である。しかし，エー
ジェンシーコストの専門的な議論では，モニタリングコストやボンディングコストが話
に登場することは稀で，これらコストをもたらす源となる誘因が議論の中心を占めるこ
とが多い。本書も例外ではない。

状況 (確率)	収益	$\tilde{Z}_{LB}$	$\tilde{Z}_{LS}$
好況 (0.5)	140	100	40
不況 (0.5)	60	60	0
平均	100	80	20

表 7.2 企業収益と投資家のキャッシュフロー

ということになる。ここでは 1 期間モデルを想定しているから，一つの期末と期首だけが問題とされるが，要求利回りゼロであるから，期末キャッシュフロー平均はそのまま期首の価格ということで，期末と期首の区別は事実上消えてしまうことを注意しておく。これだけ単純な世界であれば，デットオーバーハングや資産代替の本質的なメカニズムは簡単な数表の比較でこと足りる。なおここでは法人税も無視されている。

7.3.2　過小投資問題：デットオーバーハング

企業は期末に償還額 100 を支払わなければならない社債 (割引債) を発行しており，期末の状況は，0.5 の確率で好況となり 0.5 の確率で不況になるとする。好況であれば企業の期末収益は 140 であるが，不況であれば期末収益は 60 に落ち込み貸倒れが発生する。このとき負債と株式のキャッシュフローをまとめたのが表 7.2 である。表の $\tilde{Z}_{LB}$ は負債のキャッシュフロー，$\tilde{Z}_{LS}$ は株式のキャッシュフローである。法人税は存在せず，期末収益は残らず配当されるものとする。表の最下行はそれぞれの平均である。企業収益の平均は 100，負債は 80，株式は 20 である。

このような状況にある企業が今，20 の資金で期末の収益を確実に 30 だけ増加させるような投資機会に直面したとしよう。要求利回りゼロの仮定の下，投資の NPV は 10(=30-20) として計算されるから，この投資機会を実行するのが望ましい。投資の結果，負債と株式のキャッシュフローは表 7.3 のとおりである。

ところがこの投資機会は実行されない。というのは，この投資の資金調達まで考えると，誰がこの資金を提供したとしても，既存株主にとっては十分

状況 (確率)	収益	$\tilde{Z}_{LB}$	$\tilde{Z}_{LS}$
好況 (0.5)	170	100	70
不況 (0.5)	90	90	0
平均	130	95	35

表 7.3　投資実行後の企業収益と投資家のキャッシュフロー

な収益が得られないからである。新株発行で投資資金 20 を調達するとしよう。新株発行で投資を実行すると，株主へのキャッシュフロー平均 $\mathrm{E}(\tilde{Z}_{LS})$ は既存株主と新株主とで分け合うことになる。投資実行時の株主へのキャッシュフロー平均は 35 であるが，この 35 全額が既存株主に帰属するのではなく，この一部，20 は新株主のものである。今，(要求利回りはゼロで) キャッシュフロー平均は価値でもあり，新株主は，20 のキャッシュフローが期待できるから，20 という資金を提供しようとする。従って既存株主へのキャッシュフロー平均は残りの 15 である。投資を実行しないなら，それは 20 であったから，この投資実行で既存株主は損をすることになる。従ってこの投資は実行されない。

　このようなことが起る理由は，貸倒れリスクのある負債が存在することによる。上で述べた数値例で説明すれば次のとおりである。企業収益の確実な増加 (30) を反映して，株式のキャッシュフロー平均は 15 だけ増加しているが，同時に負債のキャッシュフロー平均も 15 増加している。貸倒れリスクがある限り，負債の期末キャッシュフロー平均は額面 (満期償還額) より小さくなるので，企業収益の増加は負債の期末キャッシュフロー平均を増加させ，これは債権者の利益となる。つまり貸倒れリスクのある限り，企業収益増加の効果は一部が債権者に回り，残った部分が株主の利益となる。従って投資による企業収益の増加分が，仮に投資金額を上回っていたとしても，この増加分の一部が債権者に漏れてしまうのであるから，株主に回る残りの部分が投資金額を上回る保証はない。このようなメカニズムのために，正の *NPV* の投資であったとしても，その実行は既存株主の損になってしまう可能性がある。

このメカニズムは，負債が過剰にだぶついて overhang 発行され，貸倒れが起り得るようなときに発生するので，デットオーバーハングといわれる。このとき，正の *NPV* の投資がすべて実行されず，あるべき望ましい水準よりも少ない投資しか実行されないという過小投資の問題が発生する。

7.3.3 過大投資問題：資産代替

企業が投資を実行すれば，その収益の平均が変化するのはいうまでもないことであるが，のみならず企業収益のリスクも変化するのが通常であろう。前の過小投資の議論では企業収益のリスクという点を無視していたが，実はこの点を考慮すると，(貸倒れリスクのある) 負債の存在は過大投資を誘発し得る。つまり企業が既存株主の利益に従い行動すると，*NPV* が負の投資であっても実行される場合がある。以下この点を簡単な数値例で示そう。

前のような表 7.2 の状況にある企業を考える。企業は期末償還額が 100 の負債を発行している。今この企業は次のような 2 つの投資機会に直面し，どちらかを選択するものとする。なお前と同様，説明を単純にするため，投資の資金調達は新株主による資金提供であるとする。

> 投資案件 A：投資資金 20。この投資を実行することで企業の期末収益は，好況時に 190，不況時に 90 となる。

> 投資案件 B：投資資金 20。この投資の実行により，企業の期末収益は好況時に 200，不況時に 80 となる。

これらの投資案件は，どちらも資金 20 の投下で企業収益の平均を 40 だけ増加させるから，*NPV* は 20 である。投資の *NPV* が正であるからどちらを実行しても構わないのであるが，企業が既存株主の利益に従い行動するならどちらを選ぶであろうか。

投資案件 A ないしは B を実行することで実現する企業収益と，そのときの負債と株式のキャッシュフローをまとめたのが表 7.4 と表 7.5 である。これらの表を見ると分るように，株式のキャッシュフロー平均は，投資案件 B の方が投資案件 A よりも大きい。株式の期末キャッシュフローから資金提

状況 (確率)	収益	$\tilde{Z}_{LB}$	$\tilde{Z}_{LS}$
好況 (0.5)	190	100	90
不況 (0.5)	90	90	0
平均	140	95	45

表 7.4　投資案件 A による企業収益と投資家のキャッシュフロー

状況 (確率)	収益	$\tilde{Z}_{LB}$	$\tilde{Z}_{LS}$
好況 (0.5)	200	100	100
不況 (0.5)	80	80	0
平均	140	90	50

表 7.5　投資案件 B による企業収益と投資家のキャッシュフロー

供した新株主の持ち分 20 を差引くと既存株主の持ち分は，25(=45−20) の投資案件 A よりも，30(=50−20) の投資案件 B の方が望ましい。その結果，投資案件 B が選択されることになる。

　このようなことが起る条件は 2 つ必要である。一つは負債に貸倒れリスクのあること。もう一つは企業収益のリスクの異なることである。確かに今の数値例では不況時に貸倒れが発生し，また企業収益のリスクは投資案件 A よりも B の方が大きい。一般に，期末の企業収益 $\tilde{X}$ に対し，株式や負債のキャッシュフローを描くと図 7.1 のようになる。$\tilde{X}$ が 100 以下であれば，株主の有限責任から株式のキャッシュフロー $\tilde{Z}_{LS}$ はゼロであるが，$\tilde{X}$ が 100 以上であれば $\tilde{Z}_{LS}$ は $\tilde{X} - 100$ の直線となる。他方，負債のキャッシュフロー $\tilde{Z}_{LB}$ は $\tilde{X}$ が 100 以上であれば 100，$\tilde{X}$ が 100 以下であれば $\tilde{X}$ である (有限責任から下限はゼロ)。

　このようなキャッシュフローの形状は，株式の場合，下限ゼロで上は限りなく大きくなり得るのに対して，負債の場合，上限が設定 (100) されるのに下はゼロを下限にいくらでも小さくなり得ることになる。もし企業の収益が平均一定のままリスクのみ大きくなるとすると，これは，より大きな収益が実現し得る一方でより小さな収益も実現し得るということになるから，株主を利し債権者を損なう。すなわち，株主は，企業収益がどれだけ小さくなっ

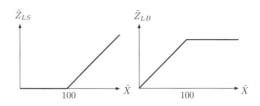

図 7.1　株式と負債のキャッシュフロー

ても下限ゼロであるから収益リスク増大のデメリットは受けず，企業収益が大きくなることのメリットのみを受ける。他方，債権者は，上限は 100 であるから収益リスク増大のメリットは受けられずそのデメリットのみを受ける。以上のことから，企業収益のリスクが増大すると，株式のキャッシュフロー平均は増加し，負債のキャッシュフロー平均は減少する。

　企業が既存株主の利益に従い行動するなら，企業は今述べたメカニズムを背景に，企業収益のリスクを小さくする投資案件よりも，そのリスクを大きくする投資案件を選好する。企業収益の平均が同じであるから，リスクの大きくなる投資をして株主を利するということは，その分債権者の利益を損なうことを意味する。そこでこのメカニズムのことをリスクによる富移転の誘因という。またこれは，資産の生み出す収益リスクの大きい方が株主にとって利益になるから，収益リスクの小さいものから大きいものに資産を代替しようとする誘因を企業に与える。この点から資産代替といわれることが多い。

　この資産代替のメカニズムは，前で述べた過大投資という深刻な経済問題を引き起す。次の投資案件 C を見てみよう。

　　　投資案件 C：投資資金 20。この投資を実行することにより，企業収益は好況時 210，不況時 10 である。

この投資は，20 の資金を投下して，企業収益の平均を 10(=110−100) しか上昇させないから，その *NPV* は −10 である。また企業収益と負債・株式のキャッシュフローは表 7.6 にまとめられる。*NPV* が負であるにもかかわら

状況 (確率)	収益	$\tilde{Z}_{LB}$	$\tilde{Z}_{LS}$
好況 (0.5)	210	100	110
不況 (0.5)	10	10	0
平均	110	55	55

表 7.6　投資案件 C による企業収益と投資家のキャッシュフロー

ず，投資を実行しない元の状況と比べて，既存株式の持ち分は 35(=55−20) であるから，既存株主はこの投資で富が増える。のみならず既存株主から見れば，この投資案件 C は，先の投資案件 B(期待される持ち分は 30) よりもさらに有利な投資になっている。従って企業が投資案件 A，B，C を比較するなら，NPV が正の A や B ではなく，NPV が負の C を選択するであろう。

　このように企業が既存株主の利益に従い行動すると，本来は実行すべきではない負の NPV の投資が実行されてしまう。もちろん投資の NPV が小さくなれば，これは株式のキャッシュフロー平均を小さくする方向に作用する。しかし投資案件 C を見れば分るように，投資が企業収益のリスクを非常に大きくするなら，株式のキャッシュフロー平均は上昇し得る。つまり NPV の効果を陵駕するほど資産代替の効果が大きいなら，株式のキャッシュフロー平均は上昇する。投資案件 C は B と比べて，NPV が負になる効果を上回るほどにリスクが大きくなっていて，これが株式のキャッシュフロー平均を上昇させるのである。以上のように，資産代替のメカニズムは，負の NPV の投資でも実行され得るような誘因を企業に与え，本当は実行すべきでない余分な投資，つまり過大な投資を引き起すことになる。

7.3.4　負債のエージェンシーコストと企業価値

　デットオーバーハングと資産代替という誘因を考慮すると，貸倒れリスクのある負債は企業投資を歪めてしまう。デットオーバーハングは過小投資を，資産代替は過大投資をもたらす。負債のエージェンシーコストの議論では，株主対債権者の利害が問題で，企業は株主の利益に従い行動するものとされる。そして，企業が株主の利益に従って行動する結果，企業の投資が歪

むのである。「投資が歪む」とは，正の NPV を持つ投資のみが常に実行され
るとは限らないことをいう。いい換えると，企業が株主の利益を増大しよう
とすることが，必ずしも企業の収益を最善にするものを選択するとは限らな
いということである。これは，既存株主の富最大化は企業価値最大化と一致
しないということであり，前の 7.2.2 節と話が食い違っている。

　7.2.2 節では，投資の NPV は既存株主の富の増減を計算したものである
ことを導出した。すなわち，企業が既存株主の利益に従い行動するなら，常
に正の NPV を持つ投資のみが実行されるはずである。がしかし，7.3.2 節
と 7.3.3 節の簡単な数値例で示されているように，企業が (既存) 株主の利益
に従って行動することが正の NPV の投資のみを常に実行することにならな
い。ということは，負債のエージェンシーコストの問題とは，7.2.2 節の議
論がそのままでは成立しないということである。

　それでは，7.2.2 節の議論のどこに問題があるのか。それは負債価値につ
いての関係式

$$B^{(1)} = B^{(0)} + I_B \tag{7.6}$$

に難がある。これは負債のエージェンシーコストの話というよりはもっと一
般的な問題であって，負債に貸倒れリスクがあり，投資実行で貸倒れリスク
が変化し得るなら，この (7.6) 式は成立しない。

　7.2.2 節の議論はあくまでも貸倒れリスクを不変とした世界の話である。
投資の実行で貸倒れリスクが変化しないならば，あるいは貸倒れリスクの存
在しない安全資産の負債であれば，確かに (7.6) 式は成立すると考えてもよ
いのであるが，負債のエージェンシーコストは，負債の貸倒れリスクの存在
が大前提で，貸倒れリスクは投資実行で変化し得る。そうであるなら (7.6)
式は成立しないと考えるのが妥当で，(7.6) 式が成立しなければ，企業価値
で表現した投資の実行条件

$$V_L^{(1)} - V_L^{(0)} - I > 0 \tag{7.3}$$

の式左辺は既存株主の富の増減と一致するとはいえない。NPV の具体的な
計算方法は，(7.3) 式から企業価値の定式化 $V_L = (1 - \tau) \, \mathrm{E}(\bar{X})/\hat{\rho}_W$ を通じて導
出されたことを思い出してほしい。NPV の値は企業価値に直接的にリンク

している。以上のことから，(7.6) 式が成立しないために，*NPV* の正負 (あるいは (7.3) 式左辺) は既存株主の富の増減を表さず，そのため，企業が既存株主の利益に従って行動することが，必ずしも正の *NPV* の投資のみ実行されるわけではなくなる。つまり負債のエージェンシーコストが発生する。

　では次に確認すべきことは，負債の貸倒れリスクが変化すると，なぜ (7.6) 式が成立しないのか。それは次のような理由による。投資実行前からの元々の債権者と，投資の資金調達で発行される負債の新しい債権者とが，同じ優先順位にあると仮定しよう。元の債権者が元々持っていた負債価値は $B^{(0)}$ であるが，投資が実行され新しい債権者が加わり，投資実行後の負債価値は $B^{(1)}$ に変わる。この $B^{(1)}$ には，元の債権者の持ち分と新しい債権者の持ち分，両方が含まれる。投資が実行された後の元の債権者の持ち分は，この $B^{(1)}$ を適当に按分した値であって，決して $B^{(0)}$ ではない。この按分方法は通常，期末に約束された支払額の比率であろう (債権者の持つ債権金額に比例)。債権者に約束された期末支払額が，投資実行前に $L^{(0)}$ であったものが，投資実行で新しい負債の加わる分，これが全体で $L^{(1)}$ に増えたとしよう。この $L^{(1)}$ に対する負債価値が $B^{(1)}$ である。この $B^{(1)}$ の中で，元の債権者の持ち分は $\frac{L^{(0)}}{L^{(1)}}B^{(1)}$ ということになる。負債の貸倒れリスクがある限り，この持ち分が $B^{(0)}$ のままである保証はない。

　ということは，投資の資金調達に応じる新しい債権者は，負債全体の中で $1 - \frac{L^{(0)}}{L^{(1)}}$ という割合の請求権を持つことになるので，新しい債権者が合理的であるなら，

$$\left(1 - \frac{L^{(0)}}{L^{(1)}}\right)B^{(1)} = I_B \tag{7.8}$$

が成立するように I_B という資金を提供するはずである。この (7.8) 式が，投資資金を負債で調達する際に成立しなければならない一般的な条件式である。もし

$$\frac{L^{(0)}}{L^{(1)}}B^{(1)} = B^{(0)}$$

であるなら，(7.8) 式は (7.6) 式と同じになるが，もしそうでないなら，(7.8) 式の成立は (7.6) 式の不成立ということになる。

(7.5) 式のとおり，既存株主の富の増減は $S_L^{(1)} - S_L^{(0)} - I_S - I_R$ で表現できる。$S_L^{(1)} - S_L^{(0)} - I_S - I_R$ が正であれば，既存株主の富は増えるので，そのような投資の実行は株主の利益になる。逆にこれが負なら，その投資は既存株主の利益にならない。ところで，企業価値の定義から，

$$V_L^{(1)} - V_L^{(0)} - I = \left[S_L^{(1)} - S_L^{(0)} - I_S - I_R \right] + \left[B^{(1)} - B^{(0)} - I_B \right] \tag{7.9}$$

であることはいうまでもないであろう。

　今，企業の投資は既存株主の利益により採否が決るとしよう。通常，新しい負債が発行されると，元々の負債が希薄化されて，元の債権者は損をする可能性がある。もし $\frac{L^{(0)}}{L^{(1)}} B^{(1)} < B^{(0)}$ であるなら，投資実行前の元々の負債価値 (右辺の $B^{(0)}$) を投資実行後の元の債権者の持ち分 (式左辺) が下回っているので，この投資およびその資金調達の実行で元の債権者は損をすることになる。このとき，(7.8) 式にこの不等式を組合せると，$B^{(1)} - B^{(0)} < I_B$ である。すると，(7.9) 式から，$S_L^{(1)} - S_L^{(0)} - I_S - I_R > 0$ であっても，$V_L^{(1)} - V_L^{(0)} - I < 0$ という状況が起り得る。この状況が過大投資である。NPV が直接リンクするのは企業価値の方であるから，$V_L^{(1)} - V_L^{(0)} - I < 0$ で NPV が負の投資であるにもかかわらず，$S_L^{(1)} - S_L^{(0)} - I_S - I_R > 0$ であるから，この投資は既存株主の利益 (富の増加) になるので実行される。

　逆に今度は，投資の収益性が高く，新しい負債による希薄化分を補ってしまうような場合，$\frac{L^{(0)}}{L^{(1)}} B^{(1)} > B^{(0)}$ が成立するなら，投資実行前の負債価値 (右辺の $B^{(0)}$) を投資実行後の元の債権者の持ち分 (式左辺) が上回っているので，この投資で元の債権者は得をすることになる。このとき $B^{(1)} - B^{(0)} > I_B$ である。ならば，(7.9) 式から，$V_L^{(1)} - V_L^{(0)} - I > 0$ であっても，$S_L^{(1)} - S_L^{(0)} - I_S - I_R < 0$ という状況が起り得る。これが過小投資の状況である。$V_L^{(1)} - V_L^{(0)} - I > 0$ であるから，この投資の NPV は正である。しかし，$S_L^{(1)} - S_L^{(0)} - I_S - I_R < 0$ であるから，この投資は既存株主の利益にならない (富は減少する)。

　以上のように，負債のエージェンシーコストを問題にする際 (より広く，負債の貸倒れリスクを問題にする際)，一般的に企業価値の増減は，既存株主の富の増減とは無関係なのである。それでは次の疑問として，企業はなぜ企業価値を最大化しようとするのか。実際問題として，投資実行の採否の意

思決定はもちろんとして，その他にも，最適な資本構成 (負債の量) の決定方
法についても，企業の意思決定には企業価値を目標にしてこれを最大化する
しか他に方法がない。その理由はなぜなのか。節を変えて話を続けよう。

7.4　企業価値最大化の意味

　企業の意思決定では企業価値を最大化しなければならないが，企業価値最
大化の本当の理由は何か。

　エージェンシーコストよりも時間的に前の時代の理論モデル，具体的には
MM 命題や修正 MM 命題，倒産コストモデルでは，企業価値最大化を目標
とすることの目的は，(既存) 株主の富の最大化にあった。企業は，株主の富
の最大化を達成するため，企業価値を最大化するような意思決定を選択す
るのである。投資実行の採否を決めたり，最適な負債依存度を決定したりす
るのに，既存株主の富最大化を目指していたことは間違いない。ところが，
企業価値は株式価値に負債価値を加えたものであるから，企業価値が常に
株主の富を表象しているとは限らない。企業価値の対象となる投資家には，
株主に加え債権者が存在する。債権者は株主と同じ主体である必要はない。
従って企業価値と株主の富は，本当なら必ずしも同じものではない。しか
し，エージェンシーコストの登場よりも前の理論モデルでは，「若干特殊な
財務行動」を暗黙に仮定していて，この仮定が，企業価値と株主の富との間
に同値な関係をもたらす。この仮定によって，企業が企業価値を最大化する
のは，株主の富を最大化するためであることを保証していたのである。

7.4.1　若干特殊な財務行動とは

　それでは，ここでいう「若干特殊な財務行動」とは何か。この仮定は元来，
負債 (資本構成) の変化が企業収益 EBIT の確率分布を変化させないよう，資
本構成の純粋な効果を抽出するための工夫として設定された仮定であった。
　「若干特殊な財務行動」とは次のような仮定である。資本構成を変化させ
るため負債を発行したとすると，企業は負債価値の分だけ現金を新たに入手

する。この現金が企業に流入したままなら，負債の発行前後で，企業の保有する資産は異なるものになってしまう。資産が異なるとそれの生み出す企業収益の確率分布も異なり得る。元々の分析目的は，企業価値や株価の変化を調べることにあり，資本構成の変化が企業価値等を変化させるのに，同時に企業収益 EBIT の確率分布も変化させているなら，企業価値が資本構成の変化によって変化したのか，企業収益の変化の効果で変化したのか不明確になるから，資本構成の変化の純粋な効果だけを抽出するために，企業の資産を不変に維持したまま (EBIT の確率分布も不変)，資本構成のみを変化させる方法が考案された。これが「若干特殊な財務行動」である。「若干特殊な」という命名は筆者によるもので，一般的な呼称ではない。[*6]

　企業が資本構成を変化させるために負債を発行したとしても，負債発行で得た現金すべてを即，企業の社外に流出させるなら，負債の発行前後で資産は不変に維持される。この現金流出の手段が株主に配当金を支払う，あるいは自社株を買入消却することである。従って，若干特殊な財務行動とは，資本構成を変化させるための負債発行で得た現金を株主に配当金支払をすること，あるいは自社株の買入消却をすることである。これを仮定すれば確かに，資本構成 (負債の量) が変化しても，企業の保有する資産は一定不変に維持され，企業収益の確率分布が不変であるという仮定と整合性を保てる。

　以下，株主への配当金支払のケースおよび自社株の買入消却のケースをそれぞれ詳しく述べよう。

配当金支払の場合

　定常状態の議論では，今までは企業 U と企業 L として 2 つの企業を想定してきた。しかし 2 つの企業といっても，保有する資産は同じで，同じ収益が予想され，異なるのは唯一負債が存在するか否かという点のみであった。そこで，企業 U と企業 L とが実は一つの企業で，前者が負債のない場合，後者が負債のある場合とみなすことができよう。負債の有無にかかわらず，企

[*6] この着想は筆者オリジナルのものではなく，筆者は単に呼称を付けただけである。古い時代の文献，例えば小宮・岩田 (1973) や田村 (1970)，柴川 (1977) など随所で議論の交わされた問題点である。

業の保有する資産が同じままなら，負債の有無による純粋な効果が比較できる。負債のない場合の企業価値が V_U で，これは株式価値でもある。ここで企業が負債を発行したとする。その負債価値は B，株式価値は S_L，これらの和が企業価値 $V_L (= S_L + B)$ である。

　負債価値 B の負債が発行されると，B の現金が企業に流入するので，企業の保有する資産を不変に維持するため，この流入現金全額を社外に流出させる。そこで現金 B を株主に配当金として支払う。他方，負債発行がなされると，株式価値の方は V_U から S_L に変化する。なお，株価は権利落ち価格であるから，この株式価値 S_L の中に，配当金 B は含まれていない。ということは，企業価値 V_L は S_L と B の合計であるから，これは株主の富を表していることになる。株主の保有している株式の時価が S_L で表され，今受取った配当金が B である。ところで，配当金を今受取ることのできる株主は，「今」の前の時点から株主である必要がある。「今」の時点で新しく株主になったものは，B の配当金を得ることはできない。従って V_L が表す株主の富とは，より正確には既存株主の富というべきである。

　負債価値 B は債権者へのキャッシュフローを価値評価したものである。負債に資金提供する債権者は，必ずしも株主である必要はない。全く別の主体であると思ってよい。負債のある企業 L に関連した主体は，株主と債権者という別々の投資家ということになり，両者を価値評価した和が企業価値なのであるが，以上のような財務行動，つまり負債発行代金を即座に株主への配当金として支払ってしまう結果，企業価値は既存株主の富を表象するものになるのである。

自社株の買入消却の場合

　前の配当金支払のケースでは，多数存在する株主全体で見た既存株主の富を企業価値と同値であるとした。現金を株主に還元する方法には他に，自社株の買入消却がある。これを実施すると，発行済株式数が変化し，そのため 1 株当りの株価も変化する。自社株の買入消却によって，企業が現金を株主に還元することを明示的に検討するには，株主の富を，1 株を保有する株主の富として検討する必要がある。

今負債のないときの企業価値 V_U は，発行済株式数が n_U で，1株当り株価が P_U であるとする。従って $V_U = n_U P_U$ である。次に負債が発行され，その負債価値が B である。負債が存在するときの企業価値 V_L は，株式価値 S_L と負債価値 B の和である。株式価値 S_L は，発行済株式数が n_L，株価が P_L で，$S_L = n_L P_L$ であり，企業価値は $V_L = n_L P_L + B$ である。

負債が発行されると，企業は現金 B を入手するが，この現金すべてを即，自社株買いに使うものとする。発行済株式数は，負債の発行前は n_U であるが，自社株の買入消却で変化する結果，負債の発行後は n_L になる。つまり発行済株式数の n_U と n_L は，この自社株買いによって一定の関係にある。それでは自社株買いで何株を購入することができるであろうか。企業が負債発行および調達現金での自社株買いをアナウンスするや，株価は即座に P_U から P_L へと変化するので，現金 B で購入することのできる株式数は B/P_L である。現金 B だけ自社株買いが実行されると，発行済株式数は n_U から B/P_L だけ減少するので，$n_L = n_U - B/P_L$ という関係が成立する。これを使って企業価値 V_L を次のように書き換えてみよう。

$$V_L = S_L + B = n_L P_L + B = n_U P_L$$

上記の式で，n_U は負債の大きさにかかわらず一定で，資本構成の変化に対して定数である。従って企業価値 V_L は，1株当り株価 P_L と1対1の関係にある。

自社株買いに応じて株式を売却した株主には売却代金としての現金 P_L が支払われ，株式を保有し続けた株主のところには現金は一切行かない。自社株買いが実行される場合，株主の富は，株式の時価である株価だけで表され，受取る配当金は存在しない。従って1株を保有する株主の富は，自社株買いに応じるか否かにかかわらず，株価 P_L そのものである。負債発行で調達した資金すべてが即，自社株買いで社外に流出するなら，企業価値は株主の富を表す株価と1対1の関係にある。このとき，企業価値 V_L を最大化するような意思決定は，株価 P_L を最大化することと同値であり，同時にこれは株主の富の最大化ということになる。

以上のことから，資本構成にかかわらず企業収益の確率分布が不変である

という仮定に整合性を保たせるため，負債発行で得た現金を社外に流出させ
るという，若干特殊な財務行動を仮定することが，企業価値と株主の富を同
値にするということが分るであろう。

7.4.2 企業価値と企業買収

　以上のような「若干特殊な財務行動」を仮定しないなら，企業価値を最大
化する理由は何であろうか。負債のエージェンシーコストでは，元の債権者
に損をさせ，その分 (既存) 株主に儲けさせるような行動，すなわち，債権者
から株主への富移転が可能である。このとき，企業価値は必ずしも株主の富
を表象してない。もちろん，上記の「若干特殊な財務行動」も仮定されない。
仮に企業価値が減ることになっても，負債価値から富移転した分で株式価値
を増大させることができるなら，それは株主の富を増やすことになる。この
ように企業価値と株主の富とはもはや同値な関係とはいえない。この場合，
株主の富を反映するのは株式価値である。しかし企業の意思決定として例え
ば，資本構成を決めようとして，どれぐらいの負債の大きさが最適かという
問題を解こうとすると，株式価値の最大化では役に立たない。株式価値が最
大になるのは，大概の場合，負債が存在しないときだからである。理論的に
も，実際問題としても，資本構成を決定するための目標としては，企業価値
最大化に依存せざるを得ない。

　それでは，企業の意思決定の尺度として，企業価値を最大化する理論的根
拠は何か。その理由はもはや株主の富とは何の関係もない。それは，そうし
ないと企業そのものが存続できない可能性があるからである。あらゆる種類
の意思決定について，もし企業価値を最大化してないような企業が存在する
なら，投資家は，その企業を買収することで裁定の利益を得ることができる
ようになる。この裁定の可能性により，企業の意思決定は，企業価値最大化
を達成するものを実行せざるを得ない。資本市場均衡では，このような裁定
の機会は排除されるはずで，あらゆる種類の意思決定で，企業価値を最大化
するような選択がすべての企業で実行されることになる。現実の世界では，
買収された企業は経営者が解雇されるかもしれないし，保有資産が売却され

るかもしれないので，買収に遭う可能性はできる限り小さくしたい。これが企業価値を最大化する本当の目的である。

　以下では，企業の意思決定が企業価値最大化を達成してない場合，その企業を使っていかなる裁定が可能であるかを説明する。この議論は，基本的にはKane-Marcus-McDonald(1984)(1985)に依拠しているが，その表現は多少変更されている。

　期首にどれだけの負債の量を発行すべきかという問題や，期首に投資案件を実行すべきか否かという問題など，企業のあらゆる種類の意思決定について，企業価値 V_L に影響する意思決定の変数を今，抽象的に Φ で表すとしよう。Φ は様々な変数の集合とみなしてもよい。この意思決定の関数として，株式価値や負債価値，そして両者の和である企業価値をそれぞれ $S_L(\Phi)$, $B(\Phi)$, $V_L(\Phi)$ で表す。

　企業価値を最大にする Φ を Φ^* のように記す。形式的には，

$$\Phi^* = \arg\max_{\Phi} V_L(\Phi) \equiv S_L(\Phi) + B(\Phi)$$

を満足させるような Φ の値を解くことできると仮定する。この問題の解 Φ^* に対応する負債価値 $B(\Phi^*)$ と株式価値 $S_L(\Phi^*)$ が，企業価値を最大化させる最適な資本構成ということになる。

　ここで実際の意思決定が Φ^* とは異なるものであったとしよう。これを $\hat{\Phi}(\neq \Phi^*)$ で表し，実際の株式価値や負債価値が $S_L(\hat{\Phi})$ と $B(\hat{\Phi})$ であるとする。Φ^* の定義により，企業価値には次の関係が成立する。

$$S_L(\hat{\Phi}) + B(\hat{\Phi}) \equiv V_L(\hat{\Phi}) < V_L(\Phi^*) \equiv S_L(\Phi^*) + B(\Phi^*)$$

このとき，次のような裁定の機会が存在することになる。

　今，企業の支配権を確保すべく株式の α 割合を購入する。企業の支配権を確立するような α の値は一概には不明であるが，とりあえず α は0.5以上としておこう。株式を購入して企業を買収した後，現在の経営者を解雇し，新経営者に負債価値が $B(\Phi^*)$ になるよう意思決定を変更させる。Φ の値を $\hat{\Phi}$ から Φ^* へ変更させるのである。もし $B(\Phi^*) > B(\hat{\Phi})$ であれば，事情は単純である。企業は新たに借入をして負債を増やし，この調達資金全額を即，株

主に配当金として支払えばよい。このとき，株式価値は $S_L(\Phi^*)$ になっていて，次に裁定者は α 割合の株式持ち分すべてを市場で売却する。この裁定者の利益は

$$\alpha S_L(\Phi^*) - \alpha S_L(\hat{\Phi}) + \alpha[B(\Phi^*) - B(\hat{\Phi})] = \alpha[V_L(\Phi^*) - V_L(\hat{\Phi})] > 0$$

のとおりで，上式左辺の第 1 項は売却代金，第 2 項は購入費用，第 3 項は株主に支払われた配当金である。この利益は企業価値の定義から正である。この裁定の結果，裁定者は株式を購入後即，売却しているので将来においては得るものも負うものも何もないが，現在において裁定者はプラスの確実な利得を得ることができる。このような状況が存在する限り，企業は常に企業買収の対象となり，この状況は均衡とはいえない。

　次に負債価値が $B(\Phi^*) < B(\hat{\Phi})$ のときはどのように考えればよいか。新しい負債価値は元のそれより小さいので，負債の一部が返済されることになる。ではどうやってこの返済資金を作り出すか。議論の単純さを保持するための最も簡単な方法は，この場合，裁定者が企業の株式すべてを買収することである。つまり $\alpha = 1$ である。このとき裁定者は，始め $S_L(\hat{\Phi})$ 円で株式すべてを購入し，さらに $B(\hat{\Phi}) - B(\Phi^*)$ 円を自分のポケットから提供して企業の負債を返済し，その後 $S_L(\Phi^*)$ 円で株式すべてを売却する。従って裁定の利益は次のとおりに書ける。

$$S_L(\Phi^*) - S_L(\hat{\Phi}) - [B(\hat{\Phi}) - B(\Phi^*)] = V_L(\Phi^*) - V_L(\hat{\Phi}) > 0$$

企業価値の定義より，やはり裁定の利益は正である。前と同様に，この裁定者は将来において得るもの負うもの何もないが，しかし現在においてプラスの確実な利得を得ることができる。このような状況が存在する限り，やはり均衡とはいい難い。

　以上のような裁定の機会が存在しないためには，企業は常に企業価値を最大化すべく意思決定していなければならない。もっというと，無裁定の均衡では，企業価値を最大化していない企業は，企業買収の対象となって存在できないのである。企業価値最大化の本当の意味とは，企業買収を使った裁定の機会を排除することである。

7.5 結びに代えて

企業の目標は，元々の議論では株主の富の最大化にあるとされた。株主総会に象徴されるように，株式会社にとって株主こそが最高位の意思決定者とされるから，企業目標は株主の富の最大化であるという認識はそれなりに納得的な話である。しかし，株主の富と企業価値とは同じものではない。あくまでも企業価値は株式価値と負債価値の和であるから，株主の富の最大化，あるいは株式価値の最大化が必ずしも企業価値を最大化するとは限らない。企業価値には負債価値を通じて債権者の富も関係する。負債のエージェンシーコストのように，結果的に債権者と株主の間で富移転が発生するような企業の意思決定により，株主の富 (株式価値) を増やすことが企業価値を増やすとは限らない。

企業金融論において，エージェンシーコストの議論が登場する前の時代の理論仮説，具体的には MM 命題や修正 MM 命題から倒産コストモデルまでの議論では，負債で調達した現金はすべて即座に社外流出させるという仮定を設定することで，負債が存在する企業であるにもかかわらず，その企業価値と株主の富の間には 1 対 1 関係が成立し，企業価値の最大化が既存株主の富の最大化を保証する「工夫」が凝らされた。これを筆者は「若干特殊な財務行動」と称している。株主に現金を配るためだけに負債を発行するという財務行動は，決してあり得ないことではなかろうが，若干特殊な負債の利用法であることも確かである。そうではなくて，負債で調達した資金は企業の日常業務や投資活動に充当されるのが普通であろう。このときエージェンシーコストが発生し得るので，企業価値と株主の富の 1 対 1 関係は消滅する。

企業価値の最大化の理由が株主の富の最大化でないなら，企業価値を最大化する本当の理由は何か。企業買収に対する防御のためである。企業が外部者から買収されてしまうと，企業はそのままでは存続できない可能性が生じる。経営者は買収者の意向に従わなければ解雇されるであろう。企業価値最大化を達成してない企業を，外部の投資家が買収し，企業価値最大化を達成

すべく意思決定を変更した後にその企業を売却するなら，買収者は必ず裁定
利益を得る。ところが，もし企業が当初から企業価値最大化を達成していれ
ば，買収者が裁定利益を享受する余地は存在しないので，そもそも企業買収
は発生しない。従って，企業の目標として企業価値を最大化する本当の理由
は，株主の富を最大化するためではなく，企業買収を防ぐためである。そこ
で最後に簡単に指摘しておきたい問題がある。もう一つのエージェンシーコ
スト，株主と経営者の間のエージェンシーコストである。

　経営者は株主でもあることが多いが，経営者ではない一般の外部株主と経
営者とは，経営者ゆえに享受できる「役得」について，完全に利害が対立し
ている。経営者の役得とは，企業による贅沢な支出から得る経営者の便益の
ことをいう。経営者の役得のための支出は，大概の場合，企業収益に負の影
響を与えるから，株価の下落要因である。経営者であれば，株価下落に伴う
富減少の不効用を役得を享受する効用で償い得るであろうが，一般の外部株
主は，株価下落の富減少のみを被ることになる。従って，経営者の役得に関
して，一般の株主と経営者の間の利害は完全に対立している。

　この経営者の役得が，株主と経営者の間のエージェンシーコストを発生さ
せる誘因である。依頼人は株主であり，代理人が経営者である。経営者は自
分の独自目標を最大化すべく役得の水準を決める。経営者の役得は株価を下
落させ，これによる富減少というある種の逸失利益を株主は被る。前の脚注
で指摘したように，モニタリングやボンディングによって，経営者の役得と
いう誘因は若干緩和されるかもしれないが，完全に解消されることはなかろ
う。つまり経営者の役得は多かれ少なかれ残る。

　経営者の役得は企業価値の最大化に背くであろうから，これは企業買収を
招来し得る。そこで企業買収に対する防御として企業価値を最大化するとい
う企業目標は，経営者の役得を抑制するための手段たり得る。この観点から
も，企業買収に対する防御こそが，企業の意思決定に関する本当に重要な目
標であって，そのためにこそ，企業価値を最大化する意思決定の遂行が必要
不可欠ということなのである。

付録 A

統計学の基礎知識

　本書を読み進めるのに必須な統計学の基礎知識をここでまとめておく。本書の議論を理解するには，基本的には大学における統計学の入門コースレベルで十分なのであるが，部分的には，そこで取り上げられないようなトピックスも若干含まれている。入門レベルの統計学に登場しない議論は本文中にその都度解説を与えているが，ここでは統計学のごくごく基本的な概念や作法 (計算方法) を一括してまとめておく。

　値が事前に未知の変数は確率変数とみなされる。確率変数とは，その値が確率でもってしか分からないような変数である。例えば確率 0.3 で値が 2，確率 0.6 で値が 3，確率 0.1 で値が 4 という具合に，変数の値が 2 か 3 か 4 のどれかではあるが，起り得る複数個のこれら値の中でどれが実現するか事前には未知である。そういう変数を確率変数という。起り得る事象の確率の合計は 1 でなければならない。確率変数とはさらに 2 種類あって，起り得る値が有限個である場合を離散型確率変数といい，無限個の値 (連続的な無数の値) が起り得るなら連続型確率変数というが，離散型か連続型かは本書では特に意識しない。変数の値の起り得る確率を教えてくれるのが確率分布である。確率変数とは，確率分布を付与された変数といいかえることができる。

　変数が確率変数であることを明示するのに，変数の上に˜という記号を付すのが一般的である。$\tilde{X}$ は確率変数であり，逆に確率変数 $\tilde{X}$ から記号˜を外

して単に X と記すなら，X は $\tilde{X}$ の一つの実現値 (データ) であることを表現
したりする。が，実現値については解り辛いので，実現値であることをその
都度明記した方がよかろう。確率変数 $\tilde{X}$ の確率分布について，分布の特性
を表す値が，平均や標準偏差という特性値である。特性値のことをパラメタ
という場合も多い。確率分布の位置を表すパラメタが平均で，確率分布の拡
がりを表すパラメタが標準偏差である。確率変数 $\tilde{X}$ の平均を表現するのに
$\mathrm{E}(\tilde{X})$ と記す。この $\mathrm{E}(\cdot)$ のことを期待値演算子と称する。基本統計学で既習
のことではあろうが，本書の以下の諸議論を理解するための必須知識である
から，ここでその特徴を確認しておこう。なお平均と期待値は同じ意味の単
語である。

　$\mathrm{E}(\cdot)$ の特徴とはその線形性である。3 つの確率変数 $\tilde{X}$ と $\tilde{Y}$, $\tilde{Z}$ があって，こ
れらが $\tilde{Y} = a + b\tilde{X} + c\tilde{Z}$ (ただし a, b, c は定数) という 1 次式の関係にあるとす
る。1 次式の関係にあることを線形関係という。このとき，$\tilde{X}$ の期待値 $\mathrm{E}(\tilde{X})$
と $\tilde{Y}$ の期待値 $\mathrm{E}(\tilde{Y})$, $\tilde{Z}$ の期待値 $\mathrm{E}(\tilde{Z})$ との間には，$\mathrm{E}(\tilde{Y}) = a + b\,\mathrm{E}(\tilde{X}) + c\,\mathrm{E}(\tilde{Z})$
という関係があるが，これを得るのに，$\mathrm{E}(\cdot)$ があたかも関数であるかのご
とく

$$\mathrm{E}(\tilde{Y}) = \mathrm{E}(a + b\tilde{X} + c\tilde{Z}) = a + b\,\mathrm{E}(\tilde{X}) + c\,\mathrm{E}(\tilde{Z})$$

のようにしてよい。$\mathrm{E}(\cdot)$ は普通の線形関数と同様の特徴を持っていて，これ
を期待値演算子 $\mathrm{E}(\cdot)$ の線形性という。$\mathrm{E}(\cdot)$ のカッコ内に定数があれば，定数
は $\mathrm{E}(\cdot)$ のカッコの外に出すことができる。また確率変数の和の期待値は，各
確率変数の期待値の和として表現できる。

　次に標準偏差あるいは分散である。これらは確率分布の拡がりを表す尺度
であり，確率変数の取り得る値の散らばり具合を表す。期待値演算子を用
いて，

$$\sigma(\tilde{X}) = \sqrt{\mathrm{E}\left([\tilde{X} - \mathrm{E}(\tilde{X})]^2\right)}$$

の式右辺のように定義されるのが，確率変数 $\tilde{X}$ の標準偏差である。ここで
は，毎度 $\mathrm{E}(\cdot)$ を用いて標準偏差を表記するのは煩雑であるため，単純に $\sigma(\tilde{X})$
でもって表す。これを 2 乗したもの，$\sigma(\tilde{X})^2$ が分散で，分散を $\mathrm{var}(\tilde{X})$ のよう
に記す場合もある。

さてここで，2つの確率変数 $\tilde{X}$ と $\tilde{Y}$ があって，これらが $\tilde{Y} = a + b\tilde{X}$ (ただし a と b は定数) という線形関係にあるなら，$\tilde{X}$ の標準偏差 $\sigma(\tilde{X})$ と $\tilde{Y}$ の標準偏差 $\sigma(\tilde{Y})$ との間にはいかなる関係があるか。これは前で説明した期待値演算子の線形性を用いて調べることができる。

$$\sigma(\tilde{Y}) = \sqrt{\mathrm{E}\left([\tilde{Y} - \mathrm{E}(\tilde{Y})]^2\right)} = \sqrt{\mathrm{E}\left(\left[a + b\tilde{X} - \left(a + b\,\mathrm{E}(\tilde{X})\right)\right]^2\right)}$$

$$= \sqrt{b^2\,\mathrm{E}\left([\tilde{X} - \mathrm{E}(\tilde{X})]^2\right)} = |b|\sigma(\tilde{X})$$

という計算を見るとわかるように，まず定数単独の項 a は途中で消えてしまう。さらに $b > 0$ であるなら，$\sigma(\tilde{Y})$ は $\sigma(\tilde{X})$ の b 倍となる。ここで絶対値 $|b|$ であるのは，標準偏差は常に正だからである。

次に，3つの確率変数 $\tilde{X}$ と $\tilde{Y}$, $\tilde{Z}$ があり，$\tilde{Y} = a + b\tilde{X} + c\tilde{Z}$ (ただし a, b, c は定数) という1次式の関係にある場合，標準偏差 $\sigma(\tilde{Y})$ はどう展開できるか。

$$\sigma(\tilde{Y}) = \sqrt{\mathrm{E}\left([\tilde{Y} - \mathrm{E}(\tilde{Y})]^2\right)} = \sqrt{\mathrm{E}\left(\left[a + b\tilde{X} + c\tilde{Z} - \left(a + b\,\mathrm{E}(\tilde{X}) + c\,\mathrm{E}(\tilde{Z})\right)\right]^2\right)}$$

$$= \sqrt{\mathrm{E}\left(\left[b\left(\tilde{X} - \mathrm{E}(\tilde{X})\right) + c\left(\tilde{Z} - \mathrm{E}(\tilde{Z})\right)\right]^2\right)}$$

$$= \left\{b^2\,\mathrm{E}\left(\left[\tilde{X} - \mathrm{E}(\tilde{X})\right]^2\right) + c^2\,\mathrm{E}\left(\left[\tilde{X} - \mathrm{E}(\tilde{X})\right]^2\right)\right.$$

$$\left. + 2bc\,\mathrm{E}\left(\left[\tilde{X} - \mathrm{E}(\tilde{X})\right]\left[\tilde{Z} - \mathrm{E}(\tilde{Z})\right]\right)\right\}^{\frac{1}{2}}$$

$$= \sqrt{b^2\sigma(\tilde{X})^2 + c^2\sigma(\tilde{Z})^2 + 2bc\,\mathrm{cov}(\tilde{X}, \tilde{Z})}$$

もし2つの確率変数が線形関係にない場合は，基本統計学であまり触れられない共分散という概念がある。この例では，$\tilde{X}$ と $\tilde{Z}$ という2つの確率変数があって，これらの間に線形関係は存在しない。線形関係にない2つの確率変数がどれぐらい共に変動するのか，これらの共変の程度を表した尺度が共分散である。期待値演算子を使って，

$$\mathrm{cov}(\tilde{X}, \tilde{Z}) = \mathrm{E}\left([\tilde{X} - \mathrm{E}(\tilde{Y})][\tilde{Z} - \mathrm{E}(\tilde{Z})]\right)$$

の式右辺のように定義されるのが共分散である。この表記も面倒であるか
ら，$\text{cov}(\tilde{X}, \tilde{Z})$ のように記されるのが一般的になっている。共分散は，標準
偏差や分散と違って，負の値になり得る。$\tilde{X}$ が大きな値のときに $\tilde{Z}$ が小さ
な値となるような，$\tilde{X}$ と $\tilde{Z}$ が逆の動き方をする場合，これらの共分散は負と
なる。

　3 つの確率変数の間に $\tilde{Y} = a + b\tilde{X} + c\tilde{Z}$ $(a, b, c$ は定数$)$ という関係があるな
ら，共分散の計算上の特徴として $\text{cov}(\tilde{Y}, \tilde{Z})$ はどのように展開できるか。

$$\begin{aligned}
\text{cov}(\tilde{Y}, \tilde{Z}) &= \text{E}\Big([a + b\tilde{X} + c\tilde{Z} - \text{E}(a + b\tilde{X} + c\tilde{Z})][\tilde{Z} - \text{E}(\tilde{Z})]\Big) \\
&= b\,\text{E}\Big([\tilde{X} - \text{E}(\tilde{X})][\tilde{Z} - \text{E}(\tilde{Z})]\Big) + c\,\text{E}\Big([\tilde{Z} - \text{E}(\tilde{Z})]^2\Big) \\
&= b\,\text{cov}(\tilde{X}, \tilde{Z}) + c\sigma(\tilde{Z})^2
\end{aligned}$$

のとおりである。単独の定数項 a は消え，確率変数にかかる定数 b や c は
外に出せる。同じことであるが，これを簡単に次のように展開しても構わ
ない。

$$\text{cov}(\tilde{Y}, \tilde{Z}) = \text{cov}(a + b\tilde{X} + c\tilde{Z}, \tilde{Z}) = b\,\text{cov}(\tilde{X}, \tilde{Z}) + c\sigma(\tilde{Z})^2$$

いうまでもなく，$\text{cov}(\tilde{Z}, \tilde{Z}) = \sigma(\tilde{Z})^2$ である。

　2 つの確率変数の共変度合いを基準化したものが相関係数である。これは
共分散を各々の標準偏差で割ったものとして定義される。

$$\text{corr}(\tilde{U}, \tilde{W}) = \frac{\text{cov}(\tilde{U}, \tilde{W})}{\sigma(\tilde{U})\sigma(\tilde{W})}$$

相関係数 $\text{corr}(\tilde{U}, \tilde{W})$ は，その上限が 1 となり，下限が -1 となる。

　ちなみに，線形関係にある 2 つの確率変数の間の相関係数はどうなるであ
ろうか。$\tilde{X}$ と $\tilde{Y}$ が $\tilde{Y} = a + b\tilde{X}$ (ただし a, b は定数$)$ であるなら，その共分散
は $\text{cov}(\tilde{X}, \tilde{Y}) = b\sigma(\tilde{X})^2$ である。他方，標準偏差には $\sigma(\tilde{Y}) = |b|\sigma(\tilde{X})$ という
関係があったので，これらを相関係数 $\text{corr}(\tilde{X}, \tilde{Y})$ に代入すれば，

$$\text{corr}(\tilde{X}, \tilde{Y}) = \frac{\text{cov}(\tilde{X}, \tilde{Y})}{\sigma(\tilde{X})\sigma(\tilde{Y})} = \frac{b\sigma(\tilde{X})^2}{|b|\sigma(\tilde{X})^2} = \begin{cases} 1 & (b > 0 \text{ のとき}) \\ -1 & (b < 0 \text{ のとき}) \end{cases}$$

のように，b の正負に応じて結果が異なる。2 つの確率変数の間に正の線形
関係があるなら，その相関係数は 1 となるが，これらが負の線形関係にある

なら，相関係数は -1 となる。相関係数の上限と下限は，2 つの確率変数が線形関係にあるときに実現する。

　最後に，確率変数がもっと多数の場合の標準偏差はどう計算されるか。基本的には同様の計算をすればよい。確率変数 $\tilde{Q}$ が N 個の確率変数 $\tilde{X}_1, \cdots, \tilde{X}_N$ と線形関係にあって，$\tilde{Q} = k_1\tilde{X}_1 + k_2\tilde{X}_2 + \cdots + k_N\tilde{X}_N$ とする（$k_1, \cdots, k_N$ は定数）。このとき標準偏差 $\sigma(\tilde{Q})$ は次のとおり。

$$
\begin{aligned}
\sigma(\tilde{Q}) &= \sqrt{\mathrm{E}\left(\left[k_1\left(\tilde{X}_1 - \mathrm{E}(\tilde{X}_1)\right) + \cdots + k_N\left(\tilde{X}_N - \mathrm{E}(\tilde{X}_N)\right)\right]^2\right)} \\
&= \Big\{ k_1^2\sigma(\tilde{X}_1)^2 + \cdots + k_N^2\sigma(\tilde{X}_N)^2 \\
&\quad + 2k_1k_2\,\mathrm{cov}(\tilde{X}_1, \tilde{X}_2) + \cdots\cdots\cdots + 2k_1k_N\,\mathrm{cov}(\tilde{X}_1, \tilde{X}_N) \\
&\quad + 2k_2k_3\,\mathrm{cov}(\tilde{X}_2, \tilde{X}_3) + \cdots + 2k_2k_N\,\mathrm{cov}(\tilde{X}_2, \tilde{X}_N) \\
&\quad + 2k_{N-1}k_N\,\mathrm{cov}(\tilde{X}_{N-1}, \tilde{X}_N) \Big\}^{\frac{1}{2}}
\end{aligned}
$$

付録 B

VBA プログラム

```
Option Explicit

Sub make1_MeanCovTable()
' データの配置

Application.DisplayAlerts = False
Application.ScreenUpdating = False
Worksheets.Add().Name = "MVapp"
Worksheets("MVapp").Activate

Dim i As Integer, j As Integer, icol As Integer, jcol As Integer
Dim Rini As Integer, Rend As Integer, N As Integer, sp As String
Dim ad_data_i As String, ad_data_j As String, FLname_str As String
Dim data_i As Range, data_j As Range

Rini = 3

' シート data 上のデータの行番号を把握
i = Rini
Do Until Worksheets("data").Cells(i, 1) = "月次平均"
  i = i + 1
Loop
Rend = i - 1

' 銘柄数をカウント
N = Worksheets("data").Cells(1, Columns.Count).End(xlToLeft).Column - 1

' 基本情報の出力
Cells(1, 1).Value = "データ個数"
Cells(1, 2).Value = Rend - Rini + 1
Cells(2, 1).Value = "銘柄の数"
Cells(2, 2).Value = N
Cells(3, 1).Value = "無危険利子率"
Cells(3, 2).Value = InputBox("無危険利子率を適当に入力")
Cells(4, 1).Value = "＜平均・分散共分散＞"
For i = 1 To N
  Cells(5, i).Value = "銘柄" & Trim(Str(i))
```

```
Next i
' 平均・分散共分散・相関係数を並べる
Cells(6, N + 1).Value = "←平均"
Cells(7, N + 1).Value = "←共分散"
Cells(5, N + 4).Value = "＜相関係数＞"
For i = 1 To N
  icol = i + 1
  Set data_i = Range(Worksheets("data").Cells(Rini, icol), _
                     Worksheets("data").Cells(Rend, icol))
  ad_data_i = data_i.Address(external:=True)
  Range(Cells(6, i).Address).Formula = "=AVERAGE(" & ad_data_i & ")*12"
  For j = 1 To N
    jcol = j + 1
    Set data_j = Range(Worksheets("data").Cells(Rini, jcol), _
                       Worksheets("data").Cells(Rend, jcol))
    ad_data_j = data_j.Address(external:=True)
    Range(Cells(6 + i, j).Address).Formula = _
            "=COVARIANCE.P(" & ad_data_i & "," & ad_data_j & ")*12"
    Range(Cells(6 + i, N + 4 + j).Address).Formula = _
            "=CORREL(" & ad_data_i & "," & ad_data_j & ")"
  Next j
  Cells(6, N + 4 + i).Value = "銘柄" & Trim(Str(i))
  Cells(6 + i, N + 4).Value = "銘柄" & Trim(Str(i))
Next i

' 最小値・最大値の設定
Cells(5, N + 2).Value = "最小値"
Cells(5, N + 3).Value = "最大値"
Set data_i = Range(Cells(6, 1), Cells(6, N))
Range(Cells(6, N + 2).Address).Formula = "=MIN(" & data_i.Address & ")"
Range(Cells(6, N + 3).Address).Formula = "=MAX(" & data_i.Address & ")"

'OS の識別して，ファイル名を書き換え (mk を除去)
sp = Application.PathSeparator
FLname_str = ThisWorkbook.Path & sp & Mid(ThisWorkbook.Name, 3)
ThisWorkbook.SaveAs filename:=FLname_str

Application.DisplayAlerts = True
Application.ScreenUpdating = True

End Sub

Sub make2_preSolver()
' ソルバーで利用する式を準備

Worksheets("MVapp").Activate

Dim i As Integer, start2 As Integer, N As Integer

N = Cells(2, 2)
start2 = N + 7

Cells(start2, 1).Value = "＜ウエイト＞"
Cells(start2, 2).Value = 1#
Cells(start2, 3).Value = "←合計 (制約値)"
Cells(start2, N + 1).Value = "ウエイト和"
Cells(start2, N + 2).Value = "分散の式"
Cells(start2, N + 3).Value = "標準偏差"
```

```vb
Cells(start2, N + 4).Value = "平均の式"
Cells(start2, N + 5).Value = "平均の制約値"
For i = 1 To N
  Cells(start2 + 1, i).Value = 1 / N
Next i

Call make_equations(N, start2 + 1)

End Sub

Sub make_equations(ByVal N As Integer, ByVal pos As Integer)
' ソルバーで使う数式 (平均・分散・ウエイト和) を自動生成

Dim i As Integer, j As Integer, retcmp As String, varcmp As String
Dim weighteq As String, returneq As String, varianeq As String

weighteq = "="
For i = 1 To N
  weighteq = weighteq & "R" & Trim(Str(pos)) & "C" & Trim(Str(i))
  If i <> N Then
    weighteq = weighteq & "+"
  End If
Next i
Cells(pos, N + 1).FormulaR1C1 = weighteq
retcmp = ""
For i = 1 To N
  retcmp = "=R" & Trim(Str(pos - N - 2)) & "C" & Trim(Str(i)) _
                      & "*R" & Trim(Str(pos)) & "C" & Trim(Str(i))
  Cells(pos - N - 2 + i, N + 2).FormulaR1C1 = retcmp
  varcmp = "="
  For j = 1 To N
    varcmp = varcmp & "R" & Trim(Str(pos - N - 2 + i)) _
                   & "C" & Trim(Str(j)) & "*R" & Trim(Str(pos)) & "C" _
         & Trim(Str(i)) & "*R" & Trim(Str(pos)) & "C" & Trim(Str(j))
    If j <> N Then
      varcmp = varcmp & "+"
    End If
  Next j
  Cells(pos - N - 2 + i, N + 3).FormulaR1C1 = varcmp
Next i
returneq = "="
varianeq = "="
For i = 1 To N
  returneq = returneq & "R" & Trim(Str(pos - N - 2 + i)) _
                           & "C" & Trim(Str(N + 2))
  varianeq = varianeq & "R" & Trim(Str(pos - N - 2 + i)) _
                           & "C" & Trim(Str(N + 3))
  If i <> N Then
    returneq = returneq & "+"
    varianeq = varianeq & "+"
  End If
Next i
Cells(pos, N + 4).FormulaR1C1 = returneq
Cells(pos, N + 2).FormulaR1C1 = varianeq
Cells(pos, N + 3).FormulaR1C1 = "=SQRT(RC[-1])"

End Sub

Sub make3_solver_cntl()
' ソルバーを自動実行
```

```
Dim pstr_expeq As String, pstr_expfx As String, pstr_stdeq As String
Dim pstr_swteq As String, pstr_swtfx As String, pstr_copydata As String
Dim intrt_ad As String, titlestr(1 To 2) As String
Dim pstr_weight As String, start As Integer, adj As Integer
Dim N As Integer, k As Integer, i As Integer, numit As Integer
Dim exrt As Single, exrtmin As Single, exrtmax As Single

Worksheets("MVapp").Activate
titlestr(1) = "非負制約あり"
titlestr(2) = "非負制約なし"
' 基本情報の取得
N = Cells(2, 2).Value
start = N + 8
intrt_ad = "R3C2"

' ソルバーに渡すアドレスの作成
pstr_expfx = Cells(start, N + 5).Address
pstr_expeq = Cells(start, N + 4).Address
pstr_stdeq = Cells(start, N + 3).Address
pstr_weight = Cells(start, 1).Address & ":" _
                    & Cells(start, N).Address
pstr_swteq = Cells(start, N + 1).Address
pstr_swtfx = Cells(start - 1, 2).Address
pstr_copydata = Cells(start, 1).Address & ":" _
                    & Cells(start, N + 4).Address

' 制約となる平均の最小値と最大値
exrtmin = Application.RoundUp(Cells(start - N - 2, N + 2), 4)
exrtmax = Application.RoundDown(Cells(start - N - 2, N + 3), 4)

' 以下，ソルバーを 2 通り回す：k=1…非負制約あり，k=2…非負制約なし
For k = 1 To 2
  i = 1
  If k = 1 Then
    adj = 2
  Else
    adj = adj + numit + 2
    Cells(start + adj, 1) = ""
    exrtmin = exrtmin - 0.01
    exrtmax = exrtmax + 0.03
  End If
  Cells(start + adj, 1) = titlestr(k)

' 平均の制約値を作る
  For exrt = exrtmin To exrtmax Step 0.002
    Cells(start + adj + i, N + 5) = exrt
    i = i + 1
  Next exrt
  numit = i - 1
  Cells(start + adj, N + 6) = "シャープ値"

' ソルバー本体を numit 回実行
  For i = 1 To numit
    Range(pstr_expfx).Value = Cells(start + adj + i, N + 5).Value
    SolverReset
' → solveradd は 1 回実行する度に追加され，その都度 SolverReset が必要
    SolverOk SetCell:=Range(pstr_stdeq), MaxMinVal:=2, ValueOf:=0, _
                      ByChange:=Range(pstr_weight)
    SolverAdd CellRef:=Range(pstr_expeq), Relation:=2, _
```

```
                                    FormulaText:=Range(pstr_expfx)
    SolverAdd CellRef:=Range(pstr_swteq), Relation:=2, _
                                    FormulaText:=Range(pstr_swtfx)
    If k = 1 Then
      SolverOptions AssumeNonNeg:=True
    Else
      SolverOptions AssumeNonNeg:=False
    End If
    SolverSolve UserFinish:=True
    SolverFinish KeepFinal:=1
    Range(Cells(start + adj + i, 1), Cells(start + adj + i, N + 4)) _
                          = Range(pstr_copydata).Value
    Range(Cells(start + adj + i, N + 6).Address).FormulaR1C1 = _
"=(RC[" & Trim(Str(-1)) & "]-" & intrt_ad & ")/RC[" & Trim(Str(-3)) & "]"
  Next i
Next k

End Sub

Sub make4_chart()
' チャート作成

Dim N As Integer, k As Integer, tmpposi As Integer
Dim inipos(1 To 2) As Integer, endpos(1 To 2) As Integer

Worksheets("MVapp").Activate

' 銘柄数を取得
N = Cells(Columns(1).Find(what:="銘柄の数").row, 2).Value
' チャート用に行番号を把握
For k = 1 To 2
  Select Case k
    Case 1
      tmpposi = Columns(1).Find(what:="非負制約あり").row
    Case 2
      tmpposi = Columns(1).Find(what:="非負制約なし").row
  End Select
  inipos(k) = tmpposi + 1
  tmpposi = Range(Cells(tmpposi, 1).Address).End(xlDown).row
  endpos(k) = tmpposi
Next k
'2 本のチャートを描画
ActiveSheet.Shapes.AddChart(xlXYScatterLinesNoMarkers, _
                      600, 260, 700, 500).Select
With ActiveChart
  .SetSourceData Source:=Range(Cells(inipos(1), N + 3), _
                    Cells(endpos(1), N + 4)), PlotBy:=xlColumns
  .SeriesCollection(1).Name = Range(Cells(inipos(1) - 1, 1).Address)
  With .SeriesCollection.NewSeries
  .Name = Range(Cells(inipos(2) - 1, 1).Address)
  .XValues = Range(Cells(inipos(2), N + 3), Cells(endpos(2), N + 3))
  .Values = Range(Cells(inipos(2), N + 4), Cells(endpos(2), N + 4))
  End With
End With

' タイトル等の追加
With ActiveChart
  .HasLegend = True
  .Legend.Position = xlLegendPositionBottom
```

```
      .HasTitle = True
      .ChartTitle.Characters.Text = "最小分散フロンティア"
     With .Axes(xlCategory, xlPrimary)
       .HasTitle = True
       .AxisTitle.Characters.Text = "収益率標準偏差"
     End With
     With .Axes(xlValue, xlPrimary)
       .HasTitle = True
       .AxisTitle.Characters.Text = "収益率平均"
     End With
   End With

 End Sub
```

参考文献

[1] Berk, Jonathan, and Peter DeMarzo, 2019. *Corporate Finance (fifth edition)*, Pearson. 久保田敬一他 (訳)『コーポレートファイナンス 入門編および応用編』ピアソン桐原.

[2] Brealey, Richard A., Stewart C. Myers, and Franklin Allen, 2019. *Principles of Corporate Finance (13th edition)*, McGraw-Hill. 藤井眞理子・國枝繁樹 (監訳)『コーポレートファイナンス 上・下』日経 BP 社.

[3] Fama, Eugene F., 1970. "Efficient Capital Markets: A Review of Theory and Empirical Work," *Journal of Finance*, Vol.25, No.2 (May, 1970), pp.383-417.

[4] Fama, Eugene F., 1976. *Foundations of Finance*, Basic Books.

[5] Fama, Eugene F., and Merton H. Miller, 1972. *The Theory of Finance*, Dryden.

[6] 深尾光洋, 2010. 『国際金融論講義』 日本経済新聞出版社.

[7] Hayashi, Fumio, 2000. *Econometrics*, Princeton University Press.

[8] Hicks, John R., 1946. *Value and Capital: An Inquiry into Some Fundamental Principles of Economic Theory*, Clarendon. 安井琢磨・熊谷尚夫 (訳) 『価値と資本 I/II』 岩波書店.

[9] Huang, C., and R. H. Litzenberger, 1988. *Foundations for Financial Economics*, North-Holland.

[10] 池田昌幸, 2000. 『金融経済学の基礎』 朝倉書店.

[11] Jensen, Michael C., and William H. Meckling, 1976. "Theory of the Firm:

Managerial Behavior, Agency Costs, and Ownership Structure," *Journal of Financial Economics*, Vol.3, No.4 (October, 1976), pp.305-360.

[12] Kane, Alex, Alan J. Marcus, and Robert L. McDonald, 1984. "How Big Is the Tax Advantage to Debt?" *Journal of Finance*, Vol.39, No.3 (July, 1984), pp.841-853.

[13] Kane, Alex, Alan J. Marcus, and Robert L. McDonald, 1985. "Debt Policy and the Rate of Return Premium to Leverage," *Journal of Financial and Quantitative Analysis*, Vol.20, No.4 (December, 1985), pp.479-499.

[14] 小宮隆太郎・岩田規久男, 1973. 『企業金融の理論：資本コストと財務政策』日本経済新聞社.

[15] Modigliani, Franco, and Merton H. Miller, 1958. "The Cost of Capital, Corporation Finance and the Theory of Investment," *American Economic Review*, Vol.48, No.3 (June, 1958), pp.261-297.

[16] Modigliani, Franco, and Merton H. Miller, 1963. "Corporate Income Taxes and the Cost of Capital: A Correction," *American Economic Review*, Vol.53, No.3 (June, 1963), pp.433-443.

[17] Myers, Stewart C., 1977. "Determinants of Corporate Borrowing," *Journal of Financial Economics*, Vol.5, No.2 (November, 1977), pp.147-176.

[18] Ross, Stephen A., Randolph W. Westerfield, Jeffrey F. Jaffe, and Bradford Jordan, 2018. *Corporate Finance (12th edition)*, McGraw-Hill. 大野薫 (訳)『コーポレートファイナンスの原理』金融財政事情研究会.

[19] Sharpe, William F., 1970. *Portfolio Theory and Capital Markets*, McGraw-Hill.

[20] 柴川林也, 1977. 『財務管理』同文舘出版.

[21] Shreve, Steven, 2004. *Stochastic Calculus for Finance I/II*, Springer. 長山いづみ 他 (訳)『ファイナンスのための確率解析 I・II』シュプリンガー・ジャパン.

[22] 田村 茂, 1970. 『企業金融の経済学』有斐閣.

[23] 田村 茂, 1987. 「新しい資本構成理論の展開過程」『金融学会報告』第63号 3-15 頁.

[24] 辻幸民, 2016. 『企業金融の経済理論 [改訂版]』創成社.

[25] 辻幸民, 2017. 「負債のエージェンシーコスト：東証上場企業の数値計算」『三田商学研究』 第 60 巻 4 号 (2017 年 10 月), 39-65 頁.

[26] 辻幸民, 2021. 「ポートフォリオ理論の再検討」 『三田商学研究』 第 64 巻 5 号 (2021 年 12 月), 35-62 頁.

[27] 辻幸民, 2023a. 「CAPM による株式資本コストの推定方法」 『三田商学研究』 第 66 巻 1 号 (2023 年 4 月), 25-52 頁.

[28] 辻幸民, 2023b. 「ポートフォリオの事後的パフォーマンス」『三田商学研究』 第 66 巻 4 号 (2023 年 10 月), 45-73 頁.

索引

辻 幸民 (つじ　ゆきたみ)
慶應義塾大学商学部教授
1985 年慶應義塾大学商学部卒業, 1987 年同大学院商学研究科修士課
程修了, 1990 年同大学院博士課程単位取得退学, 2002 年博士 (商学)。
1987 年慶應義塾大学商学部助手, 1994 年同助教授, 2002 年より同教授。
主要業績：『企業金融の経済理論 [改訂版]』(創成社, 2016 年),「負債
構成と資本構成：銀行負債の再交渉に着目して」(共同執筆,『金融経済
研究』第 37 号, 2015 年 3 月),「TOPIX との連動性と投資戦略」(共同執
筆,『証券経済学会年報』第 42 号, 2007 年 7 月) ほか多数。

実践ファイナンス論

2024 年 7 月 10 日　初版第 1 刷発行

著　者 ─────　辻幸民
発行者 ─────　大野友寛
発行所 ─────　慶應義塾大学出版会株式会社
　　　　　　　　　〒108-8346　東京都港区三田 2-19-30
　　　　　　　　　TEL　〔編集部〕03-3451-0931
　　　　　　　　　　　　〔営業部〕03-3451-3584〈ご注文〉
　　　　　　　　　　　　〔　〃　〕03-3451-6926
　　　　　　　　　FAX　〔営業部〕03-3451-3122
　　　　　　　　　振替　00190-8-155497
　　　　　　　　　https://www.keio-up.co.jp/
装　丁 ─────　後藤トシノブ
印刷・製本 ──　株式会社啓文堂
カバー印刷 ──　株式会社太平印刷社